基础会计学教程(第六版)

薛跃　严玉康 编著

图书在版编目(CIP)数据

基础会计学教程 / 薛跃,严玉康编著. —6版. —上海:立信会计出版社,2019.1
ISBN 978-7-5429-6057-3

Ⅰ.①基… Ⅱ.①薛… ②严… Ⅲ.①会计学—教材 Ⅳ.①F230

中国版本图书馆CIP数据核字(2019)第007224号

策划编辑 戎其玉
责任编辑 赵志梅
封面设计 南房间

基础会计学教程(第六版)
Jichu Kuaijixue Jiaocheng

出版发行 立信会计出版社
地　　址 上海市中山西路2230号　　邮政编码 200235
电　　话 (021)64411389　　传　　真 (021)64411325
网　　址 www.lixinaph.com　　电子邮箱 lxaph@sh163.net
网上书店 www.shlx.net　　电　　话 (021)64411071
经　　销 各地新华书店

印　　刷 常熟市梅李印刷有限公司
开　　本 787毫米×960毫米　1/16
印　　张 20.25
字　　数 426千字
版　　次 2019年1月第6版
印　　次 2019年1月第1次
印　　数 1—3 100
书　　号 ISBN 978-7-5429-6057-3/F
定　　价 39.00元

第六版前言

《基础会计学教程》一书自出版发行以来，受到广大读者的喜欢和支持。作为介绍会计学知识的入门教材，其条理清楚、通俗易懂、内容丰富和重点突出的编写风格得到读者和会计学教师的认可，并已累计发行近十余万册。

近年来，我国的会计理论和会计实务有了很大的变化，企业会计准则体系和税法的修订，增值税税率和财务报表的修改等，都对教材提出了新的要求。为了使本教材更能体现我国会计理论和会计实务的发展趋势，适应教学的需要，现对本教材的内容进行修订。

本教材在修订过程中，研究生薛宇、洪根姿参与了部分章节及习题的修改和最后的部分校对工作。

限于作者的水平，本教材还可能存在一些错误和不足之处，恳请广大读者批评与指正。

编　　者

第六版前言

编 者

前　言

本教材是为财经院校会计学专业学生和经济、管理类学生学习会计基础知识而编写的。本教材也可作为经济管理人员、其他人员会计学学习的培训教材，或作为自学考试的参考教材。

进入21世纪以来，我国的会计环境、会计理论和会计实践发生了很大的变化。于2000年7月1日正式实施的新的《中华人民共和国会计法》，对规范会计行为，保证会计工作质量，完善会计核算，强化会计监督制度，加大对违法会计行为的惩治力度等方面作出了详细、明确的规定。财政部《企业会计制度》的问世，改变了过去各行业会计核算各自为政的混乱局面；各项具体会计准则的陆续颁布和实施，为我国会计工作更为规范、有序地开展提供了保证。

作为一个合格的会计专业人员，要熟练进行会计核算和会计管理，必须掌握会计的基本理论、基本方法和基本操作技能。对于从事经济管理工作的人员，学习和了解会计信息的产生过程，掌握通过会计报表了解企业的经营情况和经营成果，学会会计报表的初步分析，对于其提高经济管理水平，有很大的帮助。

我们编写此教材的目的，就是希望会计学专业的学生通过本书的学习，掌握会计的基本理论、基本方法和基本操作技能。为以后学习和理解专业会计课程打下扎实的基础。同时，使经济、管理类专业的学生，从事经济管理工作的人员，了解会计信息的产生过程，掌握通过会计报表了解企业的经营情况和经营成果，学会会计报表的初步分析。

本教材在编写中力求做到通俗易懂，条理清楚。为了满足学生自学的需要，对于会计基本理论的阐述，力求由浅入深、循序渐进。本教材在介绍会计核算前提、会计原则、会计对象等基本理论的同时，主要以商业企业和工业企业的经济业务为例，阐述了包括填制审核凭证、登记账簿和编制会计报表等会计核算的基本方法。教材编写中注意理论和实际的结合，注重实例的运用，力求讲深讲透，使初学者知其然，也知其所以然。

本教材在编写中，注重知识的更新，力求反映我国《会计法》《企业会计准则》和《企业会计制度》的基本内容，相关的会计操作也在教材中得到体现。

为方便学生的复习，本教材在每章之后都对该章必须掌握的内容给予小结，并配备了大量的复习思考题和练习题。

本教材在编写过程中得到了秦亦鸣同志的大力帮助，在此表示衷心的感谢。

编　　者

目录

第一章 绪 论

本章导读

会计信息与我们的生活息息相关。任何一个生活在现代社会的人都必须懂一些基本的会计知识，通过会计所提供的信息了解经济环境并对日常事务进行管理。本章首先将对会计的基本内容进行整体性概述，然后阐述会计的基本原理和理论、会计的对象、会计的目标、会计核算的基本前提和记账基础、会计信息质量要求以及会计核算方法体系等。通过本章学习，你应能够：

- 了解会计信息的内容及其使用者
- 理解会计的基本职能和目标
- 熟悉会计的对象
- 掌握会计核算的基本前提
- 理解会计信息的质量要求
- 熟悉会计程序与会计方法

第一节 会计概述

一、什么是会计

什么是会计，关于这个问题，会计学界一直存在着争论。不同时期、不同的认识深度形成了不同的观点。历史上曾经有过“会计是一种管理工具”“会计是一门艺术”“会计是一种应用技术”等观点。目前，在我国比较有代表性的观点有“管理活动论”和“信息系统论”。本教材倾向于会计是一种经济信息系统的观点。

会计是计量经济活动、处理并加工经济信息，并将处理结果与决策者进行交流的经济信息系统。会计以货币为主要计量单位，采用专门的方法，连续、系统、全面、综合地反映和监督企业单位的经济活动，向企业内外的会计信息使用者提供反映企业财务状况及其变动、经营成果和现金流量等的相关信息。会计通过提供经济管理中所需要的信息达到参与企业管理、提高经济效益的目的。

会计信息与决策有关。决策越重要，对真实信息的需求就越大。假设，A先生想投资创办一家百货零售企业，自己投资，自主经营。在开办前，作为投资者，A先生需要知道：创办一家一定规模的零售企业需要多大面积的房屋、房屋是租赁还是购买，需要多少铺垫资金，以满足购买商品存货及日常经营流通之用；作为投资者，A先生自己能够投入多少资金，缺少的资金是通过寻找其他投资者获得，还是通过向债务人举债借入。在零售企业开业后，作为经营者A先生需要知道：每月能够获得多少经营收入，相应需要购入多少货物，支付多少工资薪酬、水电费用、管理费用和税费支出等，收入是否能够弥补相关的成本费用，即能否获得净收益；另外，净收益如何进行分配，是用于扩大企业规模，还是用于分配。这些信息都需要会计人员来提供。

在当今经济社会中，人们从事着产品生产、商品流通、咨询服务、教育卫生、政府管理等各种经济活动。不论是以营利为目的的企业单位，还是非营利的医院、学校，或是从事行政管理的政府机构，其决策过程都离不开会计信息的帮助。

（一）会计信息的使用者

会计信息的使用者主要有以下几种。

1. 企业管理当局

财务报表所提供的会计信息，既是企业管理当局的成绩单，也是企业管理当局据以管理企业、进行经济决策的依据。财务报表所反映的信息是评价管理者业绩的基础，计算、支付管理者报酬或奖励的依据。企业管理者特别关注本单位的财务状况和经营成果，据以分析已作出的各项经济决策，评价企业管理机构的工作质量，制定和实施新的工作计划，进行内部控制等。同时，寻找经营中存在的各种问题，作出更为科学、更为完善的经济决策，提高企业的价值。

2. 投资者

投资者为企业投入经营资金，企业用其投入的资本展开经营活动，生产销售产品和提供劳务，取得收入，发生耗费。向投资者分配利润是企业对投资者的回报。作为企业的投资者，他们需要通过对已投资对象和将要关注对象的经营活动分析，了解其包括毛利率、总资产收益率、净资产收益率等指标在内的盈利能力及发展趋势的指标信息，综合评价被投资对象的财务状况、经营成果、现金流量和未来的变动趋势，确定投资者的投资报酬、内在投资风险和未来发展趋势，据此作出增加、保持或减少其投资的决策。

3. 债权人

企业的债权人主要是银行。银行借助于会计所提供的信息，了解其目前的或潜在的客户，包括流动比率、速动比率、资产负债率在内的有关企业的偿债能力、企业的获利能力，企业所处行业的基本情况，企业在行业中的地位等信息，了解债务人能否按期得到贷款利息和对债务人的贷款保险程度，借此选择合适的贷款对象，衡量银行的贷款风险，作出贷款的决策。

4. 供应商

货物和服务的供应商希望通过会计提供的信息了解客户的信用情况，据此作出是否给予信用、给予多少信用额和信用期限等的决策。

5. 政府

政府税收部门借助于企业单位提供的会计信息，了解企业所承担的税务情况，决定税收政策；政府其他管理部门也需要通过企业单位提供的会计信息，在总体上把握企业的资产负债结构、收益实现状况、现金流动状况，借以制定国家经济政策，从宏观上把握经济运行的状况。

此外，证券分析家、信用评价机构、工会和商会、证券交易所等有关部门也可以利用会计所提供的信息，作出与其相关的、明智的决策。

上述会计信息的使用者中，企业管理当局为会计信息的内部使用者，其他为会计信息的外部使用者。

（二）会计提供的信息

会计提供的信息主要有对外部使用者提供的信息和对内部使用者提供的信息两部分。

对外部使用者提供的信息主要有：反映企业单位财务状况及其变动的信息，反映企业单位经营成果的信息，反映企业单位现金流量的信息。

反映企业单位财务状况及其变动的信息主要有：一是企业资产的分类及其结构：拥有多少现金、存货、债权、房屋建筑物等，其各自所占的比例。二是资金来源及其资本结构：投资者投入的资金有多少，向银行借入的资金有多少，欠供应商的账款、员工的工资薪酬、国家的税费和投资者的利润（或股利）有多少，是短期的还是长期的等。三是所有者权益变动的情况及其原因：投资者投入资本的情况，经营中创造的扣除利润分配后的积累等。这些信息主要通过资产负债表等会计报表提供。

反映企业单位经营成果的信息主要有：由于企业销售商品、提供劳务、让渡资产使用权等日常经营活动所产生的收入；为取得收入而发生的已销商品成本、销售费用、管理费用、财务费用，由于偶发事项所产生的利得和损失等。这些信息主要通过利润表等会计报表提供。

反映企业单位现金流量的信息，即企业单位一定时期现金的流入、流出和净流入情况的信息，主要有：企业销售商品、提供劳务所获得的经营活动现金流入和为此发生的购入商品劳务、支付职工薪酬和其他费用、缴纳国家税费等经营活动现金流出；企业购建固定资产、无形资产等对内投资和购买股票债券，进行子公司投资等对外投所发生的投资活动现金流出和为此获得的利息收入、股利收入等投资活动现金流入；企业获得投资者资金投入和银行等债权人贷款等所获得的筹资活动现金流入以及为此支付的利润（红利）和借款利息等筹资活动现金流出；现金及现金等价物净流入等信息。这些信息主要通过现金流量表等会计报表提供。

对内部使用者提供的信息主要是有关投资决策的信息等，如产品定价、商品生产和销售数量、是否接受订单等短期经营决策信息；投资项目、投资报酬率、投资回收期等长期投资决策信息。成本计划、控制、分析、责任考核等成本管理的信息等。这些信息主要通过内部会计报表或内部专题研究报告提供。

二、会计的产生与发展

人类社会认识、管理经济活动从会计开始。物质财富的生产是人类社会产生发展的基础。对物质财富生产过程的管理，需要记录财产的增减、物质资料的消耗和产生的最终成果，最初的会计活动由此而生。

会计有着悠久的历史。在人类社会没有文字之前，“绳结记事”“刻木求日”“垒石计数”是最初的会计记录。中国的陶器兽骨记录、埃及的纸草记录、印度的多罗叶记录等，揭示了人类社会最初的会计行为。最初意义上的会计只是一些简单的记录、计算，只是作为生产职能的附带部分。随着社会生产力的发展，尤其是原始社会后期剩余产品的出现，为社会分工提供了物质条件，文字、数字和货币的出现为生产所得与所费记录提供了可能，会计才逐渐从生产职能中分离出来并形成了特殊的、专门的、独立的职能。随后，出现了专门从事这一工作的专职人员。

（一）我国会计的产生与发展

在我国，最早发展起来的是官厅会计（即政府会计）。在西周王朝，奴隶制经济的繁荣发展，生产经营和国家统治的需要，使得会计核算日益重要。西周王朝设置官吏（司会）为朝廷掌管财物赋税，进行“月计岁会”，《周礼·天官》篇记载，“……会计，以参互考日成，以月要考日成，以岁会考岁成”。清代焦循在《孟子正义》中，对西周的“会计”原始含义概括为“零星算之为计，总合算之为会”。

春秋战国末期，出现了用于登记会计事项的“簿书”或称“籍书”，使用“入”和“出”作为记账符号来反映经济收支事项。到了封建社会鼎盛的唐宋时期，官厅会计又有了新的发展，创建和运用了“四柱结算法”。所谓“四柱”，即“旧管”“新收”“开除”和“实在”，其含义相当于现在的“期初结存”“本期收入”“本期支出”和“期末结存”。“四柱”之间的关系表现为“旧管＋新收＝开除＋实在”，相当于现代会计账户的余额计算公式“期初结存＋本期收入－本期支出＝期末结存”。“四柱结算法”后来又逐渐被运用于民间商业活动。明末清初，比“四柱清册”更加完备的“龙门账”产生了。“龙门账”将民间商业中的全部经济事项，按其性质、渠道分为"进""缴""存""该"四大类,其中的"进"表示全部收入,"缴"表示全部支出,"存"表示财产及债权,"该"表示投资和负债,"进"与"缴"相比得到"盈"或"亏",而"存"与"该"相比得到业主净资产。年终结账时,要求"进-缴=存-该",即当年的盈亏与当年的净资产相平衡。当时,人们将这种平衡过程称之为"合龙门",而"龙门账"因此得名。清朝末期,随着西式复式簿记(借贷记账法)被引入中国,并首先被应用于海关、邮政、银行等部门,古老的"中式簿记"逐渐被"西式簿记"所代替。

中华人民共和国成立后,在计划经济体制下,参照前苏联的会计模式,我国建立了各行业会计制度和预算会计制度。在"大跃进"和"文化大革命"时期,受大破大批"繁琐哲学"思想的影响,会计事业出现停滞甚至于倒退,"以表代账""无账会计"时有发生。

20世纪80年代,国家经济重心转向经济建设。为适应改革开放的要求,我国会计改革开始启动。1984年,财政部颁发的《会计人员工作规则》和《工业企业会计核算办法》,整顿和规范了全国会计基础工作、统一了工业企业会计核算办法;1985年,财政部发布的《中外合资经营企业会计制度》,用于在中国境内设立的各个行业合资经营企业的会计核算,成为新中国成立以来第一部适用不同行业的通用会计规范。1985年,由第六届全国人民代表大会常务委员会第九次会议通过的《中华人民共和国会计法》,第一次以法律的形式,对我国会计工作的管理体制等作出了明确规定。为适应市场经济的发展,1992—1993年,财政部先后发布了《企业会计准则》和《企业财务通则》以及十几个分行业的会计制度和财务制度,并于1993年7月1日起在所有企业实施。"两则两制"结束了几十年来以高度集中的计划经济为基础的会计制度。

2006年2月15日,财政部发布了包括1项基本会计准则、38项具体会计准则和相关应用指南构成的新企业会计准则体系。新企业会计准则体系于2007年7月1日起首先在上市公司执行。新企业会计准则的颁布,标志着适合我国社会主义市场经济进程、与国际会计准则趋同的、涵盖各类企业各项经济业务的、能够独立实施和执行的会计准则体系正式建立。

(二) 西方会计的产生与发展

西方会计的发展也经历了由简单到复杂,由低级向高级的不断发展过程。西方会计起源于欧洲,早在3 600年前就有了反映经济情况的信息,在古希腊和古罗马时期已经有了某些会计概念。然而,对世界会计发展产生划时代影响的还是意大利。14世纪中叶,繁荣的意大利的商业、金融业为会计方法的创新提供了十分有利的条件,金融业使用多年的人名账户逐渐发展为有组织的复式簿记,并在威尼斯一带被广泛使用。1494年,意大利数学家卢卡·巴其阿勒(Luca Pacioli)出版的《算术、几何、比及比例概要》一书,有史以来第一次系统介绍和总结了当时流行的复式簿记方法,并从理论上加以论证。该著作的问世,标志着近代会计的开始。复式簿记产生后,作为一种先进的会计方法得到了广泛的传播,先在欧洲,后在全球范围广为流传,并一直沿用至今。

19世纪的工业革命、工厂制度和大量生产方式的出现，正确计算固定资产折旧、合理分摊间接费用、准确计算产品生产成本及控制成本费用的发生等要求，促使成本会计得到迅速发展。20世纪的许多发展，如股份公司发展所形成的公司所有权和经营权的分离和管理人员的专业化，高科技产品的设计、制造和销售，金融市场的日益复杂，先进通讯技术的迅速使用，大大提高了对会计信息的需求。会计从记录经济活动并向所有者报告的阶段发展到向企业内部管理当局（管理会计）和外部债权人、投资者和社会（财务会计）提供决策信息的阶段。

有会计学者认为，成本会计的产生和不断完善，以及在此基础上形成的财务会计与管理会计的分离，是现代会计的开端。随着世界经济的发展，会计活动的范围进一步扩大，出现了许多新的会计分支。跨国公司的出现和迅速扩大，资源、市场、资金等要素在世界范围内的重新布置，促使了以协调各国的会计实务、规范会计信息、实现各国会计实务标准化为目的的国际会计的出现；知识经济时代的到来，使人力资本的价值得到了前所未有的重视，应运而生了旨在确认、计量和报告单位组织中人力资源的成本和价值，为人力资源管理提供信息的人力资源会计；资源可持续利用的浪潮使各国都采取措施保护自然资源，从社会利益角度计量和报道企业组织的社会活动对环境的影响及管理情况，这促使了环境会计的产生。

三、会计的基本职能

会计的职能是指会计在经济管理过程中客观上所具有的功能，是会计本质的体现。会计的职能在随着社会经济的发展而不断扩大发展的同时，保持其相对的稳定性。现代会计的基本职能包括会计核算和会计监督两个方面。

（一）会计核算的职能

会计核算是指会计通过确认、计量、记录和报告等方式，将各单位（企业和行政、事业单位）所进行的能以货币计量的经济活动内容转换成对决策者有用的会计信息。

会计核算是会计最基本的职能，是其他经济管理工作的基础。不论会计处理的手段和方法如何变化，也不论会计的功能如何发展，会计核算的职能仍然是最基本的职能。

会计核算职能的基本特点是：

(1) 货币性。会计核算所记录、计量的经济活动是能够用货币计量的经济活动，其所产生的会计信息，也是能以货币表现的经济信息，即经营过程中的价值信息和财务信息。经济活动过程和结果的复杂性决定了会计核算职能的这一特点。会计处理中虽然也运用劳动计量单位如工时、工作日等，实物计量单位如个、台、吨、米等，但只有货币计量单位能够起到统一计量、综合反映经济活动全过程的目的，能够提供一个单位的资金筹集使用、收入取得、耗费发生、净收益实现和分配、纳税等经济活动的全貌。在会计实务中，凡是能以货币计量的经济活动，如用货币购买了机器设备、向银行借款等，属于会计核算的范围；而公司更换总经理等，尽管可能会对公司未来的经营方向、财务状况和经济效益产生很大的影响，但由于其不能以货币进行确切计量，就不属于会计核算的范围。

(2) 客观性。会计反映的是已经发生的经济活动，因此，会计核算必须以实际发生的经济活动以及该活动的凭证为依据。会计凭证是证明经济业务发生，明确经济责任的书面文件。建立在严密的凭证系统上的会计信息具有可验证性。会计核算不能用估计数、预算数代替实际数记账，而必须以凭证为依据，如实记录经济活动的发生过程及由此引起的资金运动变化，保证会计资料的客观、真实和可靠。

(3) 完整性、连续性和系统性。会计核算具有完整性、连续性和系统性的特点。完整性是指对所有属于会计核算的内容都必须加以记录处理，不得遗漏。我国《会计法》第十条规定，会计核算的基本内容包括：款项和有价证券的收付；财物的收发、增减和使用；债权债务的发生和结算；资本、基金的增减；收入、支出、费用、成本的计算；财务成果的计算和处理；需要办理会计手续、进行会计核算的其他事项。连续性是指会计记录应当按照经济业务发生的先后顺序依次进行，不能中断，不能按照主观意愿或某种目的改变记录顺序。系统性是指采用科学的核算方法对经济活动的数据进行加工处理，提供相互联系的、有序的、能够揭示经济活动发展规律的而不是杂乱无章的会计信息。会计核算的完整性、连续性和系统性三者相辅相成，缺一不可。

(4) 历史性。会计核算主要是一种事后核算，即对已经发生的经济活动进行的事后记录、计量和报告，反映各单位的历史状况。从时间的发展来看，今天是现状的部分，明天就成为了历史。会计对已发生的经济活动情况加以记录和报告，所提供的信息都是对历史资料的总结。

(二) 会计监督的职能

会计监督是指通过由单位内部会计监督、国家会计监督和社会会计监督等组成的三位一体的会计监督体系，对国家机关、社会团体、企业事业单位经济活动的合法性、合理性和会计资料的真实性、完善性及本单位内部预算执行情况所进行的监督。

会计监督以单位为界限来划分，可以分成单位内部会计监督和单位外部会计监督。社会会计监督和国家会计监督属于单位外部会计监督。

1. 单位内部会计监督

单位内部会计监督要求各单位按照我国《会计法》和其他法律、法规以及国家统一的会计制度的规定，围绕本单位经营管理目标、单位类型和规模，建立、健全内部会计监督制度和内部控制制度，其目的是保证会计依照法律的规定处理会计事务，保证单位的资金安全和正确使用，遵守国家统一的会计制度，保证会计工作质量。

单位内部会计监督制度主要包括：

第一，不相容职务的分离与牵制。这主要是从单位内部人员的配备分工、职责权限方面保障会计监督的实现。它要求记账人员与经济业务事项和会计事项的审批人员、经办人员、财物保管人员的职责权限明确，相互分离、相互制约，形成监督机制。单位通过建立内部会计管理体系，明确单位负责人、总会计师、会计机构负责人、会计主管人员、审批人员、经办人员的职责、权限，记账人员不应与审批人员、经办人员交叉执行职务，记账人员也不应与财物保管人员的职务混淆；否则，将失去控制。同时，建立会计岗位责任制度，明确各会计岗位的职责和标准，实行会计轮岗和岗位考核，建立健全内部牵制制度，明确有关岗位的限制条件。

小案例

2008 年 2 月，冷帆开始担任随州某企业及其关联企业两个公司的会计和出纳，管理 4 个公款账户，单位财务公章、负责人印章、公款账户 U 盾均由冷帆一人保管。自 2009 年 12 月至 2014 年 8 月，冷帆利用两个公司的对账时间差，时常挪用上述账户内的公款进行赌博或营利活动。为应付单位财务审计，冷帆以拆东墙补西墙的方式，私自将 4 个公款账户中的资金进行调配，保持资金账面平衡。随着挪用公款的数额越来越大，冷帆又采取从网上将银行对账单下载后删除挪用记录、填补资金等方式平账。2014 年 8 月，冷帆见挪用的资金漏洞巨大，无法归还，只能主动到随州检察院投案自首。至此，冷帆已经挪用公款 285 万元，其中 238.46 万元不能退还。

经检察院提起公诉，法院一审以挪用公款罪判处被告人冷帆有期徒刑 9 年。

请问：该公司内部控制哪些方面出了问题？

改编自：http://news.esnai.com/2015/0906/119259.shtml.

第二，重要事项的监督和制约。明确重大对外投资、重大资产处置、重大资金调度等有关重要经济业务事项的决策和执行的相互监督、相互制约程序。决策、执行和监督三项职能分工明确、相互协调、相互制约，可以避免重大决策混乱和失误，加强会计监督和参与决策的作用。这里的"重要"界定应该是相对而言的，单位规模大小不同，数额确认的标准也不同。各单位应根据实际情况确认监督的内容。

第三，财产清查制度。明确财产清查的范围、期限和组织程序。财产清查是定期或不定期、全面或部分地对各项财产物资进行实地盘点和对库存现金、银行存款、债权债务进行清查核对。财产清查的目的是保证单位的财产安全、完整，监督资金合理有效的运用，准确地反映单位拥有资金的状况，改善经营管理。财产清查的具体范围根据不同单位的不同情况确定，主要有：房屋建筑物、机器设备、家具用具、现金和银行存款、债权债务等。财产清查的期限，可以是定期的，也可以是不定期的，国家有规定的按规定的期限清查，国家没有规定的按单位管理的需要清查。财产清查必须有组织地进行，并有一定的程序，使之制度化。

第四，内部审计制度。明确会计资料的定期内部审计的办法和程序。内部审计是内部会计监督的一种特定形式，它是由本单位或者本部门设置的独立机构及人员，根据《会计法》和国家统一的会计制度，对本单位、本部门的资金运动及所取得的成果进行审查并作出评价。内部审计的重要内容是审查会计资料的真实性、可靠性、合法性，保护本单位、本部门的财产安全和完整。

内部会计监督强调单位负责人、总会计师对会计工作的领导职责；强调会计部门、会计机构负责人、会计主管人员在内部会计监督中的职权；强调单位负责人要保证会计机构、会计人员依法履行职责，不授意、指使、强令会计机构、会计人员违法办理会计事项；强调会计机构、会计人员有权拒绝办理或纠正违法的会计事项。

2. 社会会计监督

社会会计监督是指由依法批准成立的社会审计中介组织对单位的会计事务进行检查审核。

由于投资者、债权人和一般公众需要依靠财务报表来作出有关企业的经营决策，因此，对财务报表的公正性有很高的要求。需要由独立的、大公无私的、与编制报表单位无直接利害关系的人来审查或稽核财务报表。注册会计师行业的出现适应了这种需求。

注册会计师作为独立的、不受他人影响的第三者，依据独立、客观、公正的原则，向社会公众提供审计和会计咨询服务等业务，获取服务费用。注册会计师是指依法取得注册会计师证书并接受委托从事审计和会计咨询、会计服务业务的执业人员。会计师事务所是依法设立并承办会计业务的机构，注册会计师加入会计师事务所并执行业务。

由注册会计师进行的审计活动有两种情况：一种是由单位作为委托人，委托注册会计师对其会计事务进行审查；另一种是注册会计师事务所作为受托人，依照法律和国家统一的会计制度以及委托人的要求进行审计，并出具审计报告。在社会审计中有一种特定情况，不是取决于单位的决定，而是由法律、行政法规规定，其会计事务必须经注册会计师进行审计，这种审计是强制性的和法定的。

公司制企业、上市公司是注册会计师进行审计的重点单位。根据公司法、证券法和有关行政法规的规定，筹办公司时的出资证明、资产评估作价、已成立公司的财务报告必须经审查验证；上市公司改制上市、年度财务报告、资产重组等审计业务必须由与从事证券相关的会计师事务所及其有证券相关业务资格的注册会计师出具报告。

3. 国家会计监督

国家会计监督主要是指政府有关职能部门对有关单位的会计资料实施监督，是外部监督的组成部分之一，包括财政、审计、税务、中国人民银行、证券监管、保险监管等部门对单位的监督。

财政监督是指各级财政部门在资金积累、分配和使用过程中，对行政事业单位、部门、企业的经济活动和业务活动及其成果所实施的监督。

审计机关的监督是国务院审计机关和各级人民政府的审计机关依据我国宪法和法律对各级政府的财政收支的规定，对国家的财政金融机构和企业事业组织的财务收支进行审计监督。

税务机关的监督是指各级税务机关在税收征收管理过程中，对各单位的纳税情况所实行的监督。

中国人民银行、证券监管机构和保险监管机构依法对各自的监管对象和范围进行社会监督。

社会会计监督和国家会计监督是社会主义经济监督体系中的重要组成部分，应该与由会计机构、会计人员实行的内部会计监督紧密结合。国家经济监督制度和体系的健全与发展，是单位内部实行严格的会计监督制度的必要保证；严格的外部监督又是对单位内部实行会计监督的有力支持。

会计核算职能与会计监督职能是会计职能中相辅相成、不可分割、缺一不可的基本职能。没有会计核算，会计监督就失去了存在的客观基础；没有会计监督，会计核算也就失去了存在的意义。会计核算和会计监督的职能反映了会计的基本特点。

（三）会计的其他职能

随着经济的发展和会计内容、作用的不断扩大，会计职能也有了新的发展。有的会计学者认为，现代会计的职能应逐渐从以核算为主向以预测、决策为主转化。现代经济管理要求会计对经济活动进行全过程、全方位的管理，即在做好事后核算的基础上，运用会计资料和现代决策方法对经济活动进行事前的预测、决策，事中的管理控制和事后的责任考核。会计的其他职能包括预测、决策、预算、分析和考核等。

(1) 会计预测。会计预测是指运用一定的预测技术方法，通过对会计信息和其他信息的加工整理，对企业未来的价值运动发展趋势和可能性进行测算与估计，为经营决策、计划制定和会计控制提供基础。会计预测主要包括销售收入预测、成本预测、利润预测、资金预测等。

(2) 会计决策。会计决策是在会计预测的基础上实施的，是一个过程。会计决策包括收集数据、加工信息、提出备选方案、选出最优方案等工作。会计决策主要有筹资决策，包括向谁筹资和筹集多少资金；投资决策，包括投资方向和投资规模；经营决策包括根据目标利润确定销售商品数量、价格、成本等。在实际工作中，经营管理者站在不同的角度会作出不同的决策，根据会计信息作出的决策方案不一定是企业经营管理者所满意的最佳方案。因此，会计只能是通过提供财务信息的方式，参与企业的经济决策。

(3) 会计预算。会计预算是指会计根据一定的财务目标，通过价值指标的设立，确定执行的具体方案。如根据目标利润确定销售收入预算、产品目标成本预算、各种期间费用预算；根据目标成本预算确定材料消耗预算、工资薪酬预算、制造费用预算。

(4) 会计分析。会计分析是指以会计信息为主要依据，结合其他信息，对企业的财务状况、经营过程及其结果进行分析。经营管理者通过分析，发现企业生产经营中存在的问题，预测企业未来发展趋势，为科学决策提供依据。

(5) 会计考核。会计考核是指根据会计分析的结果，对评价客体的财务状况、经营成果作出价值判断。会计考核是会计工作的最后一个环节，也是下一个会计工作周期的准备阶段。

四、会计目标

会计目标是深知人们通过会计工作预期达到的目的。会计目标是建立会计实务和会计理论的基础，是会计理论基本结构的最高层次。

2006年，我国颁布的《企业会计准则——基本准则》第四条指出，我国财务报告的目标是向财务报告使用者提供与企业财务状况、经营成果和现金流量等有关的会计信息，反映企业管理层受托责任履行情况，有助于财务报告使用者作出经济决策。会计目标包含两种观点。

1. 决策有用观

决策有用观认为，会计的目标是为决策者提供有用的信息，帮助他们作出合理的决策。财务报告使用者，如投资者、债权人、政府及其有关部门和社会公众等，在参与生产、交换、分配和消费中，需要作出各种决策。适宜的决策，有助于决策者以最少的资源消耗带来最大的利益保障。会计正是那种可以提供决策有用信息的系统。这个系统，有助于现有的和潜在的投资者、债权人以及其他使用者了解和评估企业所拥有或者控制的经济资源、对经济资源的要求权以及经济资源及其要求权的变化情况；企业的各项收入、费用、利得和损失的金额及其变动情况；企业各项经营活动、投资活动和筹资活动等所形成的现金流入和现金流出情况，作出合理的投资、信贷及类似的决策。

2. 受托责任观

受托责任观认为，会计的目标是向委托人报告受托责任的履行情况。当今社会经济活动中，经常出现企业的所有权和经营权分离的情况。当企业的经营管理者不直接由所有者担任时，所有者和经营者就变成了委托人和受托人的关系。经营者作为资源管理的受托方接受投资者和债权人的委托，负有有效管理和运用受托资源并促使其保值增值的责任。因此，企业的经营管理者有义务通过定期财务报告，如实向委托方报告受托责任的履行过程及其结果。

不论是决策有用观还是受托责任观，都说明一点，会计目标是提供信息。在受托责任观下，会计目标是向资源委托者提供信息；在决策有用观下，会计的目标是向信息使用者提供有用的信息，向包括资源委托者、债权人、政府等和企业有密切关系的信息使用者提供决策有用的信息。当然，两者侧重点不同，受托责任观是从监督角度考虑，监督受托者的受托责任；决策有用观侧重于信号角度，向信息使用者提供决策有用的信息。

第二节　会 计 的 对 象

一、对会计对象的一般说明

会计对象是指会计所要核算和监督的具体内容，即会计的客体。在市场经济条件下，会计对象可以表述为"社会再生产过程中以货币表现的经济活动"或"社会再生产过程中的资金运动"。

对会计对象表述为社会再生产过程中以货币表现的经济活动的理由是：各单位的经济活动都是社会再生产经济活动的组成部分。各单位的经济活动构成整个社会的经济活动。会计存在于各个企业、机关、行政事业等单位中。从表面来看，各企业、行政事业单位的经济活动内容不同，会计的对象也不同。但从本质上看，各企业、行政事业单位的经济活动都与社会产品的生产、交换、分配和消费有关，都是社会再生产过程中经济活动的组成部分。在商品经济条件下，社会再生产过程一方面表现为使用价值的运动过程，即商品的生产与交换；另一方面表现为价值的运动过程，即商品价值的形成、实现、分配和消费。所以，社会再生产过程实质上是商品价值的运动过程。商品价值的运动用货币来表示，就是资金运动过程。

对社会再生产过程的管理有多个方面，如生产经营管理、劳动人事管理、财务收支管理、价值管理等。运用价值指标进行管理是社会再生产过程管理的重要组成部分。会计主要是运用货币计量，对社会再生产过程中的价值运动进行核算与监督。因此，社会再生产过程中发生的能以货币表现的经济活动都是会计的对象。

二、企业单位会计的具体对象

在实务上，会计服务的主体按照经济性质的不同分为以营利为目的的企业单位和不以营利为目的的非经营性组织两类。前者如工业（制造）企业、商品流通企业、服务企业，后者如政府各部门、学校、医院等。本书以工业企业为例，说明制造企业会计的具体对象。

工业企业的资金运动包括资金投入、资金周转和资金退出三个环节。

（一）资金投入

工业企业经营所需的资金来源于投资者、债权人和以前经营中的积累（利润）。投资者将资金（货币、房屋建筑物、机器设备、无形资产等）投放于企业，债权人以提供贷款或赊销方式将资金贷放于企业。对企业来说，前者形成所有者权益，后者形成负债。企业在经营中，对外销售商品、提供劳务和让渡资产使用权取得收入，收入在抵销相应的费用后，形成利润，即运用资金所获得的增值额。除了投资者和债权人的投入，利润是企业扩大再生产资金的主要来源。企业取得的资金以货币、机器设备、材料、商品等实物形态存在。所以说，资金投入会使企业的资产和所有者权益或负债同时增加。

（二）资金周转

资金周转表现为资金在经营过程中不断地由一种形态转化为另一种形态。在工业企业中，生产经营过程通常划分为供应过程、生产过程和销售过程三个阶段。随着供、产、销过程的不断进行，资金形态也不断地发生变化。供应过程用货币资金购买材料，货币资金转化为储备资金；生产过程将原材料投入生产，经过加工，由材料转化为在产品、库存商品。在产品生产过程中，要以货币支付工资、水电费、差旅费等各种费用，要承担部分机器设备的价值。因此，生产过程中储备资金、货币资金和部分固定资金转化为生产资金，随着加工的完成，又转化为商品资金。销售过程将库存商品销售出去，收回货币，商品资金又转化为货币资金（若不能及时收回，存在应收款，还要通过结算资金）。从货币资金开始到货币资金结束，构成一个资金循环。周而复始的资金循环被称为资金周转。

（三）资金退出

资金退出企业的主要形式为偿债，如归还银行贷款，归还供应商欠款，上缴国家税金和进行利润分配。利润分配是企业对其所有者的投资回报。资金退出会使企业的资产和所有者权益或负债同时减少。

工业企业的资金投入、使用和退出等经济活动，以及由此引起的财产物资增减变化、收入费用发生、利润实现和分配等业务，构成工业企业的会计对象。

制造企业资金运动如图表 1-1 所示。

图表 1-1

制造企业的资金运动

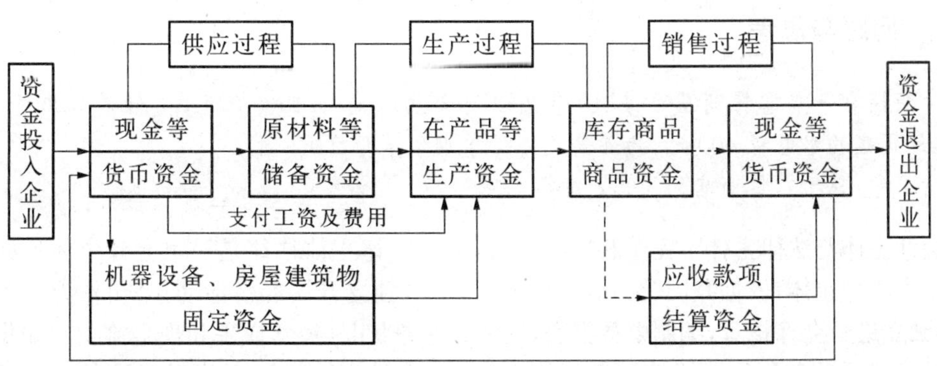

上文所阐述的只是工业企业最简单的资金运动过程。随着企业规模的扩大，经营活动的日趋复杂，资金表现形式和资金运动也有变化。其资金表现形式还包括以股票、债券、对外投资等形式存在的金融资产，以专利权、专有技术、商标权等形式存在的无形资产。资金运动还包括对外投资和对外投资收回等。

商品流通企业的经营过程只包括商品购进和商品销售两个阶段，没有生产过程，其资金运动过程除了没有生产资金外，其他部分与工业企业完全相同。宾馆、旅游、咨询等服务企业的经营过程更为简单，主要为提供服务，取得收入，发生相应的费用。其资金运动不再一一赘述。

第三节　会计核算的基本准则

一、会计核算的基本前提

会计是在一定的政治、经济与文化环境中进行的，在这环境中存在着许多不确定因素决定和影响会计工作。会计核算的基本前提又称会计假设，是对会计核算的范围、内容、时间等因素作出的合理的设定。会计核算的基本前提是建立会计基本概念、会计原则和会计程序的前提条件。我国会计核算以会计主体、持续经营、会计分期和货币计量作为基本前提。

（一）会计主体

会计主体是指会计为之服务的特定单位，即会计确认、计量和报告的空间范围。会计工作的目的是反映一个会计主体的财务状况、经营成果和现金流量，为包括投资者在内的各个方面作出相应决策等服务。企业会计准则规定企业应当对其本身发生的交易或者事项进行会计确认、计量和报告。只有明确会计核算的特定对象，将特定对象的经济活动与其他单位的经济活动分开，与其所有者的经济活动分开，才能保证会计信息的正确性。

问题与思考

李某拥有一家零售商店。某日，李某以现金购入商品 10 000 元，支付员工工资 3 000 元，支付商店的水电费 400 元，为其女儿支付学钢琴学费 2 000 元。

请思考：属于零售商店的支出有哪些？

会计主体与法律主体不完全相同。通常，一个法律主体往往是一个会计主体。如公司作为一个法律主体，依据我国《公司法》的有关规定，独立开展经济活动；公司作为一个会计主体，独立进行会计核算，编制财务报表，反映其财务状况、经营成果和现金流量。如集团公司的母公司下设多个子公司，各子公司均为独立的会计主体，同时也是法律主体。为了反映集团公司的整体情况，集团公司也可作为独立的会计主体，编制合并会计报表反映集团公司的整体情况。但是，一个会计主体并不一定是一个法律主体。例如，会计主体内部责任单位，如投资中心、利润中心等，可以是会计主体，但不是法律主体。

作为会计主体，必须具备三大条件：拥有独立的生产经营活动资金；进行独立的生产经营活动或其他活动；实行独立的财务报告。

问题与思考

请简述会计主体、法律主体、法人这三者之间的联系和区别。

（二）持续经营

持续经营是指在可以预见的将来，会计主体将会按当前的规模和状态继续经营下去，不会停业，也不会大规模削减业务。企业所拥有的资产，将在正常的经营过程中被耗费或出售，所承担的债务将在正常的经营中偿还。持续经营假设明确了会计工作的时间范围，为企业会计核算程序和方法的稳定提供了前提。在实际经济生活中，企业完全有可能发生歇业、破产、清算等情况，但持续经营假设认为，只要没有证据表明会计主体要中断经营，则经济业务的会计处理必须以该主体能一直经营下去为前提；否则会影响对企业财务状况、经营成果的正确判断。

持续经营假设认为，企业会计确认、计量和报告应当以持续经营为前提，在持续经营前提下，企业取得的资产，如固定资产、存货等，可以按历史成本而非现行成本或清算价格计价；可以划分会计期间，采用权责发生制记账基础对固定资产进行折旧，对无形资产、长期待摊费用进行分期摊销；可以按照变现速度的快慢将资产划分为流动资产和非流动资产；按偿还期的长短将负债划分为流动负债和非流动负债等。

如果企业不能持续经营而面临破产清算，则大部分资产将蒙受重大损失或完全失去价值，而负债则需立即偿还，此时就不能采用在持续经营前提下的各种会计处理方法和程序了。

（三）会计分期

一个单位的经济业务如长流之水，连续不断。因此，其资产、负债和所有者权益等也处在不断变化之中。从理论上说，一个单位要确定经营成果，最理想也是最准确的结果应是对于企业歇业时的计算。但根据持续经营的假定，企业单位不会歇业。因此，必须将持续不断的经营过程划分为若干连续的、时间长短相等的期间，以便分期总结会计主体的经营成果，定期反映会计主体的财务状况。会计分期明确规定了会计工作的具体时间范围。

会计分期一般以公历月度、季度和年度为单位，分别称为“会计月度”“会计季度”和“会计年度”。短于1年的会计期间称为“中期”，反映一个完整年度的财务报告称为“年度财务报告”，短于一个完整年度的财务报告称为“中期财务报告”。中期财务报告包括半年报、季报和月报。

由于会计分期，产生了许多如会计期初、会计期末、本期、上期和下期等概念。由于会计分期，出现了收入和费用的收付期和归属期不一致的现象；产生了权责发生制和收付实现制记账基础；产生了递延、应计、摊销、预提等会计处理事项。会计分期对会计原则及会计政策的形成和选用有着重要的影响。

以1年确定的会计期间称为会计年度。会计年度可以采用历年制和非历年制。其中，历年制会计年度的起讫日期采用公历年度，即公历每年的1月1日至12月31日。非历年制会计年度的起讫日期采用非公历日期，如每年的7月1日至次年的6月30日；每年的3月1日至次年的2月28日（或29日）；有时也可按一个营业周期或财政年度作为会计年度。我国的会计年度采用公历年度，企业单位一般按年编制决算财务报告。为及时满足信息使用者了解企业信息的需要，我国会计制度同时规定，上市股份有限公司要提供中期财务报告；企业每月应向税务管理当局提供月度财务报告。

（四）货币计量

货币计量是指会计主体在会计核算中，以货币作为计量尺度，来计量和报告会计主体的经营活动。

货币计量假设有两层意思。一层意思是：会计核算应以货币作为计量尺度，计量、记录会计主体的经济活动，并将其转化为统一的以货币表现的会计信息。会计要综合反映会计主体的财务状况和经营成果，必须运用统一的计量尺度——货币量度。凡不能以货币计量的事项，无法在账簿上加以记录并在会计报表上加以表达的，不属于会计核算的范围。因为在商品经济条件下，只有货币才具有一般等价物的功能。会计虽也使用实物量尺度和劳动量尺度，但都不占主要地位。另一层意思是：币值稳定不变。即假定货币本身的价值是稳定不变的或变化甚微，不考虑货币的升值或贬值问题。只有将期初、期末或各期的货币价值看成是一致的，会计信息才有比较的意义。如果由于通货膨胀过大而影响到会计信息的可比性时，应采用物价变动会计或通货膨胀会计等方法对信息加以修正。

在我国企业会计会计核算中，通常选择人民币为记账本位币。业务收支以人民币以外的货币为主的企业，可以选定其中一种货币作为记账本位币，但是编报的财务报告应当折算为人民币。

货币计量假设的局限性在于许多影响企业的财务状况和经营成果的经济活动，如产品的质量、企业发展前景、技术的提高、企业领导层的人事变动等，并不能用货币来进行计量。企业在财务报告中应对这些重要信息以文字形式加以说明。

问题与思考

以下哪些事项可以在阅读公司的财务报表时了解到？

1. 公司拥有的货币资金总额；
2. 公司总裁的健康状况；
3. 公司拥有的存货数量；
4. 公司产品的质量；
5. 公司正在进行的产品技术革新。

二、会计记账基础

会计记账基础是指进行会计确认、计量和报告会计要素时所选用的基础。会计记账基础有权责发生制和收付实现制两种。

权责发生制又称为应收应付制或应计制，是指企业收入和费用的确认，以权利和责任的发生作为会计确认的时间基础。按照这一记账基础，收入和费用是否计入某一会计期间，不是以是否在该期间收到或付出现金(或实物资产)来确定的，而是以收入是否应归属该期间的成果，费用是否由该期间负担来确定的。当收入和费用的归属期和实际收付日期不一致时，权责发生制要求分别反映它们的归属和收付。即：凡是应归属于该会计期间的收入和应由该会计期间负担的费用，不论款项(实物资产)是否收付，都应当确认为当期的收入和费用；反之，不应归属于该会计期间的收入和不应由该会计期间负担的费用，即使款项(实物资产)已在当期收付，也不应当确认为当期的收入和费用。

由于权责发生制的使用，会产生预收收入、应收收入、预付费用、应付费用和固定资产折旧等问题，由此而产生诸如应计、递延、摊销等一系列会计处理方法。

收付实现制是与权责发生制相对应的一种会计记账基础，它是以收付的实现作为会计确认的时间基础。按照这一会计记账基础，收入和费用是否计入某一会计期间，以是否在该期间收到或付出现金(或实物资产)确定。

问题与思考

A公司2015年12月份发生下列经济活动：销售A产品8万元，收到货款存入公司所在银行；销售B产品6万元，购货方承诺货款将在2016年2月份支付；收到甲公司款项10万元，其中，归还上月欠款5万元，预付购买A产品款5万元，A产品下月发货。

请思考：

(1) 采用权责发生制，A公司2015年12月份的收入是多少?

(2) 采用收付实现制，A公司2015年12月份的收入是多少?

采用权责发生制记账基础时，还必须考虑收入和成本费用的相互配比。成本费用是为取得收入而发生的耗费，收入和费用的配比就是指成本费用确认的会计期间应该与由此产生的收入会计期间相一致。具体来说包括两种情况：一是因果配比，即已售商品的取得成本或制造成本、提供劳务的实际成本应该在销售该商品、提供该劳务获得收入的会计期间转为费用(营业成本)，与其销售收入相配比。二是时间配比，即某一会计期间发生并支付现金的费用与发生当期的收入相配比；直接或间接与几个会计期间收入相关的费用，分配于几个会计期间，与几个会计期间的收入相配比(如一次支付半年的房屋租金，租金费用应由6个月的收入平均负担)；与任何特定时期特定收入均无直接关系的费用，与支付现金的会计期间的收入相配比。

三、会计信息质量要求

为了满足会计信息使用者的决策需要，必须对会计信息的质量标准作出规定，即制定对会计信息的质量要求。我国2006年颁布的《企业会计准则——基本准则》提出了会计信息质量要求包括客观性、相关性、可理解性、可比性、实质重于形式、重要性、谨慎性和及时性等八项原则。

（一）客观性

客观性又称真实性，客观性要求企业应当以实际发生的交易或者事项为依据进行会计确认、计量和报告，如实反映符合确认和计量要求的各项会计要素及其他相关信息，保证会计信息真实可靠、内容完整。

客观性包含两层含义：一是会计确认、计量和报告必须以实际发生的交易或者事项和证明该交易或者事项发生的原始凭证为依据，真实反映客观发生的经济活动，不制造、不提供没有实际发生交易活动的虚假会计信息，不误导信息使用者；二是会计人员处理会计信息时，必须遵守会计法律、法规、准则、制度的规定，坚持客观的态度，不同会计人员对同一经济业务的会计处理采用相同的会计政策和相同的会计处理方法时，应得出相同的结果。提供的会计信息应能经得起检验，不能主观臆断，也不能以会计人员的偏好来决定经济业务的处理方法。

（二）相关性

相关性又称有用性，相关性要求企业提供的会计信息应当能够反映企业的财务状况、经营成果和现金流量，以满足会计信息使用的需要。信息的价值在于与决策相关，有助于决策。不同的信息使用者所需求的会计信息侧重点不同：投资者需要了解企业的获利能力，以作出是否增加、保持或减少投资的决策；债权人需要了解举债人的偿债能力，以作出继续或收回贷款的决策；企业管理当局需要掌握企业预算、计划的执行情况，控制企业的经营活动；国家宏观经济管理需要汇总各方面的信息，以作出宏观经济决策。会计在收集、加工和提供会计信息时，应该充分考虑各使用者的决策需求，提供与其经营决策相关的信息，满足其共性需求。

（三）可理解性

可理解性又称清晰性，可理解性要求企业提供的会计信息应当清晰明了，便于会计信息使用者理解和使用。会计信息的使用者来自社会各个层次，他们所需了解的会计信息各不相同；而且，他们无法用更多的时间去分析、判断和取舍信息。明晰性要求会计人员提供的信息必须是简单明了、易于理解，对复杂或难以理解的经济业务应用文字形式加以说明。随着会计信息使用者的日趋广泛，对会计信息明晰性的要求也越来越高。

（四）可比性

企业的会计信息应当具有可比性。可比性包括纵向可比和横向可比。

纵向可比是指同一企业在不同时期发生的相同或者相似的交易或者事项，应当采用一致的会计政策，不得随意变更。确需变更的，应当在附注中说明变更的内容和理由、变更的累积影响数，以及累积影响数不能合理确定的理由等。某些会计事项的处理有多种可供选择的政策，如存货计价、产品成本计算、固定资产折旧、长期资产摊销等，选用不同的方法会产生不同的结果。会计信息使用者了解企业的经营情况和发展趋势，主要采用对连续几个会计期间的财务报告进行比较分析的方法。人为选择并经常更换不同方法，会影响各期财务报告信息的可比性。因此，纵向可比要求会计主体采用的会计程序与会计处理方法在前后各个会计期间尽可能地保持一致，除非存在着充足的理由；否则，企业不得随意变更会计程序与会计处理方法。

在会计核算中坚持纵向可比原则，有利于提高会计信息的使用价值；同时，限制会计程序与会计处理方法在前后会计期间的随意变更，可以防止会计主体通过人为变更会计程序与会计处理方法来粉饰财务报表，损害会计信息使用者的利益。

当然，遵循纵向可比并不意味所选用的会计政策不能作任何改变。当有关法律发生变化，要求企业变更会计政策时；当事实证明企业选用新的会计政策，能够使提供的企业财务状况、经营成果和现金流量信息更为可靠、更为相关时，企业可以变更所选用的会计政策。不过应将变更内容、变更理由、变更对企业财务状况和经营成果的累积影响数，在财务报告附注中加以说明。

横向可比是指不同企业发生的相同或者相似的交易或者事项，应当采用规定的会计政策，确保会计信息口径一致、相互可比。按照可比性的要求，不同会计主体对同一会计事项或类似的会计事项，应按照国家统一会计制度的规定，采用相同的会计核算方法与会计处理程序。

横向可比的目的在于满足不同企业产生的会计信息相互之间横向比较的需要，提高会计信息的决策相关性。只有同类指标的核算内容口径一致，才能解释会计主体之间产生差异的原因，会计信息使用者才能据以判断企业的优劣，作出相关的决策，国家才能据以进行有关的宏观经济决策，投资者与债权人才能据以进行有关的投资与信贷决策，企业内部的管理当局才能据此进行有关的经营管理决策。

应该注意的是，横向可比必须以客观性为基础，以纵向可比为前提。只有各个会计主体的会计信息真实可靠，比较才有意义；只有在一个会计主体的前后会计期间的会计信息可比时，才能够使不同会计主体之间的比较有意义。不过，如果一味追求会计信息的可比性，强制要求不同性质的会计主体之间采取统一的会计方法与程序，将会削弱各个会计主体会计核算的固有特点，损害决策的有用性。所以，可比性是一个相对的概念。

（五）实质重于形式

实质重于形式是指企业应当按照交易或者事项的经济实质进行会计确认、计量和报告，不应仅以交易或者事项的法律形式为依据。

实质重于形式是会计师和注册会计师在处理具体交易或者事项时所经常运用的原则。在具体会计实务中，交易或者事项的实质，往往存在着与其法律形式明显不一致的情形。例如，企业将某项固定资产出售给其他单位，出售方已经收到了价款，并且已经办理了有关资产划转手续；同时，交易双方又签订了补充协议，规定出售方日后某个时间内必须将其出售的该项固定资产以原出售价格购回。在这项交易中，如果仅仅从固定资产出售这个事项来看，似乎资产所有权上的风险和报酬已经转移给购买方，出售方可以确认出售固定资产的收益。但是，由于补充协议又规定了出售方在未来某个时间内必须购回所出售的固定资产，即该项固定资产的风险和报酬并未真正转移给购买方。从交易的整体上来看，其实质是一项融资行为，而不是一项销售行为。

交易或者事项的经济实质与其法律形式不一致现象的存在，对如何规范会计核算行为，真实、完整地反映企业的财务状况和经营成果，提高会计信息的质量，提出了更高的要求。实质重于形式强调当交易或者事项的经济实质与其法律形式和外在表现不相一致时，会计人员应按照它们的实质，确定其所适用的会计原则、会计方法和会计程序，进行核算和反映。

实质重于形式可以用在会计实务中的诸多方面，如企业合并政策、外币折算政策、所得税的会计处理方法、存货的计价方法、长期股权投资的核算方法、坏账损失的核算，或有事项的处理、关联方关系及交易的披露等。

（六）重要性

重要性是指企业提供的会计信息应当反映与企业财务状况、经营成果和现金流量等有关的所有重要交易或者事项。重要性要求根据会计信息对使用者决策影响的程度来决定会计核算的精确程度和财务报告内容的详略程度。对资产、负债和损益等有较大影响，并进而影响财务报告使用者据以作出合理判断的重要会计事项，必须按照规定的会计方法和程序进行处理，并在财务报告中予以充分、准确地披露；对于次要的会计事项，在不影响会计信息真实性和不至于误导会计信息使用者作出正确判断的前提下，可适当简化处理。

会计信息是否重要，没有统一的标准，取决于会计人员的职业判断。判断的依据主要有两个：一是会计信息对经济决策所产生的影响大小。如果财务报告上某一信息被忽略或误述时，会引起使用者的误解，并作出错误的判断，则该信息是重要的。二是提供信息的收益和为其所发生的成本。取得信息总是要花费代价的。当提供信息的收益大于所花费的成本时，该信息是重要的和有价值的。一般来说，如果某一项目的数量达到一定规模时，如占总资产或总收益的比重5%以上，则该项目是重要的。

（七）谨慎性

谨慎性是指企业对交易或者事项进行会计确认、计量和报告应当保持应有的谨慎，不应高估资产或者收益、低估负债或者费用。

在市场经济条件下，企业会面临一些不可预计的风险和损失。如因物价下跌而造成商品存货的售价和成本倒挂；因科学技术进步而使固定资产提前报废；因债务人破产或死亡而造成应收款的无法收回等。按照谨慎性，应充分考虑可能存在的风险和损失，合理加以估计，使之在其发生之前予以化解。许多会计政策，如计提坏账准备、资产减值准备、固定资产加速折旧等，就是依据谨慎性设计的。谨慎性是对历史成本原则的修正。使用谨慎性可以保护所有者和债权人的利益，有利于信息使用者作出正确的决策，可以避免信息使用者产生根据不足的盲目乐观。

需要注意的是，谨慎性并不意味着企业可以设置秘密准备。任意扩大提取各项准备，设置各种秘密准备，人为调节利润，属于滥用谨慎性，必须加以制止；否则，将影响会计信息的客观性，造成会计核算秩序的混乱。

（八）及时性

及时性要求企业对于已经发生的交易或者事项，应当及时进行会计确认、计量和报告，不得提前或延后。会计信息具有时效性，其使用价值会随着时间的推移而逐渐下降，甚至丧失其利用价值。及时性要求及时处理和提供会计信息，充分发挥信息的时间价值。当然，不按时进行会计核算（提前或延迟），也会破坏会计信息的质量。

按照及时性的要求，会计对所发生的经济业务，应及时填制或取得会计凭证，进行会计处理，及时编制财务报表，按照规定的时间向有关信息使用者传递信息。有关管理部门对企业财务报告的报出时间和内容都有明确的规定，如股份有限公司的年度财务报告要求在年度终了 4 个月内报出，中期报告应在中期结束后 60 天内报出。公司的年度财务报告应包括资产负债表、利润表、现金流量表、所有者权益变动表、会计报表附注等。要求在年度财务报告中对资产负债表日后重大事项加以披露和说明。

第四节 会计程序和会计方法

会计的目标是为会计信息的使用者提供有用的财务会计信息。为提供这些信息，会计需要通过一系列程序和方法。会计程序和会计方法是实现会计目标的基本手段。

一、会计程序

会计程序是指会计信息系统在加工数据并形成最后会计信息的过程中所特有的步骤。会计程序包括会计确认、会计计量、会计记录和会计报告。

（一）会计确认

会计确认是指按照规定的标准和方法，辨认和确定某一经济信息是否作为和如何作为一项会计信息正式记入或列入会计报表的过程。会计确认包含初次确认和再次确认两个部分。

1. 初次确认

初次确认包括：一是哪些经济业务或项目应该进入会计信息系统，即是否要确认。企业开展的众多经济活动，有些是会计核算的内容，有些则不是会计核算的内容。前者如接受投资者的投资，以货币资金购买商品物资等，这些经济活动能够用货币进行计量，对企业的财务状况和经营成果产生实质性的影响；后者如企业新换董事长，与客户签订销售商品合同，统计员工的年龄构成等，这些经济活动尽管会影响到企业未来的财务状况和经营成果，但无法采用会计的特有方法进行加工处理。二是进入会计信息系统的项目应确认为什么会计要素，即如何确认。以房屋建筑物为例，房地产开发企业建造完成等待销售的，属于企业的存货——库存商品；一般企业用作厂房或办公楼的，属于企业的固定资产。同样，企业的负债有欠银行的借款，欠客户的账款，欠国家的税费，欠投资者的利润等。三是何时确定经济业务对会计要素的影响，即何时确认。以赊销商品为例，如果1月份发出商品，3月份收到货款，销售收入是在1月份确认，还是3月份确认。四是确认经济业务对会计要素的影响金额，即确认的金额计量。

会计的初次确认主要是通过对证明经济业务发生的原始凭证审核或填制进行的。在对证明经济活动发生的凭证数据——诸如业务种类、数量、单价、金额、经手人、时间、地点等进行识别、判断、选择和归类的基础上，根据一定的标准和规范，筛除无法进行会计确认的信息，将有用的数据进行分类，运用会计专门的方法，即复式记账法来编制记账凭证。

会计确认的基本标准是可定义性、可靠性和可计量性。其中，可定义性是指经济交易或者事项所引起的项目应符合会计要素的本质要求，符合各要素的概念界定和定义特征；可靠性是指与该项目有关的未来经济利益将很可能流入或流出企业；可计量性是指该项目的成本或价值能可靠地衡量。

2. 再次确认

再次确认是指对会计核算系统输出的会计信息按照一定的规则和要求进行再加工，重新分类和组合，确定财务报告揭示的信息内容和表述方法，满足财务报告使用者的需要。

再次确认包括：一是对经过初次确认的数据在日后的变动进行再确认。以企业应收账款为例，销售商品时，按照实际赊销金额确认应收账款。日后如果获悉因为购买商原因可能收不回账款或不能如数收回账款时，就应按照谨慎性质量要求进行再确认，计提坏账准备，减少应收账款的净额。二是对账簿数据在财务报告中的表述进行规定。此时的再确认主要是使会计信息更清晰、简捷和有用，满足信息使用者的决策需要。以企业的长期借款为例，假定企业借入的3年期的借款，会计初次确认为长期借款(长期负债)，2年后，此项借款尽管还是在“长期借款”账簿中反映，但在会计报表(资产负债表)的表述中则列入流动负债“一年内到期的非流动负债”项目。

(二) 会计计量

会计计量是指根据一定的计量标准和计量单位，对确认的会计要素加以衡量、计算，确定其金额的会计处理过程。事实上,会计计量是会计核算系统的核心,贯穿于会计信息加工处理的全过程。会计计量的结果构成确认、记录和报告的内容。

会计计量过程包括两个方面的内容:被计量对象的实物数量和被计量对象的货币表现(即金额)。这两方面的内容又转化为选择计量单位和选择计量属性,以及两者组合形成的不同的计量模式。

1. 会计计量单位

会计计量单位是指计量尺度的量度单位。一般情况下,财务会计以名义货币单位(即面值货币单位)作为会计计量单位。

会计作为对经济活动的一种计量手段,其计量单位经历了从某种符号(如结绳记事时期的"结"),到各种实物量度(如件、千克等)和劳动量度(如工作日、工时等),直至价值计量的发展过程。在现代商品经济社会,经济活动的复杂性决定了实物量度单位、劳动量度单位已无法对企业形形色色的经济活动进行完整、全面和系统的反映,如一张桌子与一张椅子的相加;一幢办公楼与一项专利技术的交换;一名普通员工与一名技术人员相同工作时间的不同报酬等。因此,货币作为商品内在价值尺度的表现形式,成为会计的统一计量尺度。当然,在以货币作为会计统一计量尺度的同时,企业单位还可以使用实物量度和劳动量度作为辅助量度。

当货币作为会计记账的单位或通用标准后,货币本身所固有的"名义货币"和"实际购买力货币"两重特性,给会计计量货币的选择带来问题:在货币购买力发生变化时,计量单位选择名义货币,还是实际购买力货币。当一国通货膨胀高居不下时,如果无视货币购买力的变化,选择名义货币作为会计计量货币,就会扭曲会计信息。为此,西方主要国家曾要求在较高的通货膨胀率下,应补充编制不变货币购买力的财务信息。考虑到成本和效益的比较,按照国际会计惯例,只要物价变动不达到恶性通货膨胀的程度,一般都以各国法定的名义货币为计量单位,而不考虑其购买力变化给企业财务信息造成的影响。

2. 会计计量属性

计量属性是指对会计要素进行计量的标准。财务会计对会计要素进行计量的标准主要有历史成本、重置成本、可变现净值、现值和公允价值等。

(1) 历史成本。历史成本又称实际成本,就是取得或制造某项财产物质所实际支付的现金或者其他现金等价物。在历史成本计量下,资产按照其购置时候支付的现金或者现金等价物的金额,或者按照购置资产时所付出的对价的公允价值计量。负债按照其因承担现时义务而实际收到的款项或者资产的金额,或者承担现时义务的合同金额,或者按照日常活动中为偿还负债预期需要支付的现金或者现金等价物的金额计量。

(2) 重置成本。重置成本又称现行成本,是指按照当前市场条件购买相同或者相似资产所需支付的现金或现金等价物金额。在重置成本计量下,资产按照现在购买相同或者相似资产所需支付的现金或者现金等价物的金额计量。负债按照现在偿付该项债务所需要支付的现金或者现金等价物的金额计量。

(3) 可变现净值。可变现净值是指在正常生产经营过程中,以预计售价减去进一步加工和销售所必需的预计税费后的净值。在可变现净值计量下,资产按照其对外销售所能收到的现金或者现金等价物的金额扣减该资产至完工时估计将要发生的成本、估计的销售费用以及相关税费后的金额计量。

(4) 现值。现值是对未来现金流量以恰当的折现率进行折现后的价值,是考虑货币时间价值因素等的一种计量属性。在现值计量下,资产按照预计从其持续使用和最终处置中所产生的未来净现金流入量的折现金额计量。负债按照预计期限内需要偿还的未来净现金流出量的折现金额计量。

(5) 公允价值。公允价值是指市场参与者在计量日发生的有序交易中,出售一项资产所能收到或者转移一项负债所需支付的价格。

计量属性的选择取决于各个用户的信息需要。但是由于各种不同类型的用户对信息的需求情况不尽相同,对计量属性的选择也就存在着差别。传统上,会计一直把历史成本作为其基本的计量属性,但随着我国资本市场的发展,股权分置改革的基本完成,越来越多的股票、债券、基金等金融产品在市场上出现,这类产品的交易规模也越发庞大,在这种情况下,我国引入公允价值这一概念,更能反映企业的现时情况,对投资者等财务报告使用者的决策更加有用,而且这样也使我国会计准则与国际财务报告准则更加趋同。

问题与思考

某上市公司 2012 年花了 2 000 万元购入投资性房地产,至 2015 年 12 月,如果将其出售,价格估计为 5 000 万元。如果公司采用历史成本计量属性,按照预计使用年限计提折旧,该房产账面价值为 1 000 万元;如果采用公允价值计量属性,该房产价值为 5 000 万元,同时带来 4 000 万元的利润。

请思考:会计计量属性的选择会对企业财务报表的信息产生怎样的影响?会计计量属性选择应考虑哪些因素?

(三) 会计记录

会计记录是对会计对象进行核算的手段,是指对经过确认而进入会计信息系统的各项数据,通过会计凭证、账簿等载体,使用文字与金额数字,按照复式记账的方法,在账簿中进行记录,为编制财务报告积累数据的过程。

会计核算中并没有单独的确认和计量阶段,会计确认和会计计量都包含在会计记录之中,会计确认和会计计量的结果只有采用适当的会计方法,通过会计记录程序,才能最终生成全面、综合、系统、有助于各项经济决策的会计信息。

（四）会计报告

会计报告是把会计记录所形成的财务信息传递给信息使用者的手段。会计报告包括对企业内部提供的管理报告和对企业外部提供的财务报告。财务报告是反映企业财务状况、经营成果和现金流量的书面文件，主要包括财务报表和应该披露的事项。财务报表根据账簿记录定期编制。

企业的财务报表主要包括资产负债表、利润表、所有者权益变动表、现金流量表和附注。其中，资产负债表是反映企业在某一特定日期财务状况的报表。通过资产负债表，可以了解企业的财务状况、偿债能力和筹资能力。利润表是反映企业在一定会计期间经营成果的报表。通过利润表可以了解企业的收入、费用结构，了解利润的构成和企业的获利能力。所有者权益变动表是反映构成所有者权益的各组成部分当期增减变动情况和变动结果的报表。通过所有者权益变动表，可以了解企业净资产增加的途径、减少的原因和增减变动后的结果。现金流量表是反映企业一定会计期间内有关现金及现金等价物流入量、流出量和净流量的报表。通过现金流量表可以了解企业获得现金和现金等价物的能力。

问题与思考

在2014年的年度报告中，上市公司三一重工(600031)的营业收入为303.65亿元，净利润为7.56亿元，资产总额为630.09亿元，负债总额为382.69亿元，经营活动现金净流量为12.32亿元。

请思考：这些财务数据分别列示在哪张财务报表中？请上网查阅该公司的财务报表。

二、会计方法

会计方法是会计在反映和监督会计对象时所采用的一系列专门方法之一。会计方法包括会计核算的方法、会计分析的方法、会计预测决策的方法和会计检查的方法。其中，会计核算是会计的基本环节，会计分析和会计预测决策建立在会计核算基础之上，正确的会计信息是会计分析和会计预测决策的前提条件。会计检查是对会计工作质量的检验。上述各种方法紧密结合，构成一个完整的方法体系。本文主要讨论狭义的会计方法，即会计核算的方法。

会计核算方法包括设置会计科目及账户、复式记账、填制与审核凭证、登记账簿、成本计算、财产清查和编制财务报表等。

（一）设置会计科目及账户

设置会计科目及账户是对会计对象的具体内容进行分类反映和监督的一种专门方法。会计核算对象的内容繁杂，为了对会计对象的具体内容进行系统的反映和监督，必须对会计对象进行恰当的分类，对每一类给予一定的名称（科目），为每个科目在账簿开设具有一定结构内容的账户，在账户中记录各对象的增减变化及其结果。会计科目是对会计对象的具体内容进行分类核算的项目名称。账户是依据会计科目在账簿中开设的专门账页，是分类、连续记录各项经济业务的场所。

正确、科学的设置会计科目及账户，是完成会计核算任务的基础。

（二）复式记账

复式记账是指对发生的每一项经济业务都要以相等的金额同时在两个或两个以上的账户中相互联系地进行记录的方法。复式记账法的理论依据是：每一项经济活动的发生，都会引起两个或两个以上的会计要素发生增减变动，其变动的结果不会影响会计要素的平衡关系。采用复式记账方法，可以完整地反映经济业务的全貌，了解资金运动的来龙去脉。

（三）填制与审核凭证

填制审核凭证是为会计记录提供完整、真实的原始数据，保证账簿记录正确、完整的方法。会计凭证是记录经济业务，明确经济责任的书面证明，是登记账簿的依据。会计凭证按照填制的程序和用途可以分为原始凭证和记账凭证。原始凭证是经济业务发生或完成时填制或取得的凭证。记账凭证是根据原始凭证编制，用以确认应记账户名称、方向和金额的凭证。所有的原始凭证都必须经过会计部门和其他有关部门审核。经过审核无误的原始凭证才能据以编制记账凭证和登记账簿。通过凭证的填制与审核，可以保证经济业务的合法性、合理性和正确性。

（四）登记账簿

登记账簿是指根据审核无误的记账凭证，在账簿中序时、分类地进行记录的方法。会计账簿是由一定格式、相互联系的账页所组成，用来完整、连续、系统地登记经济业务的簿籍。通过账簿登记，可以将分散的经济业务进行系统的归类和汇总，为成本计算和编制财务报表等提供总括的和明细的会计数据。

（五）成本计算

成本计算是指将应计入一定成本计算对象上的全部费用，进行归集和计算，并确定该对象的总成本和单位成本的方法。制造企业的成本计算一般包括材料采购成本计算、产品生产成本计算、产品销售成本计算和固定资产取得成本计算。成本计算实际上是一种会计计量活动。通过成本计算，可以对会计核算对象进行正确计价，了解经济活动过程中实际物化劳动和活劳动的耗费程度，为正确计算企业盈亏提供数据资料。根据成本计算的结果，可以分析各成本计算对象的成本构成情况，考核成本计划的完成情况，寻找控制和降低成本的途径。

（六）财产清查

财产清查是指通过定期或不定期地对财产物资、货币资金、往来结算款项的清查盘点，确定财产物资、货币资金和债权债务的实存数，并查明账存数和实存数是否相符的一种专门方法。通过财产清查，可以及时发现财产物资与货币资金账实不符的情况和资金往来结算情况，查明原因，确定责任者，并通过调整账簿记录使账面数据和实际数据相符，保证以此为依据编制的财务报表数字真实可靠。

（七）编制财务报表

编制财务报表是指根据账簿记录，定期、汇总编制总括反映企业单位特定日期财务状况和一定日期经营成果、现金流量变动信息的财务报表的专门方法。

会计核算方法互相联系、有机结合，形成一个完整的核算方法体系。其中，设置账户是进行会计核算的准备工作；复式记账是会计核算所使用的特有方法；填制与审核凭证、登记账簿和编制财务报表是会计核算工作的三个基本环节；成本计算和财产清查能够保证会计核算资料的正确可靠。任何单位进行会计核算都必须运用这七种方法，缺一不可。一般经济业务发生后，经办人员要按规定手续填制（或取得）和审核原始凭证；根据审核无误的凭证，按照设置的账户，采用复式记账法编制记账凭证，并据以在相关账簿中进行登记；一定时期（通常是月底、年底）根据账簿资料进行实际成本计算；通过财产清查调整账簿记录，保证账实相符；最后在账实相符的基础上根据账簿资料编制财务报表。会计核算方法体系如图表 1-2 所示。

图表 1-2

会计核算方法体系

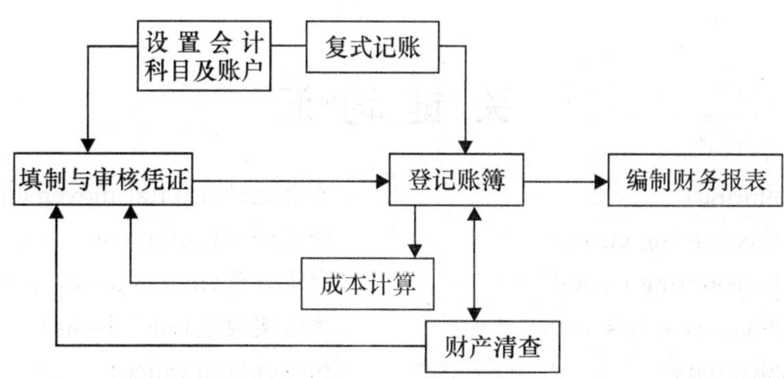

本 章 小 结

1. 会计是计量经济活动、处理并加工经济信息，并将处理结果与决策者进行交流的经济信息系统。会计以货币为主要计量单位，采用专门的方法，连续、系统、全面、综合地反映和监督企业单位的经济活动，向企业内外的会计信息使用者提供反映企业财务状况及其变动、经营成果和现金流量等相关信息。

2. 会计的基本职能是核算与监督。会计核算的基本内容包括：款项和有价证券的收付;财物的收发、增减和使用;债权债务的发生和结算;资本、基金的增减;收入、支出、费用、成本的计算;财务成果的计算和处理;需要办理会计手续、进行会计核算的其他事项。

3. 会计对象是指会计所要核算和监督的具体内容,一般表述为社会再生产过程中的资金运动。企业单位的资金取得、资金周转和资金退出以及由此引起的财产物资增减变化、收入费用发生、利润实现、分配等业务,构成企业单位的会计对象。企业单位资金周转还包括对外投资和对外投资收回等。

4. 会计核算基本前提是对会计核算的范围、内容、时间等因素作出的合理设定。我国会计核算的基本前提是会计主体、持续经营、会计分期和货币计量等。

5. 会计以权责发生制作为其记账基础,即以权利和责任的发生作为收入和费用确认的时间基础。

6. 会计提供的信息必须符合可靠性、相关性、可理解性、可比性、实质重于形式、重要性、谨慎性和及时性等八项质量要求。

7. 会计程序包括会计确认、会计计量、会计记录和会计报告四个部分。会计核算方法是指对会计对象的具体内容进行确认、记录、计量和报告的方法,包括设置会计科目及账户、复式记账、填制与审核凭证、登记账簿、成本计算、财产清查和编制财务报表等,这些方法形成一个完整的会计核算方法体系。

关键词汇

会计(accounting)
资金运动(capital movement)
会计主体(accounting entity)
持续经营(going concern)
会计期间(accounting period)
货币计量(monetary measurement)
权责发生制(accrual basis)
收付实现制(cash basis)
客观性(objectivity)
相关性(relevance)
可理解性(understandability)
可比性(comparability)
实质重于形式(substance over form)
重要性(materiality)
谨慎性(conservatism)
及时性(timeliness)
历史成本(historical cost)
公允价值(fair value)

复习思考题

1. 为什么说会计是一种经济信息系统?说明会计信息在经济管理中的作用。

2. 会计核算有哪些基本特点?
3. 简述会计核算的基本内容。
4. 简述内部会计监督的基本内容。
5. 简述会计核算的基本前提。
6. 简述会计记账基础。
7. 简述会计信息质量要求。
8. 为什么说会计核算方法是一个相互联系、有机结合的会计方法体系?
9. 会计计量属性主要包括哪几方面内容?

第二章　会计要素、会计等式与会计账户

本章导读

会计要素是会计所要核算和监督的会计对象的具体化。不同会计要素的组合，构成企业的各种财务报表。本章主要介绍会计要素、揭示会计要素内在关系的代数方程式——会计等式，以及记录各会计要素增减变化的会计账户。通过本章学习，你应能够：

- 了解会计要素的构成
- 理解资产、负债、所有者权益的定义、特点及构成
- 理解会计等式的不同表达形式及含义
- 初步理解经济业务发生对会计等式的影响
- 掌握会计科目和账户之间的联系和区别
- 了解如何在会计账户中记录会计要素的变动

第一节　会 计 要 素

为了全面反映会计对象的运动，需要对会计对象进行必要的分类。会计要素是对会计对象所进行的最基本分类。我国《企业会计准则——基本准则》将会计要素划分为资产、负债、所有者权益、收入、费用和利润六个部分。其中，资产、负债和所有者权益会计要素静态反映企业的价值运动；收入、费用和利润会计要素动态反映企业的价值运动。

一、资产

资产是指企业过去的交易或者事项形成的、并拥有或者控制的、预期会给企业带来经济利益的资源。对于资产的定义，可以从以下几个方面来理解。

（一）资产的特征

（1）资产是由企业过去的交易或者事项所形成的。过去的交易或者事项包括购买、生产、建造行为或其他交易或者事项。只有过去的交易或者事项才能产生资产，企业预期在未来发生的交易或者事项不形成资产。例如，企业当月以银行存款购入原材料，原材料已经验收入库，因为购料活动已经完成，所以原材料属于企业的资产；又如，企业准备在本月购入A原材料，现在正在寻找供应商，因该购货活动尚未发生，故不形成企业的资产。

（2）资产必须由企业拥有或者控制。由企业拥有或者控制是指企业享有某项资源的所有权，或者虽然不享有某项资源的所有权，但该资源实际能被企业所控制。前者如企业购入的房屋建筑物、机器设备、商品物资等，企业直接拥有这些资产的所有权；后者如企业筹资租入固定资产，企业虽然尚未拥有该固定资产的所有权，但实际拥有该固定资产的使用权，可以获得该固定资产所带来的全部的经济利益，从实质重于形式的角度考虑，可以确认为企业的资产。

（3）资产能够直接或间接给企业带来经济利益。作为企业的资产，必须是能给企业带来未来经济利益的经济资源。即通过其有效运用，为企业创造新的价值，直接或者间接导致现金和现金等价物流入企业。例如，零售商业企业的库存商品通过出售可以获得现金流入，库存商品是企业的资产，如果该商品破损不能再出售，不能获得现金流入时，就不再属于企业的资产。

（二）资产的确认条件

在会计实务中，不是所有符合上述资产定义的资源都是企业的资产。企业会计准则规定，符合上述资产定义的资源，在同时满足以下两个条件时，才能确认为企业的资产：

（1）与该资源有关的经济利益很可能流入企业。

（2）该资源的成本或者价值能够可靠地计量。

在会计实务中，符合资产定义和资产确认条件的项目，列入资产负债表。符合资产定义但不符合资产确认条件的项目，不能列入资产负债表。

（三）资产的分类

资产按其流动性划分，可分为流动资产和非流动资产。

1. 流动资产

流动资产是指预计在资产负债表日起1年内或一个正常营业周期中变现、出售或耗用的，为交易目的而持有的资产。流动资产包括货币资金、以公允价值计量且其变动计入当期损益的金融资产、应收及预付款项和存货等。

货币资金主要包括库存现金、银行存款和以其他形式存在的货币资金。

以公允价值计量且其变动计入当期损益的金融资产主要是指企业为近期内出售或回购，以赚取差价为目的而持有的股票、债券、基金等金融资产，包括交易性金融资产和指定为以公允价值计量且其变动计入当期损益的金融资产。

应收及预付款项是指企业在日常生产经营中所发生的各种债权，包括应收票据、应收账款、应收利息、应收股利、其他应收款和预付账款等。其中：应收票据是指企业因销售商品、提供劳务等而收到、尚未到期兑现的商业汇票。应收账款是指企业因销售商品、提供劳务等经营活动中所形成的债权。预付账款是指企业按照合同规定预先向供货单位支付的款项。应收股利是指企业对外股权投资所应收取的现金股利或其他单位分配的利润。应收利息是指企业对外债权投资所应收取的利息。其他应收款是指企业除上述应收及预付款项等以外的其他各种应收及暂付款项。

存货是指企业在日常活动中持有以备出售的产成品(制造业)或商品(商业)、处在生产过程中的在产品、在生产过程或提供劳务过程中耗用的材料、物料等,包括:原材料、在产品、半成品、产成品、库存商品、周转材料(包装物和低值易耗品)等。

流动资产具有一次消耗完毕的特点,即在生产经营过程中,一次改变其实物形态,其价值一次性的、全部的转移到其他资产价值中。

2. 非流动资产

非流动资产是指除流动资产以外的资产。企业的非流动资产主要包括可供出售金融资产、持有至到期投资、投资性房地产、长期股权投资、固定资产、无形资产等。

可供出售金融资产是指企业购入的在活跃市场上有报价的股票、债券和基金等。企业对此类投资可能不准备持有至到期,也可能没有能力持有至到期。

持有至到期投资是指企业持有的、在活跃市场上有公开报价的、到期日固定、回收金额固定或可确定,且企业有明确意图和能力持有至到期的国债、企业债券等。

投资性房地产是指为赚取租金或资本增值,或两者兼有而持有的房地产。

长期股权投资是指投资企业通过对被投资企业的货币投资、实物投资或其他资产投资而获得的对被投资企业的控制、共同控制、重大影响的权利。

固定资产是指企业为生产商品、提供劳务、出租或经营管理而持有的,使用寿命超过一个会计期间的资产,如房屋建筑物、机器设备、运输工具以及其他与生产、经营有关的设备、器具、工具等。

无形资产是指企业拥有或者控制的、没有实物形态的、可辨认非货币性资产,如专利权、非专利技术、商标权、著作权、特许权等。

二、负债

负债是指企业过去的交易或者事项形成的、预期会导致经济利益流出企业的现时义务。对于负债的定义,可以从以下几个方面来理解。

(一) 负债的特征

(1) 负债是由企业过去的交易或者事项形成的。也就是说,导致负债产生的交易或者事项已经发生,如赊购货物形成应付账款,向银行借款形成短期(长期)借款。企业将在未来发生的承诺、签订的合同等交易或者事项,不形成负债。

(2) 负债是企业承担的现时义务。所谓现时义务是指企业在现行条件下已承担的经济责任。作为现时义务，一般具有合同或法定要求的约束，在法律上可以强制执行。未来发生的交易或者事项形成的义务不属于现时义务，不应当确认为负债。

(3) 现时义务的履行会导致经济利益流出企业。如果不会导致企业经济利益流出的，就不符合负债的定义。清偿负债导致经济利益流出企业的形式是多种多样的，如现金偿还、实物资产偿还、提供劳务偿还，以及将负债转为所有者权益等。

(二) 负债的确认条件

与资产的确认一样，符合负债定义的义务，在同时满足以下两个条件时，才能确认为企业的负债：

(1) 与该义务有关的经济利益很可能流出企业。

(2) 未来流出的经济利益的金额能够可靠地计量。

在会计实务中，符合负债定义和负债确认条件的项目，列入资产负债表。符合负债定义，但不符合负债确认条件的项目，不列入资产负债表。

(三) 负债的分类

负债按其流动性划分，可分为流动负债和非流动负债。

1. 流动负债

流动负债是指预计在1年或一个正常营业周期内偿还，为交易目的而发生的债务。常见的流动负债有短期借款、应付及预收款项、应付职工薪酬、应交税费、预计负债、1年内到期的非流动负债等。

短期借款是指企业从银行或其他金融机构借入的期限在1年以下的各种借款。

应付及预收款项是指企业在日常市场经营过程中发生的各种债务，包括应付票据、应付账款、其他应收款、预收账款等。其中：应付票据是指企业在市场经营过程中由于购买商品或接受劳务等原因承担债务而对外开出、承兑的银行承兑汇票和商业承兑汇票。应付账款是指企业在购买商品或接受礼物过程中充当的债务。预收账款是指企业按照合同的规定预先向购货单位收取的货款。其他应付款是指企业除上述应付票据、应付账款、预收账款等以外的其他各种应付及暂收款项。

应付职工薪酬是指企业一定时期内因获得职工提供的劳务而应支付给职工的薪酬，包括工资、职工福利、社会保险费、住房公积金、工会经费、职工教育经费、非货币性福利、辞退福利、股份支付等。

应交税费是指企业按照税法等规定计算确定的各项税费，包括增值税、消费税、印花税、契税和所得税等。

预计负债是指除上述负债外的企业应负担的其他债务，如企业根据股东大会或类似机构审议批准的利润分配方案，计算确定的应支付给投资者的现金股利或利润；企业按照合同约定应支付的各种利息。

2. 非流动负债

非流动负债是指除流动负债以外的负债。常见的非流动负债有长期借款、应付债券、长期应付款等。

长期借款是指企业从银行或其他金融机构借入的期限在1年以上(不含1年)的各项借款。

应付债券是指企业为筹集长期资金而发行债券的本金和一次还本付息的债券利息。

长期应付款是指企业除长期借款和应付债券以外的其他各种长期应付款项,包括应付融资租入固定资产的租赁费、以分期付款方式购入固定资产等发生的应付款项等。

三、所有者权益

所有者权益是指企业资产扣除负债后由所有者享有的剩余权益。公司的所有者权益又称为股东权益。所有者权益是所有者对企业净资产的要求权。对于所有者权益的定义,可以从以下几个方面来理解。

(一) 所有者权益的特征

(1) 所有者权益是一种剩余权益。从数量上说,所有者权益是企业全部资产减去全部负债后的余额。在企业创办之初,投资者投入企业资本,投资者称为企业的所有者,对企业的全部资产拥有所有权。随着企业经营活动的进行,企业的资金需要量增加,于是产生负债,向银行借款,形成负银行的债;赊购商品,形成负供应商的债;此外,还有负员工的债(工资薪酬)、负国家的债(税款)。此时,企业资产的所有权由投资者和债权人共同分享。企业清算时,债权人有优先于投资者的清偿权,只有在清偿所有负债后,才能将净资产返还给投资者。

(2) 所有者权益变化主要取决于企业经营业绩的变化。从总体上来说,所有者权益的大小,取决于所有者对企业的投资增减和企业经营是否有效。在不考虑投资者资本投入因素时,所有者权益会因企业的有效经营得以迅速增加,因企业的无效经营或经营失败而减少。当企业出现严重经营亏损时,所有者权益会出现为零甚至为负的情况。

(3) 所有者权益所代表的资产可供企业长期使用,除非发生减资、清算或分派现金股利,企业不需要偿还所有者权益。所有者权益所代表的资产是企业偿还债务的物质保证,也是企业亏损的承担者。

(4) 所有者凭借其占所有者权益的份额参与企业的利润分配。

所有者权益金额取决于资产和负债的计量,为资产减去负债以后的余额。

(二) 所有者权益的确认条件

所有者权益是所有者在企业中的剩余权益。因此,所有者权益的确认和计量主要取决于其他会计要素的确认和计量,尤其是资产、负债的确认和计量。例如,接受投资者投入的资产,当该资产符合企业资产确认的条件时,也就符合了所有者权益的确认条件。

(三) 所有者权益的分类

所有者权益的来源包括所有者投入的资本、直接计入所有者权益的利得和损失、其他综合收益和留存收益等。

其中，投入资本是指投资者按照企业章程或合同、协议的约定，实际投入企业经营活动的各项财产物资形成的资本。

直接计入所有者权益的利得和损失，是指不应计入当期损益、会导致所有者权益发生增减变动的、与所有者投入资本或者向所有者分配利润无关的利得或者损失。

留存收益是企业历年实现的净利润留存于企业的部分，由盈余公积和未分配利润构成。

在资产负债表中，所有者权益由实收资本（股本）、资本公积、其他综合收益、盈余公积和未分配利润构成。

实收资本是指投资者按照企业章程，或合同、协议的约定，实际投入企业的资本。

资本公积是指企业收到投资者投入的但不构成实收资本的溢缴资本和其他资本公积。

其他综合收益是指直接计入所有者权益的利得和损失。

盈余公积是指企业按照规定从税后利润中提取的各种公积金，包括法定盈余公积和任意盈余公积。

未分配利润是指企业留存于以后年度分配或待分配的利润。

企业的所有者权益如图表 2-1 所示。

图表 2-1

所有者权益示意图

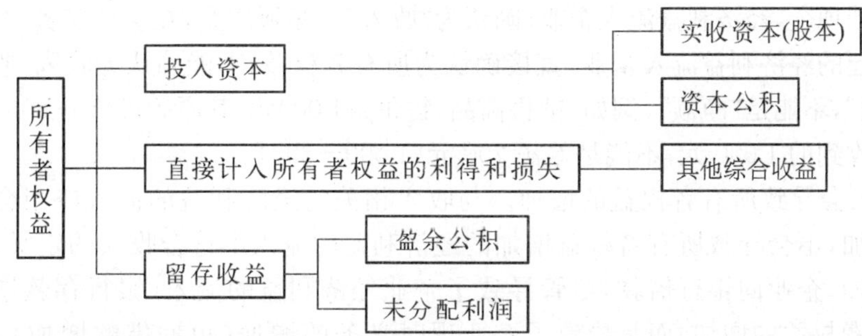

问题与思考

T 公司 2015 年 12 月 31 日，拥有银行存款 120 万元，应收款项 50 万元，存货 420 万元。该公司设备总额为 820 万元，T 公司还有 170 万元的应付账款和 780 万元的长期借款。公司的股本为 148 万元。

请问：

(1) T 公司 2015 年 12 月 31 日的资产总额和负债总额是多少？

(2) T 公司 2015 年 12 月 31 日的未分配利润是多少？并说明计算的过程。

四、收入

收入是指企业在日常活动中形成的、会导致所有者权益增加的、与所有者投入资本无关的经济利益的总流入。

（一）收入的特征

（1）收入是企业在日常活动中形成的。日常活动是指企业为完成经营目标所从事的经常性活动以及与之相关的活动。收入是企业通过日常活动所取得的。例如，制造企业通过商品生产和销售、商品流通企业通过商品销售取得销售收入；会计师事务所、律师事务所、咨询公司等通过提供劳务服务取得劳务收入；银行等金融机构通过提供资产使用权取得利息收入。

明确界定日常活动是为了将收入与利得相区分，因为企业非日常活动所形成的经济利益的流入不能确认为收入，而应当计入利得。例如，企业出售或报废固定资产或无形资产，进行非货币性资产交换，发生债务重组、接受政府补助或社会捐赠，这些都不是为完成经营目标所从事的经常性活动，也不属于与之相关的活动，其形成的经济利益流入不确认为收入，而归入直接计入当期损益的利得，即营业外收入。

（2）收入是与所有者投入资本无关的经济利益的总流入。收入的实现应当会导致经济利益流入企业，从而导致资产的增加。例如，企业销售商品，应当收到现金或者有权在未来某一时刻收到现金，经济利益流入企业，确认为“收入”。必须注意，在会计实务中，对所有者投入资本引起的经济利益流入企业，直接确认为所有者权益，不能确认为收入；收入的确认必须是“总额”，不能是“净额”，例如，销售商品，售价是1 000元，其原始进价是800元，确认的收入应该是收到的1 000元，不能是差额200元（1 000－800）。

（3）收入会导致所有者权益的增加。与收入相关的经济利益的流入应当会导致所有者权益的增加，不会导致所有者权益增加的经济利益的流入不符合收入的定义，不应确认为收入。例如，企业向银行借款，尽管导致了企业经济利益的流入（银行存款增加），但不会导致所有者权益的增加，而是导致了企业现时义务的增加（短期借款增加），属于负债行为，不应该确认为收入。又如，用银行存款购买商品物资，一项资产（商品物资）的增加，是由于另一项资产（银行存款）减少造成的，不导致所有者权益增加，不属于企业的收入。

（二）收入的确认条件

一般来说，收入只有在经济利益很可能流入从而导致企业资产增加或者负债减少、且经济利益的流入额能够可靠计量时才能予以确认。收入的确认至少应当符合以下条件：

（1）与收入相关的经济利益应当很可能流入企业。

（2）经济利益流入企业的结果会导致资产的增加或者负债的减少。

（3）经济利益的流入额能够可靠地计量。

（三）收入与收益的关系

收入是构成企业收益的重要组成部分。收益是企业在会计期间内增加的除所有者投资以外的经济利益流入，收益包括收入和利得，即日常活动所形成的经济利益的流入和非日常活动所形成的经济利益的流入。在会计实务中，经常将收益看成是广义的收入。

（四）收入的分类

企业可以根据重要性的会计信息质量要求，将收入分为主营业务收入、其他业务收入、投资收益等。如制造企业将销售商品、提供劳务取得的收入归入主营业务收入；将销售多余的或因转产不用的原材料、转让无形资产使用权的收入归入其他业务收入；将让渡资产使用权，购买债券、基金获得利息收入，购买股票，对外投资，通过利润分配形式获得的股利收入归入投资收益。

期末，企业将符合收入定义和收入确认条件的项目，列入利润表。

问题与思考

兴地公司 3 月份向×单位销售公司自产的 A 产品，收到银行存款 8 万元；销售多余材料，收到银行存款 1 万元；出售旧报纸收到现金 200 元；收到债券利息收入 2 000 元。请问兴地公司本期获得哪些类型的收入？金额各为多少？

五、费用

费用是指企业在日常活动中发生的、会导致所有者权益减少的、与向所有者分配利润无关的经济利益的总流出。

（一）费用的特征

（1）费用是企业在日常活动中形成的。这里的"日常活动"的界定与收入定义中涉及的日常活动的界定相一致。因日常活动所产生的费用通常包括销售成本（营业成本）、职工薪酬、固定资产折旧费、无形资产摊销费，以及发生的管理费用、财务费用等。明确界定日常活动是为了将费用与损失相区分，企业非日常活动所形成的经济利益的流出不能确认为费用，应当计入损失。例如，企业出售或报废固定资产或无形资产，进行非货币性资产交换，发生债务重组、出现资产减值等非日常经营活动所形成的经济利益流出，均应直接计入当期损益的损失。

（2）费用是与向所有者分配利润无关的经济利益的总流出。费用的发生应当会导致经济利益流出企业，从而导致资产的减少或者负债的增加（最终也会导致资产的减少）。其表现形式包括现金或者现金等价物的流出，存货、固定资产和无形资产等的流出或者消耗等。必须注意的是，会计实务中向所有者分配利润，不确认为费用，直接确认为所有者权益的抵减项目。

（3）费用会导致所有者权益的减少。与费用相关的经济利益流出应当会导致所有者权益的减少，不会导致所有者权益减少的经济利益的流出不符合费用的定义，不应确认为费用。例如，用银行存款偿还短期借款，尽管导致企业经济利益流出（银行存款减少），但不会导致所有者权益的减少，而是导致了企业负债减少（短期借款减少），属于偿债行为，所以不应该确认为费用。

（4）费用的确认必须遵循权责发生制的记账基础和配比性。费用只有在经济利益很可能流出，从而导致企业资产减少或者负债增加、且经济利益的流出额能够可靠计量时才能予以确认。费用的确认必须遵循权责发生制的记账基础。即以责任的发生作为会计费用确认的时间。例如，2007 年年初向银行借入 2 年期借款 100 万元，借款利率 10%，借款本息到期一次偿还。从表面上看，2007 年并没有支付借款利息，但按照权责发生制的记账基础，2007 年借入并使用借款，形成企业偿付利息的经济责任，企业 2007 年应该记录利息费用 10 万元。

费用的确认还必须考虑收入和费用的配比。所谓配比就是指同一会计期间内的各项收入与为取得其所发生的相关费用，应当在该会计期间内确认。当收入在某一会计期间确认后，与该收入相关的已发生的费用就应该在同一会计期间确认。配比性在会计实务中的运用体现为：因果配比，已售商品的取得成本和提供劳务的实际成本在其销售商品或提供劳务，获得收入的同一会计期间转为费用，与其销售收入相配比；时间配比，当期发生并支付现金的费用与当期发生的收入相配比；直接或间接与几个会计期间收入相关的费用，分配于几个会计期间，与几个会计期间的收入相配比；企业发生的支出不产生经济利益的，或者即使能够产生经济利益但不符合或者不再符合资产确认条件的，在发生时确认为费用，与当期收入配比。

（二）费用的确认条件

费用的确认除了应当符合定义外，也应当满足严格的条件，即费用只有在经济利益很可能流出从而导致企业资产减少或者负债增加，且经济利益的流出额能够可靠计量时才能予以确认。费用的确认至少应当符合以下条件：

（1）与费用相关的经济利益应当很可能流出企业。

（2）经济利益流出企业的结果会导致资产的减少或者负债的增加。

（3）经济利益的流出额能够可靠地计量。

（三）费用的分类

企业的费用可以根据其性质和用途进行分类。一般企业将费用分为主营业务成本、其他业务成本、营业税金及附加、销售费用、管理费用、财务费用等。

广义的费用还包括损失和所得税费用。即日常活动所形成的经济利益的流出和非日常活动所形成的经济利益的流出。

六、利润

（一）利润的定义

利润是指企业在一定会计期间的经营成果。通常情况下，利润为正数（企业实现了盈利）表明企业的所有者权益将增加，业绩得到了提升；反之，利润为负数（企业发生了亏损）表明所有者权益将减少，业绩下滑了。因此，利润往往是评价企业管理层业绩的一项重要指标，也是投资者等财务报告使用者进行决策时的重要参考。

（二）利润的来源构成

利润包括收入减去费用后的净额、直接计入当期利润的利得和损失等。

其中，收入减去费用后的净额反映的是企业日常活动的业绩，直接计入当期利润的利得和损失反映的是企业非日常活动的业绩。直接计入当期利润的利得和损失，是指应当计入当期损益、会导致所有者权益发生增减变动的、与所有者投入资本或者向所有者分配利润无关的利得或者损失。在会计实务中，必须注意收入、费用与利得、损失的区别，注意应当计入当期损益的利得和损失、应当直接计入所有者权益的利得和损失的区别。

（三）利润的确认条件

利润的确认主要依赖于收入和费用以及利得和损失的确认，其金额的确定也主要取决于收入、费用、利得和损失金额的计量。

第二节 会 计 等 式

会计等式又称会计方程式，是表明企业会计要素之间相互关系的代数方程表达式。会计等式揭示了会计要素之间的内在联系，是会计核算中设置会计科目和账户、复式记账和编制资产负债表的理论依据。

一、静态会计等式

企业要开展经济业务活动，必须拥有一定数量的资产，如库存现金、银行存款、原材料、机器设备等。这些资产能以货币确切计量，为企业在正常的生产经营或交易中取得、使用和支配，并通过企业有效经营产生增值，获取利益。企业的资产最初都是由社会上的个人或团体以投资的方式或贷款的方式提供的。以投资方式向企业提供资金的个人或团体，称为企业的所有者（业主），其对企业资产所享有的权益称为所有者权益；以贷款或赊销方式向企业提供资金的个人或团体，为企业的债权人，其对企业资产所享有的权益称为债权人权益（即企业的负债）。企业在获得资产的同时，也产生了来自所有者和债权人的要求权。在会计上，将经济资源提供者对企业资产所拥有的权利，称为“权益”，权益由所有者权益和债权人权益组成。其关系可用下列公式表示：

资产＝权益＝负债＋所有者权益

资产和权益是对同一个企业的经济资源从两个不同的角度进行观察。前者表明进入企业的资源具体分布在哪些方面，后者表明这些资源的所有权和运用这些资源所产生的利益归谁所有。显然，在任何时候任何情况下，资产和权益总是相等的。没有资产，就没有对这些资产的要求权，就不可能存在权益；反之，没有资金的投入，也就不可能存在资产。资产和权益的关系是互相依存，互为前提的。

“资产＝负债＋所有者权益”会计等式表明企业在一定时点上的财务状况，反映资产、负债和所有者权益会计要素之间的内在联系和数量关系，是设置账户、复式记账和编制资产负债表等会计核算方法的理论依据。因此，该会计等式又被称为资产负债表等式。

二、动态会计等式

企业取得资产的目的是，通过生产经营活动，获得资产增值，使所有者权益增加。伴随着企业日常生产经营活动的开展，取得各项收入，发生相应的费用，一定时期内取得的收入与为之发生的费用相抵，加减应该直接计入当期损益的利得和损失，即为企业该期所获得的利润。当我们将直接计入当期损益的利得和损失视作广义的收入和费用时，利润与收入和费用的关系可用下列公式表示：

利润＝收入－费用＋利得－损失①

该公式反映企业一定时期内收入和费用的配比关系以及经营成果的形成，是编制利润表的理论依据。因此，此公式又可以被称为利润表公式。

获取利润是所有者权益产生增值的重要途径。引起企业所有者权益增加无非有两个途径：所有者投入资本和企业通过经营活动获取的利润。所有者对企业资产的要求权与债权人不同。债权人不管企业盈利与否和盈利多少，只按照预先合同或协议的规定，获得固定的利息收入。所有者则因其承担了投资风险（企业亏损倒闭和资金损失），而获得了对企业盈利资产的要求权，即企业实现的利润全部归投资者所有。在企业尚未进行利润计算分配前，利润表现在收入和费用的各个项目中，会计等式表现为其扩展的形式，即：

资产＝负债＋所有者权益＋（收入－费用＋利得－损失）

---

① 当我们将直接计入当期损益的利得和损失视作广义的收入和费用时，利润与收入、费用的关系可用下列公式表示：

利润＝收入（广义）－费用（广义）

在会计期末，企业必须进行利润汇总和分配。经过利润汇总分配后，收入、费用、利得和损失项目金额为零，形成的盈余公积和未分配利润是所有者权益的组成内容。此时，会计等式又恢复为：

资产＝负债＋所有者权益

三、经济业务对会计等式的影响

企业在经营活动中发生的交易或事项会引起会计要素各项目金额发生增减变化。在会计上，将能导致会计要素项目金额发生增减变动的交易或事项称为经济业务或会计事项。

企业单位所发生的经济业务对某一企业来说可分为对外业务和对内业务。对外的经济业务如接受所有者投入资金、向银行借入资金、取得收入或支付费用等；对内的经济业务如工业企业在生产过程中领用材料、产品完工入库等。不论是对外业务还是对内业务，其发生都会影响会计等式有关项目金额发生增减变动。下面以星星公司20××年7月份发生的业务为例，说明经济业务的发生对会计等式的影响。

【例2-1】 星星公司20××年7月1日的资产、负债和所有者权益情况如图表2-2所示。

图表2-2

资产负债表(简表)

编制单位：星星公司　　20××年7月1日　　单位：元

资　　产	金　　额	负债和所有者权益	金　　额
银行存款	24 000	短期借款	20 000
应收账款	56 000	应付账款	36 000
库存商品	59 000	实收资本	300 000
固定资产	217 000		
资产合计	356 000	负债和所有者权益合计	356 000

资产负债表的表头部分包括四个部分，企业名称、会计报表名称、编制报表的日期和所采用的计量单位。

资产负债表的主表部分分为左、右两方，左方列示资产，右方列示负债和所有者权益。资产负债表依照会计等式的平衡关系完整表现企业的财务状况。

从图表2-1可以清楚地了解到，星星公司20××年7月1日共有资产总计356 000

元。具体分布在银行存款、应收账款、库存商品和固定资产项目上，金额分别为 24 000 元、56 000 元、59 000 元和 217 000 元。这些资产的资金来源由债权人和所有者提供。债权人提供资金 56 000 元，其中，银行借给企业的流动资金贷款 20 000 元，应付供应单位货款 36 000 元。所有者投入资金 300 000 元。负债总额和所有者权益总额合计数与资产合计数相等。

星星公司 20××年 7 月份发生下列经济业务：

【业务 1】 公司获得投资者追加投资 200 000 元，当即存入银行。这项业务的发生对会计等式的影响如下：

	资产					负债		+所有者权益
	银行存款	应收账款	库存商品	固定资产		短期借款	应付账款	实收资本
余额：	24 000	56 000	59 000	217 000	=	20 000	36 000	300 000
(1)	+200 000							+200 000
余额：	224 000	56 000	59 000	217 000		20 000	36 000	500 000

该项经济业务使得星星公司的资产（银行存款）和所有者权益（实收资本）同时增加了 200 000 元。这是一笔典型的资本投入企业的经济业务。这类经济业务的发生，使会计等式的左右两方同时等额增加。资产、负债和所有者权益的金额仍然保持相等的关系。同样类型的业务还有向银行借入短期或长期借款等。

【业务 2】 公司以银行存款购买运输设备价值 100 000 元，购买库存商品 56 000 元。这项业务的发生对会计等式的影响如下：

	资产					负债		+所有者权益
	银行存款	应收账款	库存商品	固定资产		短期借款	应付账款	实收资本
余额：	224 000	56 000	59 000	217 000	=	20 000	36 000	500 000
(2)	−156 000		+56 000	+100 000				
余额：	68 000	56 000	115 000	317 000		20 000	36 000	500 000

该项经济业务影响资产中的三个项目发生变化，银行存款因购买活动减少 156 000 元，同时增加两项新的资产，固定资产100 000元和库存商品 56 000 元。增减变化后的结果是资产总额保持不变。这是一种资产相互转换的业务，一项或几项资产增加，另一项或几项资产减少。该项业务不影响负债和所有者权益。会计等式仍然保持平衡关系。

【业务 3】 公司购进库存商品一批，价值 87 000 元，款项尚未支付。该项业务对会计等式的影响如下：

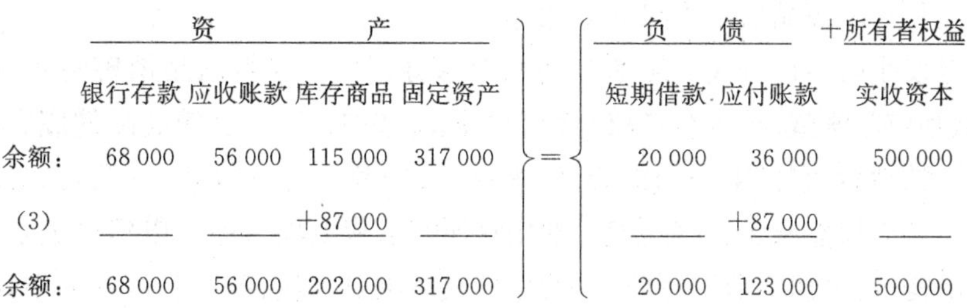

	资产					负债		+所有者权益
	银行存款	应收账款	库存商品	固定资产		短期借款	应付账款	实收资本
余额：	68 000	56 000	115 000	317 000	=	20 000	36 000	500 000
(3)			+87 000				+87 000	
余额：	68 000	56 000	202 000	317 000		20 000	123 000	500 000

该项经济业务的发生，使资产方的库存商品和负债方的应付账款同时增加 87 000 元。由于购货尚未支付的款项称为应付账款。这项业务未涉及所有者权益项目。会计等式在资产和负债同时等额增加的基础上产生新的平衡。

【业务 4】 以银行存款 20 000 元偿还部分前欠货款。这笔经济业务使得资产方和负债方同时减少 20 000 元。对会计等式的影响如下：

	资产					负债		+所有者权益
	银行存款	应收账款	库存商品	固定资产		短期借款	应付账款	实收资本
余额：	68 000	56 000	202 000	317 000	=	20 000	123 000	500 000
(4)	−20 000						−20 000	
余额：	48 000	56 000	202 000	317 000		20 000	103 000	500 000

这是一笔资产退出企业的经济业务，类似的业务有上缴税费、分配利润等。此类业务的发生，使会计等式的两边同时等额减少，不影响会计等式的平衡关系。

【业务 5】 公司向银行借入短期借款 50 000 元，直接偿还前欠部分赊购款。这笔业务的发生对会计等式的影响如下：

	资产					负债		+所有者权益
	银行存款	应收账款	库存商品	固定资产		短期借款	应付账款	实收资本
余额：	48 000	56 000	202 000	317 000	=	20 000	103 000	500 000
(5)						+50 000	−50 000	
余额：	48 000	56 000	202 000	317 000		70 000	53 000	500 000

该项业务的发生，使负债方的短期借款增加 50 000 元，同时使应付账款减少50 000元。这是企业举借一项新的债务偿还旧的债务的经济业务。这项经济业务的发生对会计等式的影响表现为等式右方的负债项目有增有减，增减金额相等。该业务不影响等式的资产方和所有者权益方金额。会计等式的平衡关系不受到影响。

【业务6】 销售商品136 000元，其中100 000元收到支票，存入银行，其余款项客户承诺2个月内支付。其商品成本为81 540元。

该项业务发生对会计等式的影响分为两个部分：其一，获得商品销售收入，使公司的资产（银行存款和应收账款）与所有者权益（利润）同时增加；其二，已销商品的成本是为取得销售收入所发生的耗费，它使得公司的资产（库存商品）和所有者权益（利润）同时减少。费用的增加会使所有者权益减少，因此，发生费用在所有者权益项目中应以负数表示。为详细反映企业利润的构成，习惯上分别用收入、费用的具体项目来代替利润，该业务中，将引起利润增加的销售收入计入主营业务收入，将引起利润减少的已销商品成本计入主营业务成本。该项业务对会计等式的影响如下：

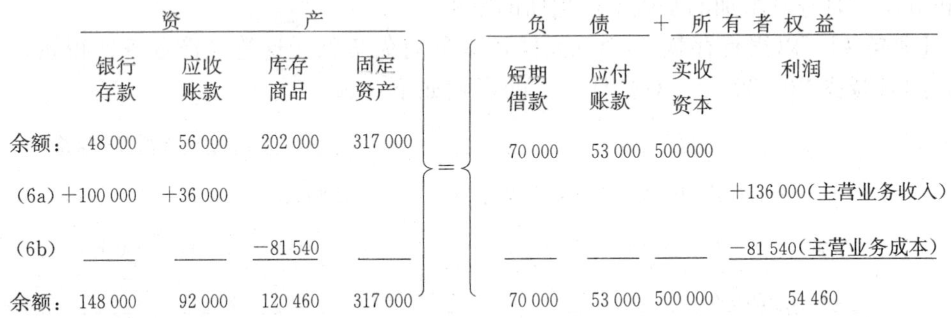

	资产				=	负债		+ 所有者权益	
	银行存款	应收账款	库存商品	固定资产		短期借款	应付账款	实收资本	利润
余额：	48 000	56 000	202 000	317 000		70 000	53 000	500 000	
(6a)	+100 000	+36 000							+136 000(主营业务收入)
(6b)			−81 540						−81 540(主营业务成本)
余额：	148 000	92 000	120 460	317 000		70 000	53 000	500 000	54 460

【业务7】 收到应收客户的账款60 000元，存入银行。该项业务的发生，使资产中的银行存款增加60 000元，应收账款减少60 000元。资产项目内部一个项目增加，一个项目减少，增减金额相等。会计等式保持平衡。该项业务的发生对会计等式的影响如下：

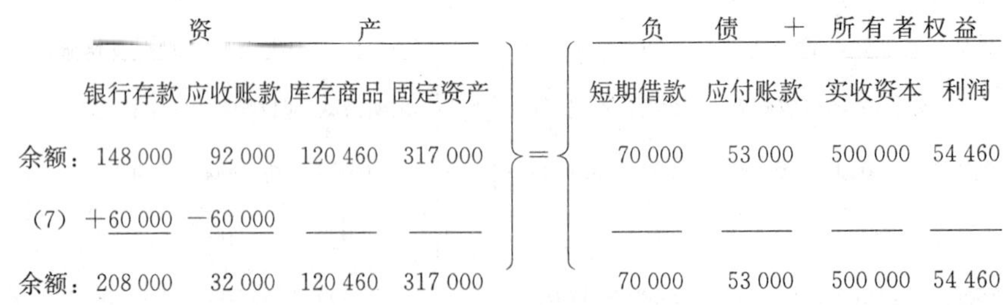

	资产				=	负债		+ 所有者权益	
	银行存款	应收账款	库存商品	固定资产		短期借款	应付账款	实收资本	利润
余额：	148 000	92 000	120 460	317 000		70 000	53 000	500 000	54 460
(7)	+60 000	−60 000							
余额：	208 000	32 000	120 460	317 000		70 000	53 000	500 000	54 460

【业务8】 以银行存款支付房屋租金2 600元。

【业务9】 以银行存款支付广告费3 300元。

【业务10】 以银行存款支付本月工资21 600元。

【业务11】 以银行存款支付其他费用3 700元。

这四项业务的共同点是以银行存款支付费用，表现为资产中的银行存款项目金额减少，所有者权益中的利润项目金额减少。[①] 这四项业务的发生对会计等式的影响如下：

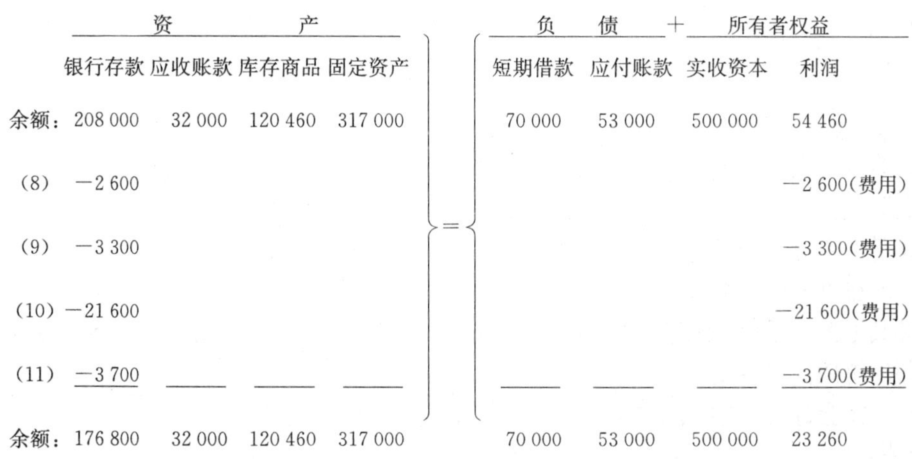

	资产				=	负债		+ 所有者权益	
	银行存款	应收账款	库存商品	固定资产		短期借款	应付账款	实收资本	利润
余额：	208 000	32 000	120 460	317 000		70 000	53 000	500 000	54 460
(8)	−2 600								−2 600(费用)
(9)	−3 300								−3 300(费用)
(10)	−21 600								−21 600(费用)
(11)	−3 700								−3 700(费用)
余额：	176 800	32 000	120 460	317 000		70 000	53 000	500 000	23 260

通过上述举例，可得出以下几点结论：

(1) 企业单位发生的经济业务种类繁多，但归集起来不外乎四种类型：

① 引起等式左方资产和等式右方权益(负债和所有者权益，下同)同时等额增加的经济业务。此类业务发生意味着资金进入企业。接受投资者资本投入，向债权人举债，取得销售收入等，均属于此类。[例 2-1]中如[业务 1][业务 3][业务 6a]等。

② 引起等式左方资产和等式右方权益同时等额减少的经济业务。此类业务发生意味着资金退出企业。向投资者分配利润，偿还企业债务，支付相关费用等，均属于此类。[例 2-1]中如[业务 4][业务 6b][业务 8][业务 9][业务 10][业务 11]。

③ 引起资产内部有关项目有增有减的经济业务。此类业务发生表示企业的资产由一种形式转化为另一种形式。以库存现金或银行存款购买原材料、库存商品、机器设备、生产领用原材料、收到客户的欠款等，均属于此类。[例 2-1]中如[业务 2][业务 7]。

④ 引起权益之间有关项目有增有减的业务。此类业务发生表示企业资产来源渠道变更。以票据信用替代商业信用、债转股、提取法定盈余公积、资本公积转增资本等，均属于此类。[例 2-1]中如[业务 5]。

以上四种类型如图表 2-3 所示。

---

① 在会计实务中，对于费用要按其具体的内容分项进行登记反映，此处为简化起见，列入总的费用项目。

图表 2-3

经济业务发生变化对会计等式的影响类型图

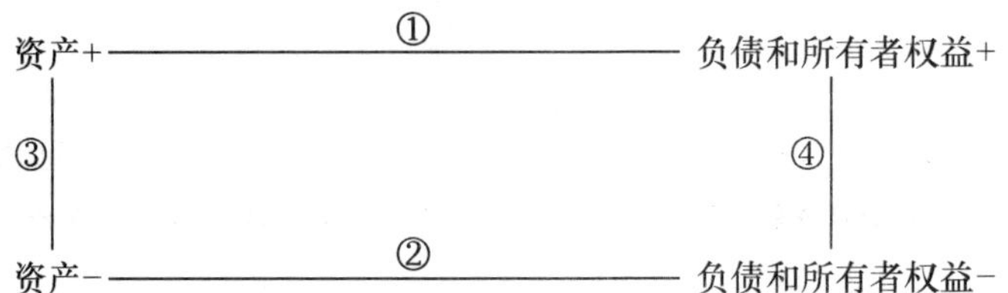

(2) 每一项经济业务的发生都会引起两个或两个以上的资产和权益(负债和所有者权益)项目发生增减变化,但其变化的结果不会破坏"资产=权益"这一会计等式的恒等关系。这一恒等关系是会计上设置账户、复式记账及编制资产负债表的理论依据。

(3) 在以上四种类型中,第①、第②种类型将使企业的资产和权益总额发生增减变化,但不破坏其平衡关系;第③、第④种类型只影响资产或权益内部有关项目发生增减变化,而资产或权益的总额保持不变。

(4) 在会计实务中,上述四种类型可以进一步分解为九种形式如图表 2-4 所示。

图表 2-4

经济业务发生对会计等式的影响

	资产	=	权益		资产	=	负债	+	所有者权益
(1)	增加		增加	①	增加		增加		
				②	增加				增加
(2)	减少		减少	③	减少		减少		
				④	减少				减少
(3)	增加、减少			⑤	增加、减少				
(4)			增加、减少	⑥			增加、减少		
				⑦					增加、减少
				⑧			增加		减少
				⑨			减少		增加

问题与思考

建业公司除所有者权益外有银行存款 30 万元,现金 3 万元,库存商品 15 万元,原材料 3 万元,固定资产 35 万元,银行短期借款 40 万元。请问该公司的所有者权益是多少?

第三节　会计科目与账户

会计要素是对会计对象所作的初步分类。要想全面、系统、分类地反映经济活动全过程，必须对会计对象作进一步的分类，对每一特定会计对象确定名称，给予编号，并在账簿确定登记的地点。

一、会计科目

（一）会计科目的概念

会计科目是对会计对象按其反映的具体经济内容所作的分类项目名称。会计要素是对会计对象所作的初步分类，然而只有初步的分类是不够的。会计对象的具体内容不同，其在企业经营活动中所起的作用也不相同。例如：房地产开发企业拥有的房屋建筑物，作为办公用还是作为商品房等待出售，是性质完全不同的两种资产，必须分类反映；要完整反映会计要素的增减变动，也必须对会计对象进行进一步的分类。现金和银行存款都是企业的货币资金，从银行提取现金或将现金存入银行，均是货币资金形式的变化，如果将现金和银行存款合并为一类反映，就不能反映上述经济活动的发生。

设置会计科目就是对会计要素作进一步的分类。每一会计科目反映一特定的经济内容。设置会计科目时，将会计对象中具体内容相同的归为一类，设立一个会计科目。凡是具备这类信息特征的经济业务，在这个科目项目中进行核算。2008 年财政部颁布的《企业会计准则应用指南——会计科目和主要账务处理》，对一般企业单位可能需要使用的会计科目进行了设置，各企业在不违反会计准则中确认、计量和报告规定的前提下，可以根据本单位的实际情况自行选用、增设、分拆、合并会计科目。合理设置会计科目，是正确编制会计凭证、进行复式记账和编制财务报表，正确组织会计核算的前提条件。

（二）会计科目的分类

会计科目可以按其反映的经济内容和提供的信息详简程度及其关系等进行分类。

1. 按其反映的经济内容分类

我国《企业会计准则——应用指南》将会计科目按其所反映的经济内容分为资产类、负债类、共同类、所有者权益类、成本类和损益类等六大类。

资产类科目是指用于核算资产增减变化，提供资产类项目会计信息的科目。

负债类科目是指用于核算负债增减变化，提供负债类项目会计信息的科目。

共同类科目是指用于核算企业间业务往来，提供资金清算信息的科目。共同类科目多为金融、保险、投资、基金等公司使用。

成本类科目主要用于核算制造企业生产产品、提供劳务等成本的发生和归集情况，提供相关成本会计信息的科目。

所有者权益科目是指用于核算所有者权益增减变化，提供所有者权益类项目会计信息的科目。

损益类科目是指用于核算收入、费用的发生和归集，提供企业一定期间损益会计信息的科目。

为便于会计核算工作的顺利进行，尤其是适应会计电算化的要求，通常要编制会计科目表，将所使用的全部会计科目列于其中，并对每一会计科目加以编号。一般企业常用的会计科目如图表2-5所示。

图表 2-5

常用的企业会计科目的编号和名称(中英文)

序　号	编号	会计科目名称	Accounting Title
一、资产类			
1	1001	库存现金	Cash at Hand
2	1002	银行存款	Cash at Bank
3	1012	其他货币资金	Other Monetary Assets
4	1101	交易性金融资产	Trade-for-Sale Asset
5	1121	应收票据	Notes Receivable
6	1122	应收账款	Account Receivable
7	1123	预付账款	Prepaid Account
8	1131	应收股利	Dividend Receivable
9	1132	应收利息	Interest Receivable
10	1221	其他应收款	Other Accounts Receivable
11	1231	坏账准备	Provision for Doubtful Debts
12	1401	材料采购	Materials Procurement
13	1402	在途物资	Materials in Transit
14	1403	原材料	Raw Material
15	1404	材料成本差异	Material Variance
16	1405	库存商品	Merchandise Inventory
17	1408	委托加工物资	Materials for Consigned Processing
18	1411	周转材料	Revolving Materials
19	1471	存货跌价准备	Reserve for Stock Depreciation
20	1501	持有至到期投资	Held-to-Maturity Securities
21	1502	持有至到期投资减值准备	Reserve for Held-to-Maturity Investment Impairment

（续表）

序　号	编号	会计科目名称	Accounting Title
一、资产类			
22	1503	可供出售金融资产	Available-for-Sale Securities
23	1511	长期股权投资	Long-term Equity Investment
24	1512	长期股权投资减值准备	Provision for Long-term Equity Investment
25	1521	投资性房地产	Investment Real Estate
26	1601	固定资产	Fixed Assets
27	1602	累计折旧	Accumulated Depreciation
28	1603	固定资产减值准备	Reserve for Fixed Assets Impairment
29	1604	在建工程	Construction in Progress
30	1605	工程物资	Engineer Material
31	1606	固定资产清理	Disposal of Fixed Assets
32	1701	无形资产	Intangible Asset
33	1702	累计摊销	Accumulated Amortization
34	1703	无形资产减值准备	Reserve for Intangible Assets Impairment
35	1711	商誉	Goodwill
36	1801	长期待摊费用	Long-term Deferred Expenses
37	1901	待处理财产损溢	Unsettled Assets Profit and Loss
二、负债类			
38	2001	短期借款	Short-term Debt Securities
39	2201	应付票据	Notes Payable
40	2202	应付账款	Accounts Payable
41	2203	预收账款	Accounts Received in Advance
42	2211	应付职工薪酬	Payroll Payable
43	2221	应交税费	Tax Payable
44	2231	应付利息	Accrued Interest Payable
45	2232	应付股利	Dividend Payable
46	2241	其他应付款	Other Accounts Payable
47	2501	长期借款	Long-term Borrowing
48	2502	应付债券	Bond Payable
49	2701	长期应付款	Long-term Accounts Payable

（续表）

序　号	编号	会计科目名称	Accounting Title
三、共同类			
50	3101	衍生工具	Derivatives
51	3201	套期工具	Arbitrage Tool
52	3202	被套期项目	Arbitraged Items
四、所有者权益类			
53	4001	实收资本	Paid-in Capital
54	4002	资本公积	Additional Paid-in Capital
55	4003	其他综合收益	Other Consolidated Income
56	4101	盈余公积	Earned Surplus
57	4103	本年利润	Full-year Profit
58	4104	利润分配	Allocation of Profits
五、成本类			
59	5001	生产成本	Production Costs
60	5101	制造费用	Manufacturing Expenses
61	5201	劳务成本	Service Costs
62	5301	研发支出	R&D Expenditure
六、损益类			
63	6001	主营业务收入	Prime Operating Revenue
64	6051	其他业务收入	Other Revenue
65	6101	公允价值变动损益	Profit and Loss from Fair Value Changes
66	6111	投资收益	Investment Income
67	6301	营业外收入	Non-business Revenue
68	6401	主营业务成本	Cost of Goods Sold
69	6402	其他业务成本	Other Operational Costs
70	6403	税金及附加	Taxes and Surcharges
71	6601	销售费用	Marketing Costs
72	6602	管理费用	Managing Costs
73	6603	财务费用	Financing Expenses
74	6701	资产减值损失	Asset Impairment Loss
75	6711	营业外支出	Non-business Expenditure
76	6801	所得税费用	Income Tax
77	6901	以前年度损益调整	Previous Year Profit and Loss Adjustment

2. 按其提供的信息详简程度及其关系分类

会计科目按其提供的信息详简程度及其关系可以分为总账科目和明细科目。设置总账科目和明细科目的目的是方便会计的分工记账和满足管理部门对不同层次会计信息的需求。其中,总账科目又称一级科目,是按照会计对象的不同经济内容进行分类,提供总括核算资料的科目,如"库存现金""应收账款""固定资产""实收资本"等。明细科目又可分为子目(二级科目)和细目(三级科目)。明细科目是对总账科目所包含的内容进行进一步分类,提供详细核算资料的科目。如在"应收账款"总账科目下分别按地区和客户名设置二级科目和明细科目,反映应收具体客户单位和应收金额。总账科目、明细科目的关系举例如图表2-6所示。

图表 2-6

总账科目与明细科目关系举例

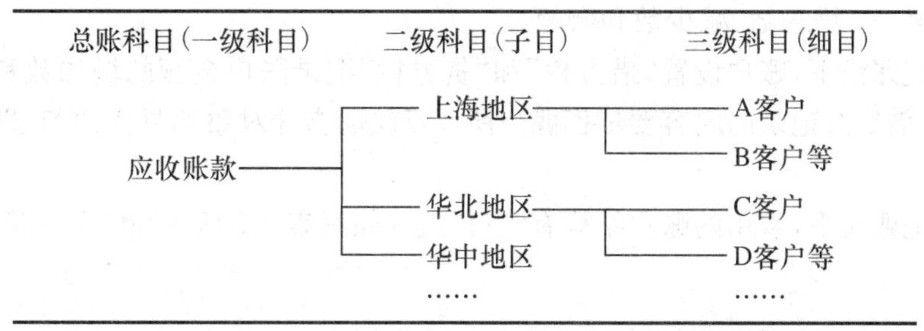

各企业可根据自身的特点和管理需要来确定明细科目的设置和使用。

二、账户

(一) 账户的概念

设置账户是分类记录、反映会计要素增减变化及其结果的一种专门方法。账户是根据会计科目在账簿中开设的户头,是储存会计信息的场所。每个账户都有一个名称,在账簿中拥有一定的账页,具有规定的账页格式。每个企业单位,必须根据规定的会计科目设置账户,在账户中分门别类地记录经济业务的发生情况以及由此引起的诸会计要素增减变动及其变动结果。

在会计实务中,常把会计科目作为账户的同义语。实际上,账户与会计科目是既有联系又有区别的两个不同概念。会计科目是指会计要素具体分类的项目名称,说明一定的经济业务内容,本身不存在结构问题。账户则不但有名称,而且有账页、有结构,能具体记录经济业务的内容,提供详细的数据资料。与会计科目相比,账户内容更丰富。

(二) 账户的基本结构

账户的结构是指账页的格式。账户要记录由于经济业务发生而引起各会计要素增减变化，必须拥有一定格式的账页。

作为账户，首先需要一个名称（会计科目），账户的名称规定了账户所要核算的经济业务内容。经济业务的发生，引起会计要素项目金额的变化错综复杂，但归纳起来不外乎增加和减少两种情况。因此，用来记录其变化的账户，其基本结构至少要有两个部分：一部分反映增加数；一部分反映减少数。同时为了反映增减变化的结果，账户还需要设置反映余额的部分。账户中还应设有记录账户的时间、依据等空栏。概括起来，账户的基本结构应包括以下内容：

（1）会计科目——账户的名称。

（2）日期——登记账户的时间。

（3）凭证编号——登记账户的依据。

（4）摘要——经济业务的简要说明。

（5）金额——增加数、减少数和余额。

在借贷记账法下，账户设置“借方栏”和“贷方栏”记录账户金额的增加数和减少数。必须注意，账户借贷方记录的内容要依据账户所要反映的会计对象的具体内容，即账户的性质而定。

在借贷记账法下，常用的账户结构有“三栏式”（如图表 2-7 所示）和“T 字形”（如图表2-8 所示）。

图表 2-7

会 计 科 目

年		凭证编号	摘　　要	借　方	贷　方	借/贷	余　额
月	日						

图表 2-8

会 计 科 目

借方　　　　　　　　　　　　　　　　　　　　　　　　　　贷方

<table>
<tr><td colspan="2">年</td><td rowspan="2">凭证
编号</td><td rowspan="2">摘　要</td><td rowspan="2">金　额</td><td colspan="2">年</td><td rowspan="2">凭证
编号</td><td rowspan="2">摘　要</td><td rowspan="2">金　额</td></tr>
<tr><td>月</td><td>日</td><td>月</td><td>日</td></tr>
<tr><td></td><td></td><td></td><td></td><td></td><td></td><td></td><td></td><td></td><td></td></tr>
</table>

在教学中，通常采用简化的"T"字形账户如图表 2-9 所示。

图表 2-9

会 计 科 目

借方　　　　　　　　　　　　　　　　　　　　　　　　　　贷方

问题与思考

大通公司属于制造企业，请指出下列各项目分别属于哪个会计要素。

销售商品收入	差旅费	银行借款
机器设备	原材料	投入资本
应付职工薪酬	利润	现金
银行存款	广告费	应交税费

本 章 小 结

1. 会计要素是会计所要反映与监督的会计对象的具体组成部分，我国企业会计准则将会计要素分为资产、负债、所有者权益、收入、费用和利润六项。

2. 资产是指企业过去的交易或者事项形成的，并拥有或者控制的、预期会给企业带来经济利益的资源。资产按照其流动性，分为流动资产和非流动资产。

3. 负债是指企业过去的交易或者事项形成的、预期会导致经济利益流出企业的现时义务。负债按其流动性分为流动负债和非流动负债。

4. 所有者权益是指企业资产减去负债后由所有者享有的剩余权益。公司的所有者权益又称股东权益。所有者权益包括所有者对企业的投资和企业历年经营活动的积累。

5. 会计等式是表明会计要素之间关系的代数方程式。其表现形式为：

① 资产=权益=负债+所有者权益 …………………………………… 静态会计等式

② 利润=收入-费用+利得-损失 …………………………………… 动态会计等式

③ 资产=负债+所有者权益+(收入-费用+利得-损失) ………………… 扩展公式

6. 会计上将能导致会计要素项目金额发生增减变动的业务事项称为经济业务或会计事项。经济业务按引起会计等式变化的情况分为四类：

① 引起会计等式左、右两方金额同时等额增加的经济业务，主要为企业筹资和取得收入。

② 引起会计等式左、右两方金额同时等额减少的经济业务，主要为资金退出企业和企业发生费用。

③ 引起会计等式资产方(左方)部分项目金额增加，部分项目金额减少的经济业务，表现为一种资产转换为另外一种资产。

④ 引起会计等式负债和所有者权益方(右方)部分项目金额增加，部分项目金额减少的经济业务，表现为资产来源渠道变更。

其中①②业务的发生会影响资产总额增减变化，③④业务的发生不会影响资产总额增减变化。不论何种情况都不会破坏会计等式的平衡关系。

7. 收入是指企业在日常活动中形成的、会导致所有者权益增加的、与所有者投入资本无关的经济利益的总流入。费用是指企业在日常活动中发生的、会导致所有者权益减少的、与向所有者分配利润无关的经济利益的总流出。利润是指企业在一定会计期间的经营成果，包括收入减去费用后的净额、直接计入当期利润的利得和损失等。

8. 会计科目是对会计对象按其反映的具体经济内容所作的分类项目名称。会计科目按其所反映的经济内容分为资产类、负债类、所有者权益类、共同类、成本类和损益类科目；按其反映信息的详简程度及其关系分为总账科目和明细科目。账户是根据会计科目在账簿中开设的户头，是储存经济信息的场所。

9. 账户的基本结构应包括会计科目、日期、凭证编号、摘要、增加数、减少数和余额。在借贷记账法下，账户设置“借方栏”和“贷方栏”，记录账户金额的增加数和减少数。但借贷方记录的内容要依据账户所要反映的会计对象的具体内容，即账户的性质而定。

关 键 词 汇

会计要素(accounting element)　　资产(assets)

负债(liabilities)　　所有者权益(owner's equity)

收入(revenue)　　费用(expenses)
利润(profit)　　流动资产(current assets)
非流动资产(non-current assets)　　流动负债(current liabilities)
非流动负债(non-current liabilities)　　会计等式(accounting equation)

复习思考题

1. 公司的负债和所有者权益在哪些方面类似？哪些方面不同？
2. 在什么情况下公司可能赚取大额利润但现金很少？
3. 在什么情况下一家企业连续多年亏损但仍然拥有丰富的现金？
4. 什么是会计等式？会计等式有哪几种表达形式？各表示什么含义？
5. 什么是经济业务？试分别举例说明经济业务的发生对会计等式的影响。
6. 简述会计科目与账户的联系和区别。

核算与计算题

习　题　一

1. 目的　运用会计等式了解企业财务状况。

2. 资料　M公司2015年12月31日拥有流动资产58万元，固定资产98万元和其他资产3万元，流动负债3万元，非流动负债6.2万元。

3. 要求

(1) 根据以上数据写出M公司的会计等式。

(2) M公司有多少资源可供经营使用。

(3) M公司前债权人有多少债务？

(4) M公司股东拥有公司多少资产？

习　题　二

1. 目的　熟悉资产、负债和所有者权益的内容。

2. 资料　伟业商店20××年12月31日有关资产、负债和所有者权益的内容如下：

(1) 库存现金1 050元。

(2) 银行存款32 030元。

(3) 短期借款 20 000 元。

(4) 投资者投入资本 180 000 元。

(5) 应付赊购商品款 31 080 元。

(6) 库存商品物资 104 000 元。

(7) 拥有空调等设备 82 000 元。

(8) 应收客户货款 12 000 元。

3. 要求

(1) 根据上述资料，分别确认其应归属的有关会计要素项目。

(2) 分别计算资产、负债和所有者权益总额。看其是否符合会计等式的平衡关系。

习 题 三

1. 目的 熟悉经济业务对会计等式的影响。

2. 资料 某公司 20××年 9 月 30 日的资产项目合计为 1 000 000 元，负债合计为 120 000 元，所有者权益合计为 880 000 元。该企业 20××年 10 月份发生的经济业务如下：

(1) 购入材料一批已入库，金额 5 000 元，款项暂欠。

(2) 以银行存款购入材料一批已入库，金额 50 000 元。

(3) 以银行存款购买设备一台，价值 50 000 元。

(4) 从银行取得短期借款 30 000 元。

(5) 从银行提取现金 2 000 元。

(6) 收到购货单位前欠货款 20 000 元。

(7) 以银行存款 5 000 元归还所欠购料款。

(8) 以现金 1 000 元支付采购员出差预借的差旅费。

(9) 以银行存款 20 000 元偿还短期借款本金。

(10) 以银行存款 20 000 元交纳应交税费。

(11) 按规定将盈余公积 60 000 元转作资本。

(12) 接受所有者投入的专利权一项，价值 50 000 元。

3. 要求

(1) 分析上述各项经济业务对资产、负债和所有者权益的影响。

(2) 计算该公司 20××年 10 月 31 日的资产、负债和所有者权益，并验证资产总额是否与权益总额相等。

第三章　复式记账与会计循环

本章导读

企业发生的每一项经济业务都会引起会计要素有关项目发生增减变动，会计工作的目的就是采用适当的方法确认、计量、记录和报告会计要素的变动情况，清晰、迅速地为信息使用者提供高效、有助于决策的会计信息。本章主要介绍借贷复式记账法。通过本章学习，你应能够：

- ◆ 了解复式记账法的基本类型
- ◆ 掌握借贷记账法的基本原理和特点
- ◆ 掌握借贷记账法下各类账户的结构
- ◆ 熟悉会计确认、计量、记录和报告的过程
- ◆ 初步掌握会计分录的编制、账簿的登记和试算平衡表的编制
- ◆ 学会总分类账户和明细分类账户的平行登记

第一节　借贷记账法

一、记账方法及分类

每个企业都需要开设账户，登记账簿。当企业根据其将要发生的经济活动，按照一定原则设置会计科目，并在账簿中开立账户后，就需要按照一定的记账方法在账户中登记会计要素的增减变化。

所谓记账方法就是根据一定的原理和规则，采用一定的计量单位，利用文字和数字来记载经济业务的方法。记账方法按照其记录的内容有单式记账法和复式记账法。

（一）单式记账法

单式记账法是一种比较古老和简单的记账方法。单式记账法的基本方法是对发生的经

济业务，只在一个或几个需要记载的账户中进行记录的记账方法。这种记账方法主要关注会计主体的货币收付和债权债务的发生情况，一般只设置库存现金、银行存款、应收款和应付款类账户，对实物收发的业务不设置账户反映。当发生的经济业务涉及货币收付或债权债务发生、结算，就在相关账户中进行记录；反之，若发生的经济业务与货币收付等无关，则不进行记录。例如：① 以现金购买原材料，登记“库存现金”减少；② 收到客户偿还的欠款，一方面登记“库存现金”增加，另一方面登记“应收款”减少；③ 生产产品领用原材料，不在任何账户中进行登记。

单式记账法一般用于所有者和经营者尚未分离的个体业主的日常记录。因为此时，企业的资产与业主个人的资产无法截然分离，业主无法也无需对其经营活动进行独立的核算。单式记账法下，账户与账户之间不存在勾稽关系。随着经济的发展、企业所有权和经营权的分离、公司的出现，复式记账方法逐渐取代了单式记账方法。

（二）复式记账法

复式记账是对发生的每一项经济业务，都以相等的金额，在相互关联的两个或两个以上的账户中进行记录的记账方法。例如，企业收到客户偿还的货款，一方面要在“银行存款”账户中登记银行存款的增加，另一方面要在“应收账款”账户中记录应收账款的减少，银行存款增加的金额与应收账款减少的金额相等。又如，企业接受投资者以机器设备进行的投资，一方面要记录企业“固定资产”资产的增加；另一方面要以相等的金额记录投资者权益“实收资本”的增加。

与单式记账法相比，复式记账法具有无可比拟的优点：① 复式记账对每一项经济业务都在两个或两个以上的账户中相互关联地进行登记，可以通过账户记录了解经济业务的内容和性质，检查经济业务是否合理。完整、全面、系统地反映经济活动全过程以及由此引起的资金运动的来龙去脉。② 采用复式记账，以相等的金额在两个或两个以上的账户中进行登记，便于核对账户记录，进行试算平衡，检查账簿记录的正确性。

目前，国际上会计核算均采用复式记账法。复式记账法按照其记账符号、记账规则、账户分类和试算平衡方法不同，分为借贷记账法、增减记账法和收付记账法。其中，借贷记账法是世界上产生最早的复式记账方法，也是目前世界各国通用的一种记账方法。新中国成立后，我国的企业、行政和事业单位曾采用过借贷记账法、增减记账法和收付记账法等多种复式记账方法。为规范会计核算工作，1993 年后，按照《企业会计准则》的规定，中国境内所有企业单位会计记账统一采用借贷记账法。

二、借贷记账法的基本原理

借贷复式记账法（亦称借贷记账法）的理论依据是“资产＝负债＋所有者权益”的平衡公式，即会计等式的恒等关系。

根据第二章的分析，我们得到以下结论：经济业务发生会影响两个或两个以上的会计要

素项目发生增减变化,其变化的过程及结果可以用以下公式予以表示:

资产=负债+所有者权益 等式 1

利润①=收入-费用 等式 2

资产=负债+所有者权益+(收入-费用) 等式 3

资产+费用=负债+所有者权益+收入 等式 4

其中:"等式 1"为静态会计等式,"等式 2"为动态会计等式,"等式 3"是会计等式的扩展形式,表明"等式 1"与"等式 2"之间的关系,"等式 4"是"等式 3"的变通形式。

上述四个等式中,"资产=负债+所有者权益"是最关键的等式,亦称会计恒等式。该等式揭示了以下几个规律:第一,会计主体和会计要素之间的关系。有一定数量的资产,必定有相应数量的负债和所有者权益与之对应。第二,各会计要素增减变化之间的关系。为维持等式的相等关系,当变化的会计要素同时涉及等式的左方(资产)项目和右方(负债和所有者权益)项目时,其变化的形式一定是同增或同减,金额相等;当变化的会计要素只涉及等式的左方项目(或只涉及等式的右方项目)时,其变化的形式一定是有增有减,增减金额相等。第三,等式有关因素的对立统一关系。以"等号"为中心,等号左边为"资产",等号右边为"负债和所有者权益",如果等式的右边的项目移入左边,必须用"负号"表示;反之,等式的左边的项目移入右边,也必须用"负号"表示。"等式 3"是会计等式的扩展形式,将资金运动过程中的动态变化——收入和费用列入,可以进一步解释借贷记账法的记账规律。

三、借贷记账法

借贷记账法是指以"借""贷"作为记账符号,对发生的每一项经济业务,都以借贷相等的金额在两个或两个以上的账户中相互关联地进行登记的一种复式记账方法。掌握借贷记账法,应该从记账符号、账户结构、记账规则和试算平衡等方面入手。

(一) 记账符号

借贷记账法以"借""贷"作为记账符号,来表示账户金额的增减变动。最早的"借""贷"两字表示债权债务的增减变化。随着商品经济的发展和借贷记账法的广泛运用,记账对象从债权债务扩展到了全部会计要素。"借""贷"表示的内容已经脱离了其自身的含义,转化为纯粹的记账符号。

(二) 账户结构

借贷记账法的账户基本结构是:每一账户设置"借方栏"和"贷方栏",分别记录账户左方金额和右方金额的变动。所有账户的借方和贷方都要按相反的方向记录其增减变动,即账户的借方登记增加数,贷方就必须登记减少数;反之,账户的贷方登记增加数,借方就

① 此公式中的收入和费用为广义概念。

必须登记减少数。账户的期初余额、期末余额一般与账户的增加数记入同一个方向。至于哪方登记增加数,哪方登记减少数,则要视账户的性质而定。

从会计等式的关系来看,资产、负债和所有者权益是对同一资金从两个不同侧面的反映。资产反映资金的实物形态,负债和所有者权益反映企业的资金来源渠道。考察会计等式和按照会计等式建立起来的资产负债表可以发现,习惯上资产项目列在等式(报表)的左方,负债和所有者权益项目列在等式(报表)的右方。为了使账户的记录与资产负债表的结构相一致,我们可以确定将资产账户的期初余额记录在账户的左方(借方),将负债和所有者权益账户的期初余额记录在账户的右方(贷方)。对已发生的经济业务,增加数应记在与期初余额相同的方向,减少数则记在与期初余额相反的方向。

根据以上思路可以确定资产、负债和所有者权益账户的结构。

1. 资产类和成本类账户的结构

资产类账户的借方登记资产的期初余额和增加数,贷方登记减少数。在一个会计期间内(年、月、日),借方记录的合计数称作"本期借方发生额",贷方记录的合计数称作"本期贷方发生额"。在正常情况下,资产类账户的期末余额总是在账户的借方。其期末余额计算公式为:

$$\text{资产类账户借方期末余额}=\text{借方期初余额}+\text{本期借方发生额}-\text{本期贷方发生额}$$

【例 3-1】 星星公司 20××年 1 月 1 日"库存商品"账户借方余额为 59 000 元,1 月份有两笔购入业务和一笔销售业务,分别为现购商品 56 000 元,假定为[业务 2];赊购商品 87 000 元,假定为[业务 3];销售商品发出 81 540 元,假定为[业务 6]。其账户登记及期末余额计算如图表 3-1 所示(假定以"T"字形账户表示)。

图表 3-1

库 存 商 品

期初余额	59 000	(6) 发出商品	81 540
(2) 现购商品	56 000		
(3) 赊购商品	87 000		
本期发生额	143 000	本期发生额	81 540
期末余额	120 460		

分析:"库存商品"为资产类账户,借方登记期初余额和本期增加数,贷方登记本期减少数。其期末余额计算公式为:

“库存商品”账户借方期末余额 = 借方期初余额 + 本期借方发生额 − 本期贷方发生额

=59 000+(56 000+87 000)−81 540

=59 000+143 000−81 540

=120 460(元)

由于成本类账户的期末余额反映的是企业某种资产的结余情况，所以，可以将成本类账户视作资产类账户，借方记录成本的增加数，贷方记录成本的减少数(结转数)，期初、期末余额在借方。

2. 负债和所有者权益类账户的结构

负债和所有者权益类账户的贷方登记负债和所有者权益期初余额和本期增加数，借方登记负债和所有者权益本期减少数。在正常情况下，负债和所有者权益账户的期末余额总是在账户的贷方。其期末余额计算公式为：

负债和所有者权益类账户贷方期末余额 = 贷方期初余额 + 本期贷方发生额 − 本期借方发生额

资产、负债和所有者权益账户的结构及与资产负债表的关系如图表 3-2 所示。

图表 3-2

资 产 负 债 表

资　　产				负债和所有者权益			
资产类账户				负债和所有者权益类账户			
期初余额	×××	减少数	×××	减少数	×××	增加数	×××
增加数	×××		×××			期初余额	×××
本期发生额	×××	本期发生额	×××	本期发生额	×××	本期发生额	×××
期末余额	×××					期末余额	×××

3. 损益类账户的结构

损益类账户按其反映的具体内容不同，分为收入类账户和费用类账户。企业在生产经营过程中取得的收入和发生的费用，除了会导致资产或负债总额发生变化外，还会引起所有者权益总额发生变化，收入会引起所有者权益增加，费用则会引起所有者权益减少。因此，根据收入、费用与所有者权益的关系可以确认收入账户和费用账户的结构。

收入增加使企业所有者权益增加，其账户的结构与所有者权益账户结构基本相同。其贷方登记增加数，借方登记减少数，期末(一般为月末)净收入由账户借方转入“本年利润”账户的贷方。经结转后，收入账户没有余额。

费用增加使企业所有者权益减少，其账户结构与所有者权益账户结构相反。其借方登记增加数，贷方登记减少数，期末费用总额由账户贷方转入“本年利润”账户的借方。经结转后，费用账户期末也没有余额。

收入账户、费用账户和“本年利润”账户的结构以及相互之间的关系，如图表 3-3 所示。

图表 3-3

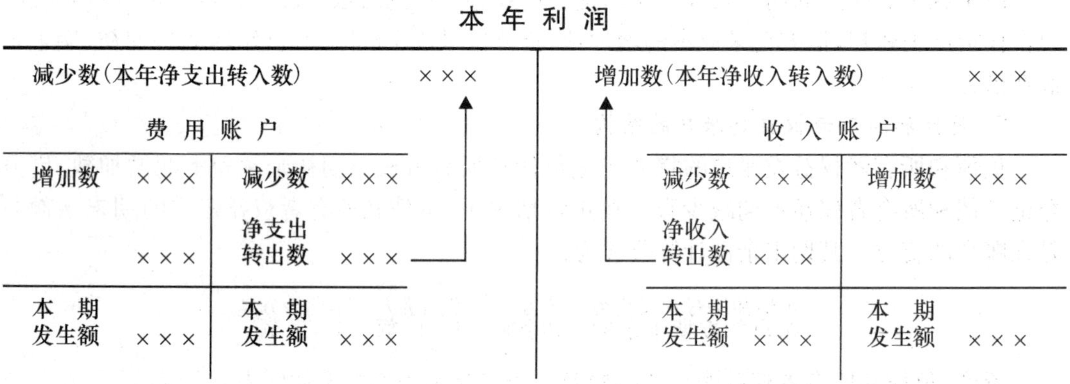

本 年 利 润

减少数（本年净支出转入数） ×××	增加数（本年净收入转入数） ×××

↑ 费用账户净支出转出数转入“本年利润”借方；收入账户净收入转出数转入“本年利润”贷方 ↑

费 用 账 户

增加数 ×××	减少数 ×××
×××	净支出转出数 ×××
本期发生额 ×××	本期发生额 ×××

收 入 账 户

减少数 ×××	增加数 ×××
净收入转出数 ×××	
本期发生额 ×××	本期发生额 ×××

4. 共同类账户

共同类账户既有资产账户的性质，又有负债账户的性质，当出现借方余额时，表现为资产类账户，当出现贷方余额时，表现为负债类账户。

综上所述，我们可以总结一下“借”“贷”两字作为记账符号所表示的经济含义：

对账户的基本结构来说，“借”“贷”表示账户的方向，借方表示账户的左方，贷方表示账户的右方。

对某一个具体账户来说，“借”“贷”反映账户金额的增减变化。其中：资产类账户和费用成本类账户，“借”表示增加，“贷”表示减少；负债类账户、所有者权益类账户和收入类账户，“贷”表示增加，“借”表示减少。上述结论也可以用图表 3-4 表示。

图表 3-4

账 户 的 结 构

账户的性质	借　方	贷　方	余　额
资产类（成本类）	增加	减少	在借方
负债类	减少	增加	在贷方
所有者权益类	减少	增加	在贷方
损益类（收入）	减少	增加	无余额
损益类（费用）	增加	减少	无余额

(三) 记账规则

借贷记账法的记账规则可以用一句话概括:有借必有贷,借贷必相等。

通过第二章分析我们得知,经济业务发生对会计要素项目金额的影响有四种类型,其表现如图表 3-5 所示。

图表 3-5

经济业务发生对会计等式的影响

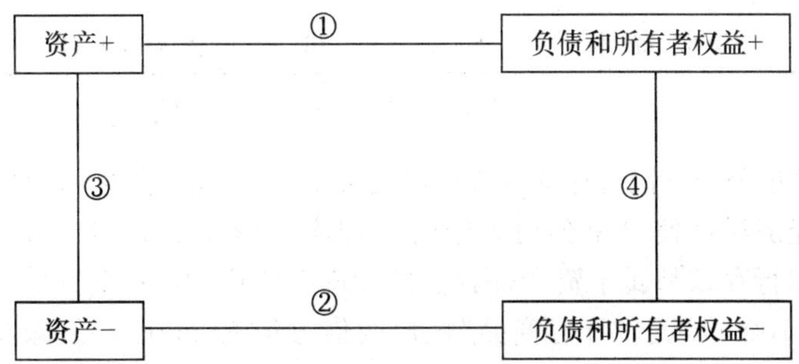

如果把图表 3-5 变形,按照借贷记账法下账户的结构,列出经济业务发生对账户记账方向的影响,可以归纳出借贷记账法的记账规则(见图表 3-6)。

图表 3-6

经济业务发生对账户记账方向的影响

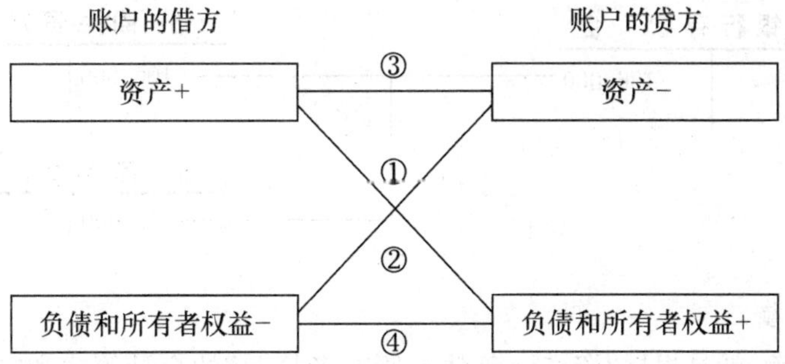

图表 3-6 清楚地表示了借贷记账法记账规则的内容:

(1) 对发生的任何一项经济活动都必须以相等的金额在两个或两个以上的账户中相互联系地进行登记。

(2) 对每一项经济业务都要做借贷相反的记录。具体来说,在登记时,若涉及两个账户,则一个账户登记在借方,另一个账户必须登记在贷方;若涉及几个账户,则一个(或几个)账户登记在借方,另几个(或一个)账户必须登记在贷方。记入账户借方的金额之和与记入账户贷方的金额之和必须相等。

以下举两例说明借贷记账法的记账规则。

【例 3-2】 星星公司 20××年 7 月 1 日接受投资者追加投资200 000元，款项存入银行。

分析：此项经济活动使星星公司银行存款和实收资本同时增加。银行存款属于资产，增加时应在“银行存款”账户的借方进行记录；实收资本属于所有者权益，增加时应在“实收资本”账户的贷方进行记录，如图表 3-7 所示。

图表 3-7

[例 3-2]登账示意图

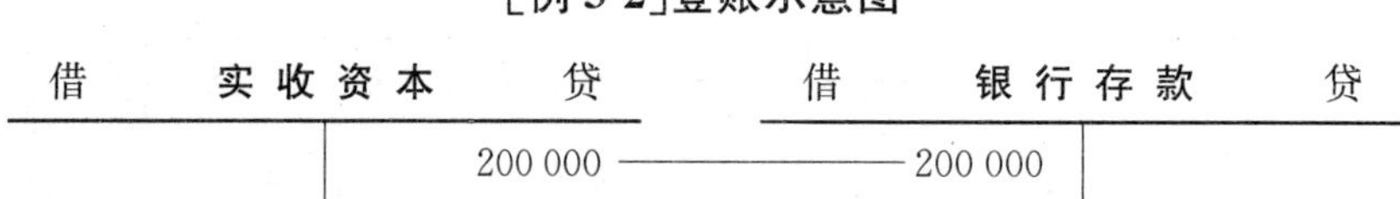

【例 3-3】 星星公司以银行存款购买运输设备 100 000 元，购买库存商品 56 000 元。

分析：此项经济活动使星星公司固定资产和库存商品增加，银行存款减少。固定资产、库存商品和银行存款都属于资产，因此，增加固定资产和库存商品时，应在“固定资产”账户的借方记入 100 000 元，“库存商品”账户的借方记入 56 000 元；减少银行存款时，应在“银行存款”账户的贷方记入 156 000 元。记入借方账户的金额合计数与记入贷方账户的金额数相等，如图表 3-8 所示。

图表 3-8

[例 3-3]登账示意图

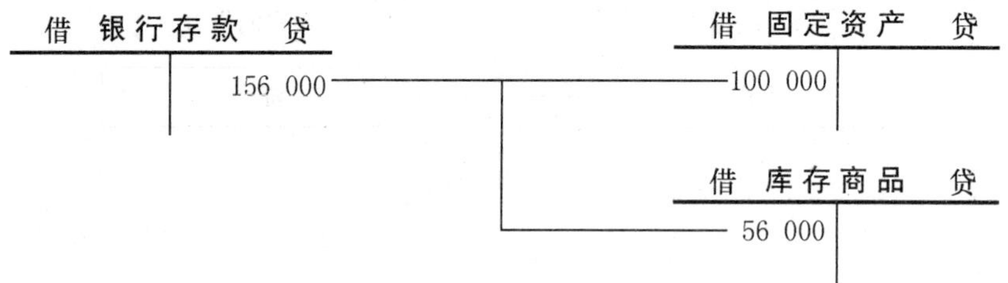

（四）试算平衡

所谓试算平衡，就是根据“资产＝负债＋所有者权益”的会计等式和“有借必有贷，借贷必相等”的记账规则，通过汇总计算和比较，来检查账户记录正确性的一种方法。

经济业务发生前，根据会计等式，全部账户的借方余额合计数与贷方余额合计数必然相等；经济业务发生时，按照借贷记账法的记账规则，以借贷相等的方法在相关账户中进行登记，其登记结果是，每一项经济业务记入账户借方的金额与记入账户贷方的金额相等；进一步推算出，一定会计期间（日、月、季、年），全部账户借方发生额合计数与全部账户贷方发生额合计数必然相等；全部账户的期末借方余额合计数与期末贷方余额合计数必然相等。上述相等关系可以用以下公式表示。

余额试算平衡公式：

全部账户期初(期末)借方余额合计＝全部账户期初(期末)贷方余额合计

发生额试算平衡公式：

全部账户本期借方发生额合计＝全部账户本期贷方发生额合计

月末会计记账结束，在账簿中结出本期发生额和月末余额，运用试算平衡公式，采用编制试算平衡表的方式来检查账户记录是否正确。试算平衡表的格式可见图表 3-9 和图表 3-10。

图表 3-9

总分类账户试算平衡表

单位：元

账 户 名 称	借 方 余 额	贷 方 余 额
合　计		

图表 3-10

总分类账户本期发生额及余额试算平衡表

单位：元

账户名称	期初余额		本期发生额		期末余额	
	借　方	贷　方	借　方	贷　方	借　方	贷　方
合　计						

(五) 设置双重性质账户

在借贷记账法下，账户的设置比较灵活。除了上面所述的资产、负债和所有者权益、收入和费用成本等账户外，还可以设置双重性质账户，如"其他往来""投资收益"账户等，此类账户的性质根据其期末余额方向和本期发生额记载的内容而定，"其他往来"账户，期末若为借方余额，即为资产类账户；"其他往来"账户，期末若为贷方余额，则视为负债类账户。又如，"投资收益"账户的贷方记录投资收益，借方记录投资损失。只有在借贷复式记账法下，才可能存在双重性质账户。因为只有借贷复式记账法采用相反方向记录资产和权益增减变化。

采用借贷复式记账，对每一项经济业务都在两个或两个以上的账户中相互关联地进行登记，可以通过账户记录了解经济业务的内容和性质，完整、全面、系统地反映经济活动全过程以及由此引起的资金运动来龙去脉；同时，采用借贷复式记账，以借贷相等的金额在账户中进行登记，有利于核对账户记录，进行试算平衡。由于复式记账法具有如此优点，因而为世界各国所广泛采用。

问题与思考

建通公司月初资产总额为200万元，本月发生下列业务：以银行存款购入设备价值20万元；赊购材料5万元；以银行存款预付购货款6万元；销售商品收到现金45万元，存入银行；收到D公司预付货款3万元；用银行存款偿还欠客户款20万元。

请问：建通公司月末的资产总额是多少？

第二节　借贷记账法的运用

采用借贷记账法记录经济业务包括编制会计分录、登记账簿、编制试算平衡和编制会计报表等基本步骤。

一、编制会计分录

会计分录又称分录，是对每项经济业务按照复式记账的要求，确定应借、应贷账户名称和金额的一种记录。企业日常发生的经济业务十分频繁，会计需要设置许多账户进行记录反映。为避免登记账户时可能产生的多记、少记或漏记等记账差错，在发生经济业务后，会计要根据收到的证明经济业务发生的原始凭证在记账凭证中编制会计分录。

1. 会计分录编制步骤

在借贷记账法下，编制会计分录应包括以下步骤：

(1) 分析经济业务的内容，确定其所影响的会计要素名称和变化方向。

(2) 根据所涉及的会计要素的性质和变化方向，确定应记入的相关账户和账户的记账方向。

(3) 根据会计要素增减变化的数据，确定账户应登记的金额。

(4) 根据借贷记账法的记账规则，检查会计分录借贷是否平衡，有无差错。

【例3-4】 现以第二章星星公司20××年7月发生的[业务1]至[业务11]为例，说明会计分录的编制。

【业务1】 公司获得投资者追加投资200 000元，当即存入银行。

借：银行存款　　200 000

　贷：实收资本　　200 000

【业务2】 以银行存款购买运输设备和商品。

借：固定资产　　100 000
　库存商品　　56 000
　贷：银行存款　　156 000

【业务3】 公司购进库存商品一批，款项尚未支付。

借：库存商品　　87 000
　贷：应付账款　　87 000

【业务4】 以银行存款偿还部分前欠货款。

借：应付账款　　20 000
　贷：银行存款　　20 000

【业务5】 公司向银行借入短期流动借款，直接偿还前欠部分赊购款。

借：应付账款　　50 000
　贷：短期借款　　50 000

【业务6】 (业务6a)销售商品，其中100 000元收到支票，存入银行，其余尚未收到。

借：银行存款　　100 000
　应收账款　　36 000
　贷：主营业务收入　　136 000

(业务6b)结转商品销售成本。

借：主营业务成本　　81 540
　贷：库存商品　　81 540

【业务7】 收到客户欠款，存入银行。

借：银行存款　　60 000
　贷：应收账款　　60 000

【业务8】 以银行存款支付房屋租金。

借：费用①　　2 600
　贷：银行存款　　2 600

【业务9】 以银行存款支付广告费。

借：费用　　3 300
　贷：银行存款　　3 300

① 会计实务中，根据费用发生的具体用途设置“管理费用”“财务费用”和“销售费用”等账户，这将在第四章详细介绍。本处为简化起见，设置“费用”账户。

【业务10】 以银行存款支付本月工资。

借：费用　　21 600
　贷：银行存款　　21 600

【业务11】 以银行存款支付其他费用。

借：费用　　3 700
　贷：银行存款　　3 700

2. 会计分录编制应注意事项

(1) 会计分录应具备三项基本内容：记账符号、账户名称和应记金额。完整的会计分录还应包括编制日期、业务编号、经济业务的简要说明等。

(2) 会计分录按其所反映的经济业务复杂程度，分为简单分录和复杂分录两种。由两个账户组成的一借一贷会计分录称为简单分录；由两个以上账户组成的一借多贷、多借一贷和多借多贷的会计分录称为复杂分录，或称复合分录。

(3) 会计分录编制的基本要求是：先借后贷，上下排列；借前贷后，左、右分开。即编制会计分录时，先反映借方账户的变化，后反映贷方账户的变化，所涉及的账户纵向排列；为便于阅读，在记录贷方账户及其变化金额时习惯上缩进两格。

(4) 编制会计分录时，账户的名称应书写齐全，符合规范，不能自行简化。

(5) 编制的会计分录应能够清晰反映账户的对应关系。

3. 账户的对应关系

账户的对应关系是指使用复式记账时，在有关账户之间形成的能够反映经济活动内容的一种相互对立又相互依存的关系。在会计设置的众多账户中，有的账户之间存在对应关系，如"库存现金"账户借方与"银行存款"账户贷方(表示从银行提取现金)；有的账户之间不存在对应关系，如"原材料"账户与"固定资产"账户，因为原材料与固定资产是两种不同用途的资产，相互间不能进行转换。会计上将存在对应关系的账户称为对应账户。编制会计分录，就是根据账户的对应关系，找出对应账户。

会计实务中，除确实需要外，一般不提倡使用多借多贷的会计分录。

问题与思考

威星公司在20××年3月销售商品获得收入30 000元，款项存入银行，售出商品的成本为10 000元，李丽编制的会计分录如下：

借：银行存款　　30 000
　贷：库存商品　　10 000
　　本年利润　　20 000

请问：李丽这样做对吗？为什么？

二、登记账簿

登记账簿又称过账，是指将在记账凭证中确定的会计分录，按一定的分类顺序一一记入相关分类账中的工作。记账的基本步骤为：

(1) 开设分类账户，登记账户的期初余额。

(2) 找到会计分录中涉及的相应分类账账户。

(3) 将会计分录的有关内容记入相应的分类账中，包括记录经济业务的日期、业务编号、经济业务的简要说明、借方或贷方发生额。

(4) 在会计分录后作已记账的符号"√"(避免重复记账或漏记账)。

(5) 记账完毕后进行结账，计算每一账户的余额。

(6) 期末(月末或年末)计算每一账户的本期发生额和期末余额。

【例 3-5】 现以星星公司 20××年 7 月[例 3-4]的[业务 1]为例，说明根据会计分录登记分类账的过程(见图表 3-11)。

图表 3-11

会计分录登记分类账的过程

(1) 借：银行存款　　200 000

　　贷：实收资本　　　200 000

银 行 存 款

20××年 月	日	凭证编号	摘要	借方	贷方	借/贷	余额
7	1		期初余额			借	24 000
		(1)	收到投资者追加投资	200 000		借	224 000

实 收 资 本

20××年 月	日	凭证编号	摘要	借方	贷方	借/贷	余额
7	1		期初余额			贷	300 000
		(1)	收到投资者追加投资		200 000	贷	500 000

【例 3-6】 根据星星公司20××年7月[例 3-4]的[业务 1]至[业务 11]会计分录登记的分类账(账户的期初数见第二章,图表 2-1),如图表 3-12 所示。

图表 3-12

银 行 存 款

20××年		凭证号数	摘　　要	借　方	贷　方	借/贷	余　额
月	日						
7	1		期初余额			借	24 000
	31	(1)	投入资本	200 000		借	224 000
		(2)	购入运输设备、商品		156 000	借	68 000
		(4)	偿还赊购款		20 000	借	48 000
		(6)	销售商品	100 000		借	148 000
		(7)	收到客户欠款	60 000		借	208 000
		(8)	支付房屋租金		2 600	借	205 400
		(9)	支付广告费		3 300	借	202 100
		(10)	支付本月工资		21 600	借	180 500
		(11)	支付其他费用		3 700	借	176 800
7	31		本期发生额及余额	360 000	207 200	借	176 800

应 收 账 款

20××年		凭证号数	摘　　要	借　方	贷　方	借/贷	余　额
月	日						
7	1		期初余额			借	56 000
	31	(业务 6a)	赊销商品	36 000		借	92 000
		(7)	收到客户欠款		60 000	借	32 000
7	31		本期发生额及余额	36 000	60 000	借	32 000

库存商品

20××年		凭证号数	摘要	借方	贷方	借/贷	余额
月	日						
7	1		期初余额			借	59 000
		(2)	现购商品	56 000		借	115 000
		(3)	赊购商品	87 000		借	202 000
		(业务 6b)	结转已销商品成本		81 540	借	120 460
7	31		本期发生额及余额	143 000	81 540	借	120 460

固定资产

20××年		凭证号数	摘要	借方	贷方	借/贷	余额
月	日						
7	1		期初余额			借	217 000
		(2)	购入运输设备	100 000		借	317 000
7	31		本期发生额及余额	100 000		借	317 000

应付账款

20××年		凭证号数	摘要	借方	贷方	借/贷	余额
月	日						
7	1		期初余额			贷	36 000
		(3)	赊购商品		87 000	贷	123 000
		(4)	偿还赊购款	20 000		贷	103 000
		(5)	借款偿还赊购款	50 000		贷	53 000
7	31		本期发生额及余额	70 000	87 000	贷	53 000

短期借款

20××年		凭证号数	摘要	借方	贷方	借/贷	余额
月	日						
7	1		期初余额			贷	20 000
		(5)	借款偿还赊购款		50 000	贷	70 000
7	31		本期发生额及余额		50 000	贷	70 000

实 收 资 本

20××年		凭证号数	摘　　要	借　方	贷　方	借/贷	余　额
月	日						
7	1		期初余额			贷	300 000
		(1)	投入资本		200 000	贷	500 000
7	31		本期发生额及余额		200 000	贷	500 000

营 业 收 入

20××年		凭证号数	摘　　要	借　方	贷　方	借/贷	余　额
月	日						
7	31	(业务 6a)	销售商品		136 000	贷	136 000
7	31		本期发生额及余额		136 000	贷	136 000

营 业 成 本

20××年		凭证号数	摘　　要	借　方	贷　方	借/贷	余　额
月	日						
7	31	(业务 6b)	结转已销商品成本	81 540		借	81 540
7	31		本期发生额及余额	81 540		借	81 540

费　　用

20××年		凭证号数	摘　　要	借　方	贷　方	借/贷	余　额
月	日						
7	31	(8)	以银行存款支付房屋租金	2 600		借	2 600
		(9)	以银行存款支付广告费	3 300		借	5 900
		(10)	以银行存款支付本月工资	21 600		借	27 500
		(11)	以银行存款支付其他费用	3 700		借	31 200
7	31		本期发生额及余额	31 200		借	31 200

三、编制试算平衡表

编制试算平衡表的目的是检查记账是否正确，为编制会计报表做好准备工作。

按照“有借必有贷，借贷必相等”的借贷记账法记账规则和“发生额相等”“余额相等”的平衡公式，企业可以在月末(或任何记账完毕时)，根据账户本期发生额或余额编制试算平衡表，检查账户记录是否存在差错。

【例 3-7】 星星公司根据 20××年 7 月 31 日的账户余额编制的余额试算平衡表如图表 3-13 所示。

图表 3-13

星星公司试算平衡表

20××年 7 月 31 日

会 计 科 目	借 方 金 额	贷 方 金 额
银行存款	176 800	
应收账款	32 000	
库存商品	120 460	
固定资产	317 000	
应付账款		53 000
短期借款		70 000
实收资本		500 000
营业收入		136 000
营业成本	81 540	
费　用	31 200	
合　计	759 000	759 000

试算平衡表借方和贷方合计数相等称为借贷平衡。借贷平衡表明分类账的记账工作基本正确。说其基本正确是因为有些记账错误，如借方和贷方同时遗漏过账、重复过账、账户借贷方向过错等错误或会计分录做错造成记账错误，在试算平衡表中不一定能反映出来，试算平衡表仍会给人一种“平衡”的假象。在实际工作中还可以采用其他方法检查记账的正确性。

问题与思考

大业公司查账时发现，有下列两笔会计分录的相关数据未记入分类账：① 借记“应收账款”账户 1 500 元；② 借记“销售费用——广告费”账户 2 000 元，贷记“库存现金”账户 2 000 元。

请分别指出这两项未计事项是否会使试算平衡表失衡，并说明理由。

四、编制财务报表

编制财务报表是会计核算的最后一项工作。通过财务报表可以概括地、扼要地反映企业单位的经营活动全貌，为企业的管理当局、企业的投资者、债权人、政府及有关方面提供各种有用的信息。财务报表主要有资产负债表、利润表和现金流量表等及其附注。财务报表根据试算平衡表的数据和有关账簿的发生额分析填列。

其中：资产负债表总括反映企业在某一特定日期的财务状况，根据期末试算平衡表内资产、负债和所有者权益账户余额填列；利润表总括反映企业一定期间内所实现的经营成果(收入、费用和净利润)，根据有关收入和费用成本账户本期发生额填列；现金流量表总括反映一定时间内现金及现金等价物的流入、流出和净流入，表明企业获得现金和现金等价物的能力，根据有关现金类账户本期发生额和期末余额填列。

【例 3-8】 根据星星公司 20××年 7 月试算平衡表和相关账户的内容编制资产负债表、利润表和现金流量表(图表 3-14 至图表 3-16)①。

图表 3-14

利　润　表(简表)

编制单位：星星公司　　20×× 年 7 月　　单位：元

项　　目	金　　额
营业收入	136 000
减：营业成本	81 540
营业利润	54 460
减：费用	31 200
利润总额	23 260

图表 3-15

资 产 负 债 表(简表)

编制单位：星星公司　　20××年 7 月 31 日　　单位：元

资　　产	金　　额	负债和所有者权益	金　　额
货币资金	176 800	短期借款	70 000
应收账款	32 000	应付账款	53 000
库存商品	120 460	实收资本	500 000
固定资产	317 000	未分配利润	23 260
资产总计	646 260	负债和所有者权益总计	646 260

① 此处编制的财务报表为简表。财务报表的具体编制将在后续章节介绍。

图表 3-16

现 金 流 量 表(简表)

编制单位：星星公司　　20×× 年 7 月　　单位：元

项　　目	金　额
一、经营活动产生的现金流量	
销售商品、提供劳务收到的现金	160 000
购买商品、接受劳务支付的现金	−20 000
支付给职工以及为职工支付的现金	−21 600
支付的其他与经营活动有关的现金	−9 600
经营活动产生的现金流量净额	108 800
二、投资活动产生的现金流量	
购建固定资产、无形资产和其他长期资产支付的现金	−156 000
投资活动产生的现金流量净额	−156 000
三、筹资活动产生的现金流量	
吸收投资收到的现金	200 000
筹资活动产生的现金流量净额	200 000
四、现金及现金等价物净增加额	152 800

资产负债表、利润表和现金流量表的金额数据之间存在着相互关联的关系。以星星公司为例，20××年 7 月利润表(图表 3-14)揭示的“净利润”23 260 元(营业收入 136 000 元扣除营业成本 81 540 元和费用 31 200 元后的差额)，在未进行分配的情况下，与资产负债表(图表 3-15)中的“未分配利润”金额相等；现金流量表(图表 3-16)中的“现金及现金等价物净增加额”152 800元，等于资产负债表中期末货币资金 176 800 元(见图表 3-15)与期初货币资金24 000元(见图表 2-3)之间的差额。

第三节　总分类核算与明细分类核算

企业中同时进行总分类核算和明细分类核算的目的是为了适应会计的分工记账和满足不同管理部门对会计信息的需求。

一、账户的层次

在企业单位中，不同的管理部门对会计信息有着不同的需求。企业管理当局要求了解总括性的会计信息,如资产的构成、资金的来源和使用、收入和费用的发生情况等;而其属下各个职能部门,则需要了解与本部门管理内容密切相关的、详细的会计信息。如材料供应部门需要了解和掌握各种材料的收、发、存情况;设备管理部门需要了解各项固定资产的购入、使用、折旧、修理、报废等情况;财务部门要求了解往来款项的发生和结算情况等。

为适应不同信息使用者的需求,会计上设置不同层次的账户,总分类账户和明细分类账户,反映详简程度不同的信息。

总分类账户简称总账账户,它是按照一级会计科目分别设置的账户。由总分类账户集合而成的账簿称为总分类账簿。在总分类账户中进行的记账、算账工作称为总分类核算。总分类账户反映货币金额的总括信息。各总分类账户余额是编制资产负债表和利润表的主要依据。

明细分类账户简称明细账账户,它是按照明细分类科目设置的账户。由明细分类账户集合而成的账簿称为明细分类账簿。在明细分类账户中进行的记账、算账工作称为明细分类核算。明细分类账户反映详细的会计信息,包括货币金额信息(价值量指标)、实物数量信息(实物量指标)及其他详细信息(如劳动量指标)等。各明细分类账户余额是编制各种明细报表和附表的主要依据。

总分类账户和明细分类账户的关系是统驭与从属、控制与被控制的关系。总分类账户是所属明细分类账户的统驭账户、控制账户,对所属明细分类账户起统驭、控制作用;明细分类账户是总分类账户的从属账户、被控制账户,对其所隶属的总分类账户起补充、说明的作用。两者核算的内容相同,提供的资料互为补充。

在会计实务中,有时也设置二级账户。二级账户是介于总分类账户和明细分类账户之间的账户。其提供的核算资料比总分类账户要详细,比明细分类账户要简单。设置二级账户的目的是对明细分类账账户进行分层控制。因此,从性质上讲,二级账户也是一种明细分类账户。不是所有的总分类账户都要按照规定的层次设置明细分类账户(二级账户、三级账户)。各单位可根据企业管理的具体需要设置账户的层次。对某些核算内容比较单一的总分类账户可不设明细分类账户;对某些核算内容比较繁杂的总分类账户设置多层次的明细分类账户。

二、总分类账户和明细分类账户的平行登记

在既设有总分类账户又设有明细分类账户的企业,应采用平行登记的方法,同时进行总分类核算和明细分类核算。

所谓平行登记是指对每一项经济业务,一方面要在总分类账户中进行登记;另一方面要在该总分类账户所属的明细分类账户中进行登记的工作。平行登记的要点可归纳为同期、同向、等额三个方面。

同期是指对同一经济业务,登记总分类账户和明细分类账户的会计期间应该一致。总

分类账户和明细分类账户的具体登记时间可有先后，登记的直接依据可有差别，但在同一会计期内(按月)双方登记的内容应该一致。

同向是指登记总分类账户和明细分类账户的方向相同。凡总分类账户登记在借方的，其所属明细分类账户也要登记在借方；凡总分类账户登记在贷方的，其明细分类账户也要登记在贷方。

等额是指记入总分类账户的金额必须与记入其所属各明细分类账户的金额之和相等。

平行登记的结果，总分类账户的期初、期末余额和本期借方、贷方发生额，与所属各明细分类账户的期初、期末余额之和以及本期借方、贷方发生额之和相等。利用这种相等关系，可以检查双方的登记是否正确、完整。如有不等，则表明记账有差错，必须查明更正。

【例 3-9】 某企业 20××年 1 月"应付账款"的总账账户及所属明细分类账户余额如图表 3-17 所示。

图表 3-17

"应付账款"的总账账户及所属明细分类账户余额

总分类账户	金　额	明细分类账户	金　额
应付账款	10 000	甲单位	7 000
		乙单位	3 000

该企业当月发生下列几项与"应付账款"有关的结算业务：

【业务 1】 向甲单位购进商品 4 000 元。商品已验收入库，货款尚未支付。

【业务 2】 以银行存款偿还前欠乙单位的款项 3 000 元。

【业务 3】 向甲、乙两单位购进商品 13 000 元，其中向甲单位购进 5 000 元，向乙单位购进 8 000 元。商品已验收入库，货款尚未支付。

【业务 4】 以银行存款偿还前欠甲单位的部分欠款计11 000元。

根据上述经济业务编制会计分录：

(1) 向甲单位购进商品，货款尚未支付。

借：库存商品	4 000	
贷：应付账款——甲单位		4 000

(2) 偿还前欠乙单位的款项。

借：应付账款——乙单位	3 000	
贷：银行存款		3 000

(3) 向甲、乙两单位购进商品,货款尚未收付。

借:库存商品　　13 000
　贷:应付账款——甲单位　　5 000
　　　　　　——乙单位　　8 000

(4) 偿还前欠甲单位的部分欠款。

借:应付账款——甲单位　　11 000
　贷:银行存款　　11 000

根据会计分录,在"应付账款"总分类账户和甲、乙单位两个明细分类账户中进行平行登记,并分别结出本期发生额及期末余额。平行登记结果如图表 3-18 所示。

图表 3-18

"应付账款"总分类账户

20××年		凭证编号	摘　　要	借　方	贷　方	借/贷	余　额
月	日						
(略)	(略)		期初余额			贷	10 000
		(1)	向甲单位购货		4 000	贷	14 000
		(2)	偿还乙单位货款	3 000		贷	11 000
		(3)	向甲、乙单位购货		13 000	贷	24 000
		(4)	偿还甲单位货款	11 000		贷	13 000
			本期发生额及余额	14 000	17 000	贷	13 000

"应付账款"明细分类账户

账户名称:甲单位

20××年		凭证编号	摘　　要	借　方	贷　方	借/贷	余　额
月	日						
(略)	(略)		期初余额			贷	7 000
		(1)	向甲单位购货		4 000	贷	11 000
		(3)	向甲单位购货		5 000	贷	16 000
		(4)	偿还甲单位货款	11 000		贷	5 000
			本期发生额及余额	11 000	9 000	贷	5 000

账户名称：乙单位

20××年		凭证编号	摘　　要	借　方	贷　方	借/贷	余　额
月	日						
1	1		期初余额			贷	3 000
		(2)	偿还乙单位货款	3 000		贷	0
		(3)	向乙单位购货		8 000	贷	8 000
1	31		本期发生额及余额	3 000	8 000	贷	8 000

从图表 3-18 可以看出，平行登记的结果，"应付账款"总分类账户的期初余额(10 000 元)、本期借方发生额(14 000 元)、本期贷方发生额(17 000 元)和期末余额(13 000 元)，分别与所属各明细分类账户的期初余额之和(7 000 元＋3 000 元)、本期借方发生额之和(11 000 元＋3 000 元)、本期贷方发生额之和(9 000 元＋8 000元)和期末余额之和(5 000 元＋8 000 元)相等。利用这种相等关系，可以检查双方的登记是否正确、完整。

案例

资料：小刘是会计专业的学生，她想锻炼一下自己，提高专业能力，就利用暑假到老师介绍的一家公司实习。小刘到公司实习的第一天，正赶上财务部忙着月末结账，感受到这种忙碌的工作气氛，小刘也跃跃欲试。于是，财务部经理交给小刘一项任务——编制试算平衡表。小刘轻松地对财务部经理说："这太简单了，我保证马上完成任务。"

小刘凑集公司的所有总账账簿之后，便认真工作起来。很快，她将本月的"总分类账户发生额及余额试算平衡表"完整地编制出来了。小刘得意地将试算平衡表交到财务部经理手中，高兴地说："经理，这个月的总账发生额和余额都借贷平衡，说明这个月的总账记录完全正确。"财务部经理摇摇头说："那可不一定。"话音未落，负责稽核的会计张平走了过来，指着手上的凭证说："这个月的账核对完了，有一笔错账。有一笔业务招待费是 5 000 元，负责该业务登账的张虹是这样登记的：

借：管理费用　　500

　贷：银行存款　　500

显然，她少记了 4 500 元，需要进行错账更正。"

小刘愣住了："试算平衡表不是已经平衡了吗？怎么还有错账呢？难道试算平衡表不能检验所有的错账吗？"

请你替财务经理向小刘解释一下。

1. 试算平衡表能够检验所有的错账吗？如果不能，有哪些错账不会影响试算表的平衡？
2. 编制试算平衡表有什么意义？编制试算平衡表的理论依据是什么？

本章小结

1. 借贷记账法是指以“借”“贷”作为记账符号，对发生的每一项经济业务，都以借贷相等的金额在两个或两个以上的账户中相互关联地进行登记的一种复式记账方法。

借贷记账法以会计要素数量平衡，即“资产＝负债＋所有者权益”会计等式为理论依据。

借贷记账法以“借”“贷”作为记账符号，来表示账户金额的增减变动。资产、费用、成本账户借方登记增加数，贷方登记减少数；负债、所有者权益、收入账户贷方登记增加数，借方登记减少数。

借贷记账法以“有借必有贷，借贷必相等”作为记账规则。在记账时，若涉及两个账户，则一个账户登记在借方，另一个账户登记在贷方；若涉及几个账户，则一个（或几个）账户登记在借方，另几个（或一个）账户登记在贷方。记入账户借方的金额之和与记入账户贷方的金额之和相等。

借贷记账法期末可运用发生额平衡和余额平衡公式进行试算平衡，检查记账的正确性。

在借贷记账法下，可以设置双重性质账户。

2. 采用借贷记账法记录经济业务包括编制会计分录、登记账簿、编制试算平衡表和编制财务报表等基本步骤。

3. 会计分录（又称分录）是对每项经济业务按照复式记账的要求，确定应借、应贷账户名称和金额的一种记录。会计分录应具备三项基本内容：记账符号、账户名称和应记金额。

4. 总分类账户是按照一级会计科目分别设置的账户。由总分类账户集合而成的账簿称为总分类账簿。总分类账户反映货币金额的总括信息。各总分类账户余额是编制资产负债表和利润表的主要依据。

明细分类账户是按照明细分类科目设置的账户。由明细分类账户集合而成的账簿称为明细分类账簿。明细分类账户反映详细的会计信息，包括货币金额信息和实物数量信息等。各明细分类账户余额是编制各种明细报表和附表的主要依据。

5. 平行登记是指对每一项经济业务，一方面要在总分类账户中进行登记；另一方面要在该总分类账户所属的明细分类账户中进行登记的工作。

关键词汇

复式记账（double entry accounting）
会计循环（accounting cycle）
试算平衡（trial balance）
借贷记账法（debit-credit bookkeeping）
会计分录（accounting entry）
总分类账户（general account）

明细分类账户(subsidiary account)　　　　平行登记(parallel recording)

复习思考题

1. 什么是借贷记账法？借贷记账法有何特点？
2. 说明借贷记账法下各类账户的具体结构。
3. 简要说明总分类账户和明细分类账户的关系。

核算与计算题

习　题　一

1. 目的　熟悉各类账户的结构。

2. 资料　某企业账户资料如图表 3-19 所示。

图表 3-19

某企业账户资料

账户名称	期初余额	借方发生额	贷方发生额	余　额
库存现金	3 000	11 500	(A)	700
银行存款	100 000	(B)	39 500	300 500
应收账款	15 000	18 000	7 000	(C)
固定资产	(D)	50 000	0	130 000
原材料	6 000	(E)	0	8 500
应付账款	5 000	5 000	10 000	(F)
销售费用	0	(G)	0	13 800
主营业务收入	0	0	(H)	128 000
实收资本	(I)	17 000	200 000	401 000

3. 要求　根据各类账户的性质和结构，计算上表中 A～I 的数据。

习　题　二

1. 目的　分析经济业务。

2. 资料　Y 公司 20××年 3 月初拥有银行存款 13 000 元。当月购入 1 800 元办公用品，款项尚未支付；支付 4 000 元购入一台电脑。

3. 要求

(1) 根据上述资料计算公司的资产总额是多少？

(2) 根据上述资料计算公司的负债是多少？

习 题 三

1. 目的 掌握借贷记账法，并熟悉会计分录的编制。

2. 资料 某工业企业 3 月份发生如下经济业务：

(1) 收到货币投资 100 000 元，存入银行。

(2) 收到投资者作为投资的机器设备，价值 50 000 元。

(3) 用银行存款购买一批生产急需的原材料，价值 5 000 元。

(4) 销售商品一批，价值 50 000 元，款项存入银行。

(5) 赊销商品一批，价值 3 500 元。

(6) 以银行存款归还上月所欠客户款 10 000 元。

(7) 用银行存款支付本月水电费 1 500 元。

(8) 本月应付营业员工资 10 000 元。

(9) 从银行提取现金 10 000 元准备发放工资。

(10) 以现金 10 000 发放本月工资。

(11) 结转本月已销商品成本 35 000 元。

3. 要求 根据上述经济业务编制会计分录。

习 题 四

1. 目的 练习总分类账户和明细分类账户的平行登记。

2. 资料 伟强公司账户资料如下：

(1) 伟强公司 20××年 4 月 30 日"银行存款""库存商品""应付账款"总分类账户余额及"应付账款"的明细分类账户余额如图表 3-20 所示。

图表 3-20

相关账户情况

总分类账户		"应付账款"的明细分类账户	
银行存款	50 000(借方)	华中公司	18 000(贷方)
库存商品	150 000(借方)	永丰公司	9 300(贷方)
应付账款	27 300(贷方)		

(2) 5 月份该公司发生下列经济业务:

5 月 3 日,向永丰公司购进商品一批,计 4 000 元,货款暂欠。

5 月 8 日,向华中公司购进商品一批,计 12 000 元,货款暂欠。

5 月 10 日,以银行存款偿还欠华中公司账款 14 000 元和欠永丰公司的账款 9 300 元。

5 月 12 日,5 月 8 日向华中公司购进的商品中有一部分质量不好,经与对方协商,决定退货。退货部分价值 1 400 元,从应付账款中扣除。余款 10 600 元以银行存款支付。

5 月 18 日,向华中公司购进商品 6 300 元,向永丰公司购进商品7 500元,货款未支付。

5 月 25 日,以银行存款偿还应付永丰公司的欠款 4 000 元。

3. 要求

(1) 根据伟强公司 5 月份发生的经济业务编制会计分录。

(2) 为伟强公司开设并登记有关总分类账户和“应付账款”的明细分类账户,计算成总分类账户和明细分类账户的本期发生额和月末余额。

(3) 核对“应付账款”总分类账户与所属明细分类账户的本期发生额和余额,看两者是否相符。

第四章　账户与复式记账的运用

本章导读

工业企业是指从事产品生产的企业。与商业、服务业等其他企业相比，其经济活动的内容较多且较为复杂。本章将以工业企业生产经营过程中发生的主要经济业务为例，阐述借贷复式记账法的运用，包括账户的设置，基本会计分录的编制。通过本章学习，你应能够：

- 了解工业企业经营过程中的主要经济活动
- 掌握资金筹集(接受投资和举债)的会计核算
- 掌握供应过程的会计核算及材料采购成本的计算
- 掌握生产过程的会计核算及间接费用的归集与分配
- 掌握销售过程的会计核算
- 掌握利润汇总及分配的会计核算

第一节　工业企业主要经营过程和成本计算

一、工业企业主要经营过程核算的意义

工业企业是指从事商品产品制造和销售的、以营利为主要目的的经济组织。工业企业的主要任务有两个：一是按照市场的需求，生产出各种商品产品，满足不断增长的人民生活消费的需要。二是使企业的净资产不断增值。在生产经营过程中，工业企业以自己的经营收入抵补经营成本支出，获取利润，增加企业的所有者权益，为国家提供稳定可靠的税收来源，为投资者提供丰厚的投资所得。

为实现企业的经营目标，企业会计必须对日常发生的经济活动进行完整、连续、系统的核算，正确反映企业的财务状况、经营成果和现金流量，通过成本核算，降低成本，提高企业

的经济效益。

二、工业企业经营过程核算的主要内容

工业企业的主要经营过程按照商品形成和实物流转程序分为供应过程、生产过程和销售过程三个阶段。

在供应过程中，企业建造厂房、建筑物，购置机器设备等固定资产，为生产经营提供良好的条件；同时进行材料的采购，形成生产储备。这一过程会计核算的内容是购买设备和材料，与供货方进行货款结算，支付采购费用和计算材料采购成本。在供应过程中，资金形态由货币资金转化为储备资金和固定资金等。

在生产过程中，企业将原材料等投入生产，工人借助于机器设备、工具器具等劳动资料，对材料等劳动对象进行加工，生产出合乎社会需要的产品。生产过程既是产品的制造形成过程，又是物化劳动和活劳动的消耗过程。在生产过程中，材料的耗用，厂房、机器设备价值的部分转移，工人工资的支付以及生产过程中水、电、煤等其他费用的发生和支付，使得在产品的价值不断增加。生产过程资金由储备资金、固定资金和货币资金转化为生产资金。随着在产品的加工完成，产成品验收入库，形成可供销售的商品，生产资金又转化为商品资金。这一过程会计核算的主要经济业务是各种料、工、费的归集和分配以及期末完工产品（商品）的成本计算。

在销售过程中，企业将已经完成加工、符合消费者需求的商品销售出去，按照规定的价格与购买单位进行货款结算，收回货币资金，实现商品的价值和使用价值。销售过程中资金形态由商品资金转化为货币资金，完成一个资金循环。这一过程会计核算的主要经济业务有：发出商品，与购货单位进行货款结算，支付销售费用，计算已销商品的销售成本，按照国家规定的税率计算和缴纳各项税费。

为了保证生产经营活动的正常进行，工业企业还需要进行资金筹集，接受投资者的投资和债权人的贷款；期末要汇总各项收入和费用，计算确定一定期间实现的利润或发生的亏损，并对实现的利润进行分配。此外，企业还可以进行对外投资，购买投资联营企业、购买其他企业的股票、债券，通过利润分配方式或收取债券利息方式获得利润。

三、成本计算

成本是指为取得资产或劳务所发生的耗费。成本计算是企业会计核算的专门方法之一，是指按一定的成本计算对象归集、分配费用，计算各对象的总成本和单位成本的方法。以工业企业为例，其材料采购、产品生产、商品销售、固定资产取得等，都需要进行成本计算。

成本计算包括以下内容。

1. 确定成本计算对象

成本计算对象是指承担或归集费用的对象，亦即费用的承担者。成本计算对象的确定是成本计算的中心环节，决定了成本费用的最终归属点。对于工业企业来说，生产经营活动的不同阶

段有不同的成本计算对象;不同的管理需求有不同的成本计算对象。一般情况下,供应过程需要计算材料的采购成本,以不同种类、规格的材料作为成本计算对象;生产过程需要计算产成品(商品)的生产成本,可以按最终产成品的品种作为成本计算对象,也可以根据需要按照产品的生产步骤或生产部门作为成本计算对象;销售过程以销售商品的品种作为成本计算对象。

2. 确定成本计算期

成本计算期是指计算成本的周期,即间隔多少时间计算一次成本。成本计算期的确定取决于企业的生产特点。对于单件商品产品,其成本计算期一般与产品生产周期一致;对于大量重复生产一种或几种产品,其成本计算期为每个月。不管成本计算期如何确定,企业应该于每月月末对间接费用进行归集和分配。

3. 确定成本项目

为详细反映成本计算对象的成本构成,以帮助管理者了解成本升降原因,寻找降低成本途径,企业在成本计算时可以根据需要,在成本计算明细账中进一步设置成本项目。例如,工业企业为了解产品生产成本的构成,可以在"生产成本"某成本计算对象明细账中设置直接材料、直接人工和制造费用等成本项目。其中:直接材料反映构成该产品实体而直接领用的材料;直接人工反映为生产该产品支付给职工和为职工支付的薪酬;制造费用反映因制造该产品而发生、经分配计入的间接费用,如车间管理人员的薪酬、车间使用的固定资产折旧费用和修理费用等;企业也可以根据管理需要增设成本项目。

4. 归集分配费用

遵循权责发生制的记账基础和收入与费用的因果关系,确定各种费用的受益期限和受益对象,相应计入相关的成本计算对象之中。对为取得或生产某一对象所发生的直接费用,直接计入相关的成本计算对象中;对间接费用则采用一定的方法,在相关账户中先行归集,然后采用一定的方法分配计入相关的成本计算对象中。

5. 设置和登记相关成本计算账户

成本计算工作在相应的成本计算账户中进行。成本计算账户按照成本计算对象设置明细账户,明细分类账户中按成本项目设置金额栏。通过成本计算明细分类账户,归集该对象所发生的全部费用,计算该对象的总成本和单位成本。

通过成本计算,会计人员可以为企业管理当局提供各成本计算对象的实际成本资料。将实际成本与计划成本或上期实际成本进行对比,就可以了解其发生的差异,分析产生差异的原因,采取措施对成本进行控制和挖掘降低成本的潜力。

第二节　资金筹集的核算

资金筹集是一个企业开展生产经营活动的先决条件,资金投入是资金运动的起点。企业单位的资金来源有企业所有者的资本投入和企业债权人的资金投入。所有者对企业的投资,构成企业的实收资本;债权人对企业的资金的投入,构成企业的负债。

一、资金筹集核算的内容

企业经营活动需要拥有一定数量的资金。企业资金的来源有投资者投入和债权人投入。为获得资金,企业必须付出代价,即股利或利息。资金筹集核算的内容包括:

(1) 吸收所有者对企业的投资,形成所有者权益。

(2) 向金融机构等举借债款,形成企业的负债。

(3) 向投资者或债权人支付筹资费用。

二、投入资本的核算

1. 投入资本概述

按照我国有关法律规定,投资者设立企业必须投入资本。实收资本是投资者作为资本投入的各种财产,是企业注册登记的法定资本总额的来源。所有者向企业投入的资本,除特殊原因减资外,一般情况下可以长期使用,无需偿还。实收资本的构成比例反映投资者的出资比例,是确定所有者对企业净资产的要求权、参与企业财务经营决策权、进行利润分配或股利分配和企业清算所得比例的依据。

按照《中华人民共和国公司法》的有关规定,有限责任公司的股东可以用货币资产投资,也可以用实物、知识产权、土地使用权等可以用货币估价并可以依法转让的非货币性资产投资。但是,法律、行政法规规定不得作为出资的财产除外。对作为出资的非货币财产应当评估作价,核实财产,不得高估或者低估作价。投入资本的另外一种形式是以企业经营积累转增资本。按照有关法律规定,全体股东货币资金出资额不得低于有限责任公司注册资本的30%。

资本金投入企业后供企业长期周转使用,投资者按其投资比例享有企业的经营收益,以其出资额为限,承担企业的经营风险。在企业持续经营期间,投资者可以依法转让其股权,但不得抽逃其出资。

注册资本为公司在登记机关登记的全体股东认缴的出资额。初建有限责任公司时,各投资者按照合同、协议或公司章程投入企业的资本,全部作为注册资本,计入“实收资本”。在企业增资时,如有新投资者介入时,新投资者缴纳的出资额大于其按约定比例计算的其在注册资本中所占份额的部分,作为溢缴资本,计入“资本公积”。

2. 投入资本核算的账户设置

(1) “实收资本”账户。为反映和监督企业接受投资者投入的实收资本增减变化和结存情况,除股份有限公司设置“股本”核算外,其他企业通过“实收资本”账户核算。该账户属于所有者权益类账户，账户的贷方登记企业收到的投资者投入的资本和由企业资本公积、盈余公积转入的资本，借方登记依法批准减少的资本，期末余额在贷方，表示所有者投资的实有数额。该账户按投资者设置明细分类账户。

(2)“资本公积”账户。该账户用来核算企业收到投资者投入的，但不能计入实收资本的资产价值，或从其他来源取得的，由投资者共同享有的资金。该账户属于所有者权益类账户，账户的贷方登记资本公积的增加数，借方登记资本公积的减少数，期末余额在贷方，反映企业资本公积的实有数额。“资本公积”账户设置“资本(股本)溢价”和“其他资本公积”明细账户，进行明细分类核算。

(3)“盈余公积”账户。该账户用来核算企业从净利润中提取的盈余公积。该账户属于所有者权益类账户。账户的贷方登记企业从净利润中提取的盈余公积，借方登记以盈余公积弥补亏损或转增资本等盈余公积的减少，期末余额在贷方，反映企业盈余公积的实有数额。“盈余公积”账户设置“法定盈余公积”和“任意盈余公积”明细账户，进行明细分类核算。

3. 投入资本核算举例

本章以国有耀华公司20××年12月份发生的经济业务为例，说明制造企业主要经济业务的会计核算。

【业务1】 为扩大经营规模，耀华公司收到投资者A公司的货币资金投资300 000元，存入银行。A公司的实际出资额与应享有的对耀华公司注册资本比例相等。对这项经济业务应编制会计分录如下：

借：银行存款　　300 000
　贷：实收资本——A公司　　300 000

【业务2】 耀华公司收到B公司以全新机器设备一台及原材料一批进行的资本投资，假定不考虑增值税。双方协商确定，机器设备的价值为650 000元；原材料的价值为250 000元。假定协商确定的价值与公允价值相符，不考虑其他因素。B公司的实际出资额与应享有的对耀华公司注册资本比例相等。对这项经济业务应编制会计分录如下：

借：固定资产　　650 000
　　原材料　　250 000
　贷：实收资本——B公司　　900 000

【业务3】 耀华公司收到C公司作为资本金投入的专利权一项，双方协商确定该专利权的价值为120 000元。耀华公司注册资本为2 000 000元，C公司享有的比例为5%。对这项经济业务应编制会计分录如下：

借：无形资产　　120 000
　贷：实收资本——C公司　　100 000
　　资本公积——资本溢价　　20 000

【业务4】 耀华公司以盈余公积100 000元转增资本。对这项经济业务应编制会计分录如下：

借：盈余公积　　100 000
　贷：实收资本　　100 000

三、举债的核算

1. 举债概述

企业在生产经营过程中，为弥补资金的不足，可以通过向银行或其他金融机构借入资金、发行企业债券等举债方式取得资金。企业向银行借入的借款期在1年以内(含1年)的各种借款为短期借款；企业向银行借入的借款期在1年以上的各种借款为长期借款；企业通过向社会发行债券筹措资金形成应付债券。对于举债筹措的资金，企业必须按照合同或章程的有关规定，定期支付利息，按期偿还本金。

企业通过短期借款方式筹措的资金主要是满足日常经营活动的需要，弥补流动资金的不足；企业通过长期借款或发行债券方式筹措的资金，主要用于满足购建固定资产、购买无形资产、对外投资等长期资金的需要。

2. 举债核算的账户设置

(1)“短期借款”账户。该账户用来核算企业向银行或其他金融机构借入的期限在1年以内(含1年)的各种借款。该账户属于负债类账户。账户的贷方登记企业取得的短期借款数，借方登记偿还的短期借款本金，期末贷方余额表示尚未偿还的短期借款数。“短期借款”账户按照借款种类或贷款单位设置明细账户，进行明细分类核算。

(2)“长期借款”账户。该账户用来核算企业向银行或其他金融机构借入的期限在1年以上(不含1年)的各种借款。该账户属于负债类账户。账户的贷方登记企业取得的长期借款数，借方登记偿还的长期借款本金，期末贷方余额表示尚未偿还的长期借款数。“长期借款”账户按照贷款单位和贷款种类，分别设置“本金”“利息调整”等账户，进行明细分类核算。

(3)“应付债券”账户。该账户用来核算企业为筹集长期资金而发行债券的本金和利息。该账户属于负债类账户。账户的贷方登记应付债券的增加数，借方登记应付债券的减少数，期末贷方余额表示应付债券的本金和利息。“应付债券”账户按照债券种类，分别“面值”“利息调整”和“应计利息”等进行明细核算。

(4)“财务费用”账户。该账户用来核算企业为筹集生产经营所需资金等而发生的筹资费用，包括利息支出(减利息收入)、汇兑损益以及相关的手续费等。账户的借方登记企业发生的利息支出、汇兑损失等财务费用，贷方登记企业发生的应冲减财务费用的利息收入、汇兑收益等。期末，账户余额转入“本年利润”账户后无余额。

3. 举债核算举例

【业务5】 耀华公司为解决生产周转资金的不足，于本月初向银行借入款项200 000元，期限6个月，年利率6%，每月末支付利息，到期还本。款项已转入银行存款户。

该借款期限不超过1年，属于短期借款。对于上述经济业务应编制会计分录如下：

借：银行存款	200 000	
贷：短期借款		200 000

以银行存款偿还短期借款时，应编制与上述相反的会计分录。

【业务6】 耀华公司于本月初向银行借入款项150 000元，期限2年，年利率8%，每年年末支付利息，到期还本。款项已转入银行存款户。

该借款期限超过1年，属于长期借款。除了将“短期借款”账户调整为“长期借款”账户外，其核算方法与短期借款相同。对于上述经济业务应编制会计分录如下：

借：银行存款	150 000	
贷：长期借款		150 000

【业务7】 耀华公司于本月初按面值发行企业债券10万张，债券面值每张100元，期限2年，年利率8%，到期还本付息。款项已转入银行存款户。对于上述经济业务应编制会计分录如下：

借：银行存款	10 000 000	
贷：应付债券		10 000 000

【业务8】 月末，耀华公司以银行存款支付当月短期借款利息1 000元。

企业从银行借款所应支付的利息，可以采用按月支付方式，也可以采用按季支付或到期与本金一起偿付的方式。此处假定按月支付。对于上述经济业务应编制会计分录如下：

利息费用＝200 000×6%×1/12＝1 000（元）

借：财务费用	1 000	
贷：银行存款		1 000

第三节 供应过程的核算

供应过程实际上是工业企业经营过程的第一阶段，也是为生产经营活动的正常进行做准备的阶段。供应过程的会计核算主要包括两个部分的内容：一是购入房屋建筑物、生产设备、运输设备等固定资产和专利权、商标权等无形资产，为生产经营提供良好的条件；二是进行材料采购，形成生产储备。

一、购建固定资产的核算

1. 固定资产概述

固定资产是指为生产商品、提供劳务、出租或经营管理而持有的，使用寿命超过一个会计期间的有形资产。固定资产的特点有：为生产商品、提供劳务、出租或经营管理而持有的有形资产，如企业拥有的房屋建筑物、机器设备、运输设备、管理工具等；使用寿命超过一个会计期，固定资产能在若干个会计期中发挥作用；固定资产在使用中保持原有实物形态和使用价值，但其价值随着其使用逐步减少。

企业的固定资产可以通过购买、建造等方式取得，其取得时按实际成本入账。此处的实际成本是指为使固定资产达到预定可使用状态前所发生的一切合理的、必要的支出，包括买价、相关税费（不包括可抵扣的增值税进项税额）、运输费、包装费和安装费等相关费用。

2. 固定资产购建核算的账户设置

（1）“固定资产”账户。该账户用来核算固定资产原始价值的增减变动情况。该账户属于资产类账户。账户的借方登记因投资者投入、企业购建等方式增加的固定资产原价，贷方登记因对外投资、出售、报废等减少的固定资产原价，期末借方余额反映企业实有固定资产的原价。“固定资产”账户应按固定资产类别和项目设置明细账户，进行明细核算。

（2）“在建工程”账户。该账户用来核算企业进行基建、更新改造等的各项工程的实际支出。该账户属于资产类账户。账户的借方登记工程发生的实际支出，贷方登记已完工工程的实际成本转出，期末借方余额反映企业尚未达到预定可使用状态的在建工程的成本。“在建工程”账户按照工程项目设置明细账户，进行明细核算。

（3）“应交税费——应交增值税”账户。该账户用来核算一般纳税人企业增值税的应交数、抵扣数和实际缴纳数。该账户属于负债类账户，为“应交税费”所属的明细账户。账户的贷方登记企业销售货物或提供应税劳务时，按营业收入的一定比例向购买单位收取的销项税额，借方登记企业因采购材料或接受劳务而向供应单位支付的准予抵扣增值税销项税额的增值税进项税额和实际缴纳的增值税额，期末贷方余额反映企业尚未缴纳的增值税额。“应交税费——应交增值税”账户应分别“进项税额”“销项税额”“出口退税”“进项税额转出”“已交税金”等设置专栏。

按照我国现行税法规定，凡在我国境内从事销售货物或提供加工、修理修配劳务以及进出口货物的单位和个人，都需按照规定缴纳增值税。一定时期内应缴纳的增值税额为当期销项税额减去进项税额。其中，进项税额是指购入货物时已经由供应方代扣代缴，准予抵扣的税额。包括企业购入的机器设备等生产经营用固定资产所支付的符合增值税税收法规规定的增值税进项税额。

3. 固定资产购建核算举例

【业务 9】 耀华公司 12 月份购入不需安装机器一台，以银行存款支付买价 25 000 元，增值税进项税额 4 000 元[①]，运杂费 750 元。

对不需安装的固定资产，应该按支付的价款直接记入“固定资产”账户。会计分录如下：

借：固定资产　　25 750
　　应交税费——应交增值税（进项税额）　　4 000
　贷：银行存款　　29 750

【业务 10】 耀华公司购入需要安装的设备一台，以银行存款支付买价 5 000 元，增值税额 800 元，设备运输费 350 元。设备安装过程中应付安装工人工资 800 元。

设备安装需要一定的时间，安装过程中会发生相应的安装费用。需要安装设备成本包括固定资产的买价和运输、安装设备过程发生的费用。设备安装过程中发生费用的归集和成本计算工作，在“在建工程”账户中进行。会计分录如下：

（1）支付购入设备买价、增值税额：

借：在建工程　　5 000
　　应交税费——应交增值税（进项税额）　　800
　贷：银行存款　　5 800

（2）支付设备运输费：

借：在建工程　　350
　贷：银行存款　　350

（3）应付安装工人工资：

借：在建工程　　800
　贷：应付职工薪酬　　800

【业务 11】 上述设备安装完毕，交付使用，结转交付使用设备成本。

需要安装设备交付使用时，应将“在建工程”账户中归集的全部成本费用转入“固定资产”账户。会计分录如下：

设备安装成本＝5 000＋350＋800＝6 150（元）

借：固定资产　　6 150
　贷：在建工程　　6 150

---

① 按照《中华人民共和国增值税条例》，商品生产、流通、劳务服务中新增价值都要征收增值税。因此，所有购销商品，支付费用都涉及增值税。本书为简化起见，除购入固定资产、原材料和销售商品处理涉及增值税（16%）外，其他业务增值税处理略（作者）。

二、材料采购业务核算

1. 材料采购概述

工业企业所需材料多数通过与供货单位签订经济合同等形式进行采购，少数则直接向市场采购。在材料采购中，购买企业按照合同约定的结算方法和购货发票所开列的价格与供应单位进行货款结算。支付各种采购费用，计算材料采购成本。供应过程核算的主要内容有：

(1) 材料采购。材料采购中购买单位需要支付的价款包括材料买价和增值税进项税额，材料采购可以采用现购方式，即“一手钱，一手货，钱货两清”；可以采用赊购方式，即先收货，后付款；也可以采用预付货款方式，即先付款，后收货。

(2) 与供应单位进行货款结算。

(3) 支付运杂费。运杂费包括运输费、装卸搬运费、车站码头临时储存费、保险费、入库前的挑选整理费等。

(4) 计算结转材料采购成本。其计算公式如下：

材料采购成本＝材料的买价＋运杂费

某材料采购单位成本＝该材料采购成本÷该材料采购数量

材料运输途中的合理损耗由验收入库材料负担，调整入库材料的单位成本。一般情况下对采购员采购材料时发生的差旅费，计入管理费用，不在材料采购成本中列支。购入材料验收合格入库后，形成材料存货。

2. 材料采购核算的账户设置

(1) “在途物资”账户。在工业企业，该账户用来核算企业采用实际成本进行材料日常核算、货款已付尚未验收入库的在途材料的采购成本。该账户属于资产类账户。账户的借方登记购买材料时实际支付或应支付的金额，贷方登记验收入库材料的实际成本，期末借方余额反映在途材料的实际成本。“在途物资”账户按供应单位和物资品种设置明细分类账户，进行明细分类核算。

(2) “原材料”账户。该账户用来核算企业的库存材料实际成本或计划成本的增减情况及其结果。该账户属于资产类账户，在原材料按实际成本计价的情况下，账户的借方登记验收入库材料的实际成本，贷方登记发出材料的实际成本，期末借方余额表示库存材料的实际成本。通过“原材料”账户，可以提供库存材料的收、发、存情况和储备资金的占用情况。为了反映每种材料的收入、发出和结存数，在“原材料”总分类账户下，要按照材料的保管地点(仓库)、材料的类别、品名和规格等设置明细分类账户，进行明细分类核算。明细分类账户采用数量、金额双重登记。

(3) “应付账款”账户。该账户用来核算企业因购买材料、商品和接受劳务等经营活动应支付的款项。该账户属于负债类账户。账户贷方登记因购买材料等发生的应付未付款项（包括价款、增值税额和运杂费等），借方登记偿付的应付款项，期末贷方余额反映企业尚未支付的应付账款余额。“应付账款”账户按债权人名称设置明细分类账户，进行明细分类核算。

（4）“预付账款”账户。该账户用来核算企业按照购货合同规定预付给供应单位的款项。该账户属于资产类账户。账户的借方登记企业预付的款项，贷方登记冲销的预付款项，期末借方余额反映企业预付的款项。“预付账款”账户按供货单位设置明细分类账户，进行明细分类核算。

（5）“应付票据”账户。该账户用来核算企业购买材料、商品和接受劳务服务等开出、承兑的商业汇票，包括银行承兑汇票和商业承兑汇票。该账户属于负债类账户，账户的贷方登记企业开出的商业汇票，借方登记偿还的应付票据款，期末贷方余额，反映企业尚未到期的应付票据款。“应付票据”账户按债权人名称设置明细分类账户，进行明细分类核算。

3. 材料采购核算举例

在实际工作中，由于购货付款和收料入库不一定在同一时间进行，有时先付款后收料；有时先收料后付款；有时付款和收料同时，因而其核算方法也有所区别。下面举例说明材料采购业务的会计处理。

耀华公司生产A、B两种产品，需要耗用甲、乙、丙等材料。20××年12月1日，“原材料”和“应付账款”总分类账户及其有关明细分类账户的余额如图表4-1所示。

图表4-1

总分类账户及其有关明细分类账户

总分类账户		明细分类账户			
原材料（借余）	900 000元	甲材料	150吨	@4 000元	600 000元
		乙材料	8 000千克	@ 15元	120 000元
		丙材料	2 000千克	@ 40元	80 000元
		其他			100 000元
应付账款（贷余）	124 000元	先锋工厂			80 000元
		红星工厂			42 000元
		振华服务站			2 000元

20××年12月份，耀华公司发生下列材料采购业务：

【业务12】 向下列工厂购入甲材料100吨。已收到供应单位开来的发票账单。材料已验收入库，货款与进项税额暂欠。①

---

① 同时，收到材料、发票账单在会计实务中也可以直接借记“原材料”账户，此处为便于初学者理解，全部通过“在途物资”账户核算。

工　厂	数 量	单　　价	货　　款	进项税额	合　　计
先锋工厂	60 吨	3 900 元	234 000 元	37 440 元	271 440 元
益民工厂	40 吨	3 900 元	156 000 元	24 960 元	180 960 元
合　　计	100 吨	3 900 元	390 000 元	62 400 元	452 400 元

这是材料采购中的一种情况，即先收料后付款。材料与账单已经收到，表明采购业务成立；货款暂欠，但企业已经承担了支付货款的义务。对于这项业务，在编制会计分录时，一方面反映材料采购成本和增值税进项税额增加，在“在途物资”和“应交税费——应交增值税”总分类账户的借方分别登记 390 000 元和 62 400 元；另一方面反映应付账款增加，在“应付账款”总分类账户的贷方登记 452 400 元。会计分录如下：

借：在途物资——甲材料　　390 000
　　应交税费——应交增值税（进项税额）　　62 400
　贷：应付账款——先锋工厂　　271 440
　　　　　　——益民工厂　　180 960

【业务 13】 以银行存款支付采购上述甲材料的运杂费10 000元。

购入材料的运杂费是材料采购成本的组成部分。会计分录如下：

借：在途物资——甲材料①　　10 000
　贷：银行存款　　10 000

【业务 14】 向红星工厂购入下列材料，货款、进项税额及运杂费已由银行存款支付，材料也已验收入库。

材料种类	数　量	单　价	货　款	进项税额	运杂费	合　计
乙材料	4 000 千克	15 元	60 000 元	9 600 元		
丙材料	1 000 千克	39.40 元	39 400 元	6 304 元		
合　计			99 400 元	15 904 元	3 000 元	118 304 元

材料的买价属于直接费用，直接计入采购成本。运杂费 3 000 元涉及乙材料和丙材料两种材料，属于间接费用，应按一定标准在两者之间进行分摊。运杂费的分摊标准有材料的数量、重量、体积或买价金额等。设本例中的运杂费按乙材料和丙材料的重量比例分摊，计算方法如下：

$$分摊率（每千克应摊运杂费）=\frac{3\ 000}{4\ 000+1\ 000}=0.60（元/千克）$$

乙材料应摊运杂费＝4 000×0.60＝2 400（元）

丙材料应摊运杂费＝1 000×0.60＝600（元）

---

① 会计实务中，运杂费按买价的 10%计算支付增值税进项税额。

借：在途物资——乙材料　　62 400
　　　　　　——丙材料　　40 000
　　应交税费——应交增值税（进项税额）　　15 904
　贷：银行存款　　118 304

【业务 15】 向益民工厂购进甲材料 20 吨，每吨 3 900 元，发票价格 78 000 元，增值税进项税款 12 480 元。另益民工厂代垫运杂费2 000元。货款、增值税进项税额与运杂费已由银行存款支付，材料尚在运输途中。

这是材料采购中的又一种情况，即先付款后收货。对于这项经济业务，由于货款已付，材料的所有权已归企业，所以应作为材料采购成本编制相关会计分录如下：

借：在途物资——甲材料　　80 000
　　应交税费——应交增值税（进项税额）　　12 480
　贷：银行存款　　92 480

【业务 16】 开出银行转账支票 20 000 元，预付中信公司部分 B 材料货款，发票账单与材料均未收到。会计分录如下：

借：预付账款——中信公司　　20 000
　贷：银行存款　　20 000

【业务 17】 计算结转已验收入库的甲、乙、丙材料的实际采购成本。

对于已验收入库的采购材料，可以根据"收料单"的汇总记录，编制会计分录进行成本结转如下：

借：原材料——甲材料　　400 000
　　　　　——乙材料　　62 400
　　　　　——丙材料　　40 000
　贷：在途物资——甲材料　　400 000
　　　　　　　——乙材料　　62 400
　　　　　　　——丙材料　　40 000

【业务 18】 以银行存款支付所欠先锋工厂货款 353 780 元（其中包括上月应付该厂账款 80 000 元）和红星工厂货款 42 000 元（系上月应付账款）。会计分录如下：

借：应付账款——先锋工厂　　353 780
　　　　　　——红星工厂　　42 000
　贷：银行存款　　395 780

上述[业务 12]至[业务 18]有关供应过程材料采购业务的总分类核算流程图如图表 4-2 所示。

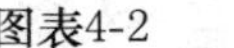

图表4-2

供应过程总分类核算流程图

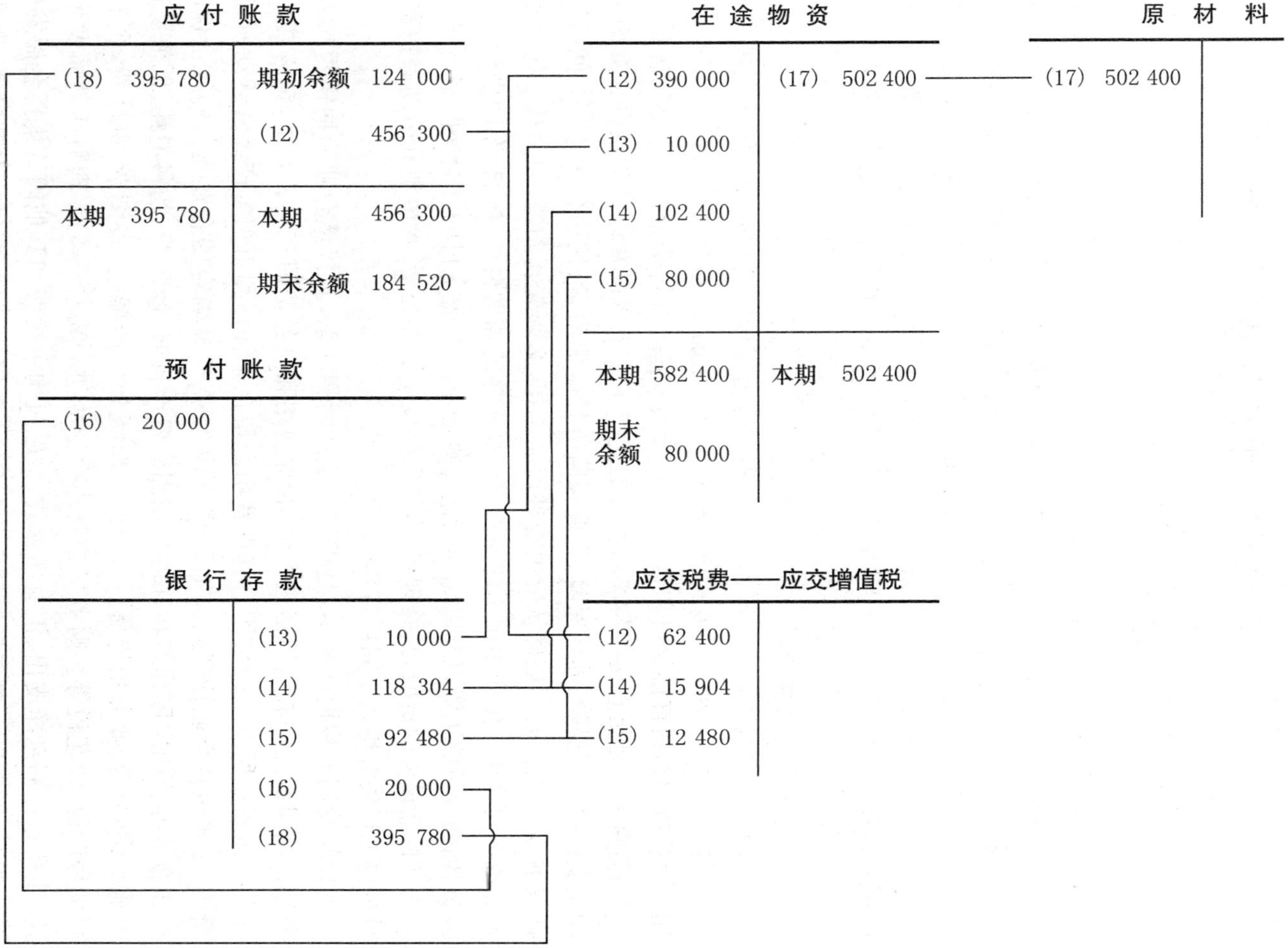

应付账款

借方		贷方	
(18)	395 780	期初余额	124 000
		(12)	456 300
本期	395 780	本期	456 300
		期末余额	184 520

预付账款

借方		贷方	
(16)	20 000		

银行存款

借方		贷方	
		(13)	10 000
		(14)	118 304
		(15)	92 480
		(16)	20 000
		(18)	395 780

在途物资

借方		贷方	
(12)	390 000	(17)	502 400
(13)	10 000		
(14)	102 400		
(15)	80 000		
本期	582 400	本期	502 400
期末余额	80 000		

应交税费——应交增值税

借方		贷方	
(12)	62 400		
(14)	15 904		
(15)	12 480		

原材料

借方		贷方	
(17)	502 400		

第四节　生产过程的核算

一、生产过程核算概述

1. 生产费用和产品成本

生产费用是指一定时期内企业生产过程中发生的各项耗费，包括耗用的各种材料和辅助材料；支付给职工的工资，企业按照工资总额的一定比例计算支付的医疗保险、养老保险、失业保险等社会保险费、住房公积金等和提取的职工福利费；房屋建筑物、机器设备等固定资产折旧费和其他费用（办公费用、水、电、煤）。为制造产品而发生的生产费用最终都要归集到各种产品的名下，由生产的各种产品来负担。为生产某种产品而发生的生产费用，称为产品的生产成本或工厂成本。

2. 直接费用、间接费用和期间费用

生产费用按照计入产品成本的方法不同分为直接费用和间接费用。直接费用又称直接成本，是指为生产某种产品或提供某种劳务而发生的，能够直接确认计入某种产品成本的费用。直接费用包括直接材料和直接人工。其中，直接材料是指构成产品实体的原料及主要材料；直接人工是指直接参与产品生产的生产工人工资以及以此为依据计算确定的企业为职工支付的医疗保险、养老保险、失业保险等社会保险费、住房公积金等。间接费用又称间接成本，是指发生时不能确认应由哪种产品承担，必须先行归集，然后按一定标准分配计入产品成本的费用。生产中领用的不构成产品实体的辅助材料、燃料，车间生产部门技术管理人员、辅助人员的工资以及以此为依据计算确定的企业支付的社会保险费、住房公积金等。厂房和机器设备的折旧费、修理费，生产车间发生的办公费、水电费和劳动保护费，以及季节性的停工损失等均属于间接费用。

期间费用亦称期间成本，是指与一定期间相联系，直接从企业当期销售收入中扣除的费用。期间费用一般包括销售费用、管理费用和财务费用三类。其中，销售费用是指企业在销售过程中所发生的费用。管理费用是指企业管理和组织生产经营活动所发生的各项费用，主要包括企业管理人员工资，以此为依据计算确定的企业支付的社会保险费、住房公积金等办公用房屋建筑物和办公用固定资产折旧、修理费、物料消耗、低值易耗品摊销、差旅费、办公费、业务招待费、技术转让费、无形资产摊销、咨询费、审计费，企业按规定支付的房产税、印花税等。财务费用是指企业为进行资金筹集等理财活动而发生的各项费用，主要包括利息净支出、汇兑净损失、金融机构手续费和其他因筹集资金而发生的费用。其中，利息净支出主要包括短期借款利息、长期借款利息、应付债券利息等，企业银行存款利息收入冲减利息支出。期间费用由于它不能提供明确的未来收益，按照谨慎性会计信息质量要求，这些费用在发生时采用立即确认的方法，在发生时即确认为当期费用，由当期产品销售收入负担。

3. 生产过程核算的内容

(1) 归集生产过程中发生的材料费用、工资费用、折旧费用和其他费用。其中，直接费用直接记入“生产成本”账户，间接费用记入“制造费用”账户，期间费用记入“管理费用”“财务费用”等账户(“销售费用”在下一节介绍)。

(2) 对生产过程中发生的间接费用进行分配。根据费用项目与分配标准之间的依存关系，采用产品耗用工时、生产工人工资、产品机器工时、产品重量、仪表记录等分配标准，在生产的产品之间进行费用分配。

(3) 计算完工验收入库产品的生产成本。

二、生产过程核算的账户设置

(1)“生产成本”账户。“生产成本”账户用来归集生产过程中发生的全部生产费用并据以计算完工产品的生产成本。该账户属于费用成本类账户。账户的借方登记为生产产品而发生的各项直接费用和间接费用，贷方登记验收入库的完工产品成本，期末借方余额表示尚未加工完成的在产品实际成本。“生产成本”账户应按成本计算对象(如产品的品种、类别、订单、批别、生产阶段等)设置明细分类账户，并按照规定的成本项目设置专栏，进行明细分类核算。

(2)“制造费用”账户。“制造费用”账户用来核算为生产产品和提供劳务而发生的各项间接费用。该账户属于费用成本类账户。账户的借方登记各种间接费用的发生数，贷方登记经过分配转入“生产成本”账户借方，应由各成本计算对象负担的费用数。经过期末分配结转后，该账户无余额。为了具体反映间接费用的构成，“制造费用”账户应当按照不同的生产车间、部门和费用项目进行明细分类核算。

(3)“管理费用”账户。“管理费用”账户用来核算企业为组织和管理生产经营活动而发生的管理费用。该账户属于损益类账户。账户的借方登记一定时间内企业发生的管理费用数，贷方登记期末转入“本年利润”账户的管理费用数，经过期末结转，该账户没有余额。“管理费用”账户按照费用项目设置明细账户，进行明细分类核算。

(4)“应付职工薪酬”账户。“应付职工薪酬”账户用来核算企业根据有关规定应付给职工的各种薪酬。该账户属于负债类账户。账户的贷方登记作为工资费用企业应付给职工的工资总额以及需要为职工支付的社会保险费、住房公积金等。期末贷方余额表示企业应付职工薪酬的结余。“应付职工薪酬”账户按照“工资”“职工福利费”“社会保险费”“住房公积金”“工会经费”“职工教育经费”“辞退福利”等账户进行明细分类核算。

(5)“库存商品”账户。“库存商品”账户用来核算企业库存的各种商品的实际成本或计划成本(或售价),包括库存产成品、外购商品、存放在门市部准备出售的商品、发出展览的商品以及寄存在外的商品等。该账户属于资产类账户。在制造企业,该账户的借方登记完工验收入库从“生产成本”账户转入的库存商品或外购库存商品的实际成本,贷方登记因销售等原因出库的库存商品实际成本,期末借方余额表示库存商品的实际成本。“库存商品”账户按商品的品种和规格设置明细账户,进行明细分类核算。

三、生产过程核算举例

继续以耀华公司20××年12月份发生的经济业务为例。

耀华公司生产A、B两种产品,20××年12月1日,“生产成本”账户有期初余额298 200元。其明细分类账户余额如下:

产品名称	直接材料	直接人工	制造费用	合　计
A产品	250 000	18 200	30 000	298 200

【业务19】 公司12月份根据领料单编制的“材料耗用汇总表”见图表4-3。

图表4-3

材料耗用汇总表

20××年12月份　　　　金额单位:元

种类／用途	甲材料		乙材料		丙材料		合　计
	数量(吨)	金额	数量(千克)	金额	数量(千克)	金额	
一、产品耗用							
A产品	70	280 000	4 500	68 400	40	1 600	350 000
B产品	50	200 000	2 000	30 400	490	19 600	250 000
二、车间耗用					550	22 000	22 000
三、管理部门耗用					120	4 800	4 800
合　计	120	480 000	6 500	98 800	1 200	48 000	626 800

按照材料的用途,12月份A产品和B产品直接耗用的材料费用记入“生产成本”总分类账户及其所属“A产品”和“B产品”两个明细分类账户的借方。车间耗用的材料记入“制造费用”账户的借方。管理部门耗用的材料记入“管理费用”账户的借方。耗用的材料总数记入“原材料”总分类账户的贷方,其明细数分别记入有关材料明细分类账户的贷方。编制会计分录如下:

借：生产成本——A产品　350 000
　　　　　——B产品　250 000
　　制造费用　22 000
　　管理费用　4 800
　贷：原材料——甲材料　480 000
　　　　　——乙材料　98 800
　　　　　——丙材料　48 000

【业务20】　耀华公司20××年12月份根据工时和考勤记录，计算出应付职工工资总额100 000元。其中，应付制造A产品的生产工人工资50 400元，应付制造B产品的生产工人工资33 600元，应付车间管理、技术人员工资10 000元，应付厂部行政管理人员工资6 000元。

对于应付的工资总数，应记入"应付职工薪酬——工资"账户的贷方；同时，对发生的工资费用根据企业职工为之服务的对象分别记入有关账户的借方。其中，直接参与产品生产的生产工人工资，直接构成产品成本的组成部分作为直接费用，记入"生产成本"账户；生产车间的技术人员、管理人员和其他辅助人员的工资，作为间接费用，记入"制造费用"账户。行政管理部门人员的工资，作为期间费用，记入"管理费用"账户。编制会计分录如下：

借：生产成本——A产品　50 400
　　　　　——B产品　33 600
　　制造费用　10 000
　　管理费用　6 000
　贷：应付职工薪酬——工资　100 000

【业务21】　根据所在地政府的规定，分别按照职工工资总额的38%计提社会保险费。

根据国务院颁布的《社会保险费征缴暂行条例》《关于建立城镇职工基本医疗保险制度的决定》和《失业保险条例》等的规定，企业单位必须按工资总额的一定比例提取缴纳基本养老保险费、基本医疗保险费及失业保险费等社会保险费。提取比例根据不同地区的生活水平而不相同。[①] 企业负担的社会保险费等也属于企业支付给职工的薪酬，其核算方法与工资相同。

$$\text{应计入A产品生产成本的社会保险费}=50\ 400\times38\%=19\ 152(\text{元})$$

$$\text{应计入B产品生产成本的社会保险费}=33\ 600\times38\%=12\ 768(\text{元})$$

$$\text{应计入制造费用的社会保险费}=10\ 000\times38\%=3\ 800(\text{元})$$

---

① 企业还需要根据工资总额的一定比例提取缴纳住房公积金，根据工资总额的一定比例提取工会经费和职工教育经费。此处略。

$$\frac{\text{应计入管理费用}}{\text{的社会保险费}}=6\,000\times 38\%=2\,280(\text{元})$$

借：生产成本——A产品　　19 152
　　　　　　——B产品　　12 768
　　制造费用　　3 800
　　管理费用　　2 280
　贷：应付职工薪酬——社会保险费　　38 000

【业务22】 开出转账支票，以银行转账方式支付职工工资100 000元。

借：应付职工薪酬——工资　　100 000
　贷：银行存款　　100 000

企业也可以从银行提取现金，以库存现金发放工资。

【业务23】 公司于12月31日按照规定的折旧率计提固定资产折旧。其中，车间固定资产折旧12 800元，厂部固定资产折旧3 200元。

固定资产因使用而逐渐损耗消失的那部分价值，称为固定资产折旧。固定资产的特点是：其价值减少与实物减少不同步。固定资产可以长期使用，在使用过程中实物形态保持不变，只有在其报废或处置时，实物形态才会减少；而固定资产的价值则随着其使用、损耗而逐渐减少。固定资产因使用而减少的价值称为固定资产折旧。

在会计实务中，固定资产损耗以折旧费用形式计入产品成本或期间费用。固定资产折旧费用根据固定资产的原值和规定的折旧率计算确定，按照一定的标准分摊计入各期的间接费用和期间费用。生产车间用房屋建筑物、机器设备的折旧，作为间接费用，记入“制造费用”账户，厂部行政用办公房屋的折旧，记入“管理费用”账户，由当期收入负担。折旧合计数，记入“累计折旧”账户的贷方，作为“固定资产”账户金额的抵减数。编制会计分录如下：

借：制造费用　　12 800
　　管理费用　　3 200
　贷：累计折旧　　16 000

【业务24】 开出转账支票，以银行存款支付本月仓库租金2 000元。仓库系车间存放半成品的场地。

在一般情况下，如果租赁的房屋是用于存放原材料、库存商品，或用于办公，则其租金应记入“管理费用”账户，如果租赁的房屋是用于存放半成品或用作生产场地，则其租金应记入“制造费用”账户。对于本例，应编制会计分录如下：

借：制造费用　　2 000
　贷：银行存款　　2 000

【业务25】 车间主任王某因公出差暂借现金1 500元，如数支付。

职工暂借差旅费，对于企业来说，属于债权，引起其他应收款的增加。因为现金并未实际使用，费用尚未发生，必须等到职工出差回来，使用合法支出凭证，才能如实报销，增加费用支出。此时，应编制会计分录如下：

借：其他应收款——王某暂借款　　1 500
　贷：库存现金　　1 500

【业务 26】　本月以银行存款支付外包固定资产修理费 6 000 元。按照会计准则的规定，固定资产的修理费全部计入当期管理费用。编制会计分录如下：

借：管理费用　　6 000
　贷：银行存款　　6 000

【业务 27】　车间主任王某出差归来报销差旅费 2 000 元，原借款 1 500 元，补付现金 500 元。

实际报销 2 000 元，应该作为费用增加，因为使用者为车间主任，其费用应该由该车间生产的产品负担，在未确认最终承担者时，应作为间接费用，记入“制造费用”账户。编制会计分录如下：

借：制造费用　　2 000
　贷：其他应收款——王某暂借款　　1 500
　　　库存现金　　500

【业务 28】　月末计算本月应负担的长期借款利息 4 000 元，记入相应账户。

银行长期借款的利息可以在还本时一次支付，也可以按照与银行签订的协议确定支付方式，按月或按季支付。本例中，长期借款利息在使用满 1 年时支付。

由于利息涉及的金额较大，且跨越两个会计期，按照权责发生制的记账基础，每月末，应确认当月应负担的利息费用，并确认负债。借款利息记入“财务费用”账户的借方，应支付的利息记入“应付利息”账户的贷方。

借：财务费用　　4 000
　贷：应付利息　　4 000

【业务 29】　开出转账支票，以银行存款支付其他制造费用67 400元、管理费用 47 720 元。

借：制造费用　　67 400
　　管理费用　　47 720
　贷：银行存款　　115 120

【业务 30】　月末，将在“制造费用”账户中归集的间接费用，按生产工人的工资比率分配计入 A 产品和 B 产品成本。

一定时间内发生的制造费用，应按照规定的标准进行分配，结转记入“生产成本”总分类账户和相关的明细分类账户。制造费用的分配标准有多种，常用的方法主要有：产品耗用工时、生产工人工资、产品机器工时、产品重量、仪表记录等。采用何种分配标准，应以费用项目与分配标准之间的依存关系而定。分配费用公式如下：

$$\text{制造费用分配率}=\frac{\text{制造费用总额}}{\text{A产品生产工人工资}+\text{B产品生产工人工资}}$$

$$\text{A(B)产品应负担制造费用}=\text{A(B)产品生产工人工资}\times\text{制造费用分配率}$$

或：

$$\text{A(B)产品应负担制造费用}=\text{制造费用总额}\times\frac{\text{A(B)产品生产工人工资}}{\text{A产品生产工人工资}+\text{B产品生产工人工资}}$$

本例中，耀华公司2008年12月份归集的制造费用共计120 000元。按照规定分配计算如下：

$$\text{A产品应负担制造费用}=120\,000\times50\,400\div(50\,400+33\,600)=72\,000(\text{元})$$

$$\text{B产品应负担制造费用}=120\,000\times33\,600\div(50\,400+33\,600)=48\,000(\text{元})$$

根据上述计算结果编制结转制造费用的会计分录如下：

借：生产成本——A产品　　72 000
　　　　　　——B产品　　48 000
　贷：制造费用　　120 000

经过分配结转后，“制造费用”账户无余额。“制造费用”总分类账户如图表4-4所示。

图表4-4

总 分 类 账 户

会计科目：制造费用

20××年 月	日	凭证编号	摘要	借方	贷方	借/贷	余额
12	（略）	(19)	耗用材料	22 000		借	22 000
		(20)	车间管理、技术人员工资	10 000		借	32 000
		(21)	社会保险费和职工福利费	3 800		借	35 800
		(23)	固定资产折旧费	12 800		借	48 600
		(24)	支付仓库租金	2 000		借	50 600
		(27)	报销车间主任差旅费	2 000		借	52 600
		(29)	其他费用	67 400		借	120 000
		(30)	结转制造费用		120 000	平	0
12	31		本期发生额及余额	120 000	120 000	平	0

【业务 31】 耀华公司 20××年 12 月份 A 产品完工数量 800 件，完工 A 产品总成本 656 000 元。B 产品 500 件全部完工，完工 B 产品总成本 344 368 元。结转完工产品成本。

根据计算结果编制结转会计分录如下：

借：库存商品——A 商品　　656 000
　　　　　　——B 商品　　344 368
　贷：生产成本——A 产品　　656 000
　　　　　　　——B 产品　　344 368

四、产品生产成本计算

产品生产成本的计算工作，在“生产成本”明细分类账户中进行。“生产成本”明细分类账户按照成本计算对象（一般为产品的名称或类别）设置，采用多栏式账页格式，按产品成本项目设置专栏，反映产品生产成本的构成情况。当某一会计期间所发生的生产费用全部汇总记入相关产品明细账后，即可进行产品成本计算，采用一定方法将生产费用在完工产品和期末在产品之间进行分配，计算完工产品的总成本、单位成本和期末在产品成本。计算公式如下：

月初在产品成本＋本月生产费用＝本月完工产品成本＋月末在产品成本

上述计算公式中的月初在产品成本和本月生产费用合计即为全部生产费用。生产费用在完工产品与月末在产品之间分配和完工产品成本计算的步骤为：

(1) 分栏计算生产费用合计。

(2) 分栏计算月末在产品成本。

(3) 分栏计算本月完工产品成本。

完工产品成本＝期初在产品成本＋本月生产费用－月末在产品成本

(4) 分项计算本月完工产品单位成本。

(5) 计算完工产品总成本和单位成本。

完工产品单位成本＝本月完工产品成本÷完工产品数量

以[业务 31]完工 A 产品材料成本计算为例，假设耀华公司在产品成本按料、工、费的定额成本计算（20××年 12 月份 A 产品完工数量 800 件，月末在产品定额成本：原材料 104 000 元，工资费用 15 752 元，制造费用 14 000 元）。

A 产品材料成本分配计算如下：

A 产品材料费用合计＝250 000＋350 000＝600 000(元)

A 产品月末在产品成本＝104 000(元)

完工 A 产品材料费用总成本＝600 000－104 000＝496 000(元)

完工 A 产品材料费用单位成本＝496 000÷800＝620(元/件)

A 产品和 B 产品成本计算过程与生产成本明细账如图表 4-5 所示。

图表 4-5

生产成本明细分类账

户名：A 产品

20××年		凭证编号	摘　　要	材料费用	工资费用	制造费用	合　计
月	日						
12	(略)		月初在产品成本	250 000	18 200	30 000	298 200
		(19)	领用材料	350 000			350 000
		(20)	生产工人工资		50 400		50 400
		(21)	社会保险费		19 152		19 152
		(30)	结转制造费用			72 000	72 000
			生产费用合计	600 000	87 752	102 000	789 752
	31	(31)	完工产品成本(800 件)	－496 000	－72 000	－88 000	－656 000
12	31		月末在产品成本	104 000	15 752	14 000	133 752
12	31		完工产品单位成本	620	90	110	820

户名：B 产品

20××年		凭证编号	摘　　要	材料费用	工资费用	制造费用	合　计
月	日						
12	(略)	(19)	领用材料	250 000			250 000
		(20)	生产工人工资		33 600		33 600
		(21)	社会保险费		12 768		12 768
		(30)	结转制造费用			48 000	48 000
			生产费用合计	250 000	46 368	48 000	344 368
	31	(31)	完工产品成本(500 件)	－250 000	－46 368	－48 000	－344 368
12	31		完工产品单位成本	500	92.74	96	688.74

现将生产过程总分类核算流程列示如图表 4-6 所示。

图表 4-6

生产过程总分类核算流程图

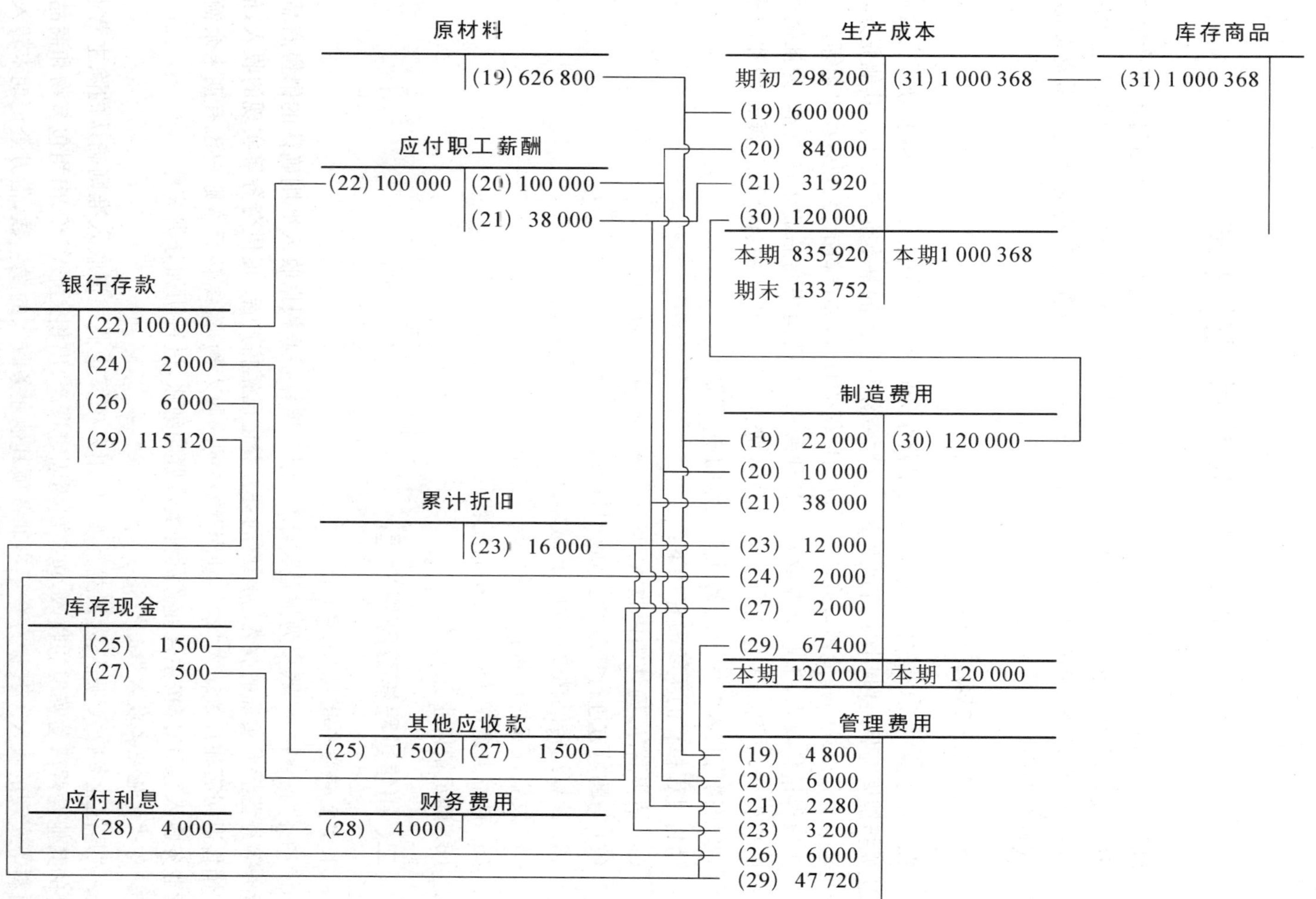

第五节 销售过程的核算

销售过程是工业企业经营过程的第三阶段。在销售过程中,企业通过出售产品和提供劳务取得收入,收回货币资金,实现产品和劳务的价值和使用价值,保证再生产过程顺利进行。在销售中,随着货币的收回,企业的经营资金由商品资金形态转化为货币资金形态,完成一次资金循环。

一、销售过程核算概述

在工业企业中,通常将销售收入分为主营业务收入和其他业务收入两部分。主营业务收入主要指销售商品、自制半成品和提供工业性劳务所获得的基本业务收入。其他业务收入指企业基本业务以外的其他销售或业务活动所取得的收入,如材料销售、包装物出租等。

为取得销售收入,工业企业要发生各种费用,如已销售商品的生产成本,为推销产品而支付的广告费,产品销售过程中发生的包装费、运输费、装卸费、保险费、展销费和门市部经费等,按照销售收入的一定比例计算上缴的销售税金等。

销售过程核算的主要内容如下:

(1) 销售商品,确认销售收入。

(2) 与购货方进行货款结算,收回货币。

(3) 计算结转已销商品的生产成本。

(4) 发生或支付广告费及各种销售费用。

(5) 计算并缴纳企业应负担的流转税。

(6) 确定销售业务成果。

二、销售过程核算账户设置

1. “主营业务收入”账户

“主营业务收入”账户为损益类账户,用来核算企业根据收入准则确认的销售商品、提供劳务等经营活动实现的收入。账户的贷方登记已销售产品、提供劳务等实现的收入,借方登记销售退回额和月末转入“本年利润”账户的净收入额,经结转后本账户没有期末余额。“主营业务收入”账户应按主营业务的种类设置明细账,进行明细分类核算。

2. “其他业务收入”账户

“其他业务收入”账户为损益类账户,用来核算企业根据收入准则确认的除主营业务以外的其他经营活动实现的收入,包括出租固定资产、出租无形资产、出租包装物和商品、销售材料等实现的收入。其贷方登记本期各项其他业务收入的发生数,借方登记期末转入“本年利润”账户的数额，经结转后本账户没有期末余额。

3. “主营业务成本”账户

“主营业务成本”账户为损益类账户，用来核算企业根据收入准则确认销售商品、提供劳务等主营业务收入时应结转的成本。账户的借方登记已销售产品、劳务供应等的实际成本，贷方登记期末转入“本年利润”账户的数额，结转后本账户没有余额。“主营业务成本”账户应按主营业务的种类设置明细分类账户，进行明细分类核算。

4. “其他业务成本”账户

“其他业务成本”账户为损益类账户，用来核算企业除主营业务活动以外的其他经营活动所发生的支出，包括销售材料的成本、出租固定资产的累计折旧、出租无形资产的累计摊销、出租包装物的成本或摊销额、采用成本模式计量的投资房地产的累计折旧或累计摊销等。账户的借方登记本期各项其他业务成本的发生数，贷方登记期末转入“本年利润”账户的数额，结转后本账户没有余额。

5. “税金及附加”账户

“税金及附加”账户为损益类账户，用来核算企业日常经营活动应负担的税金及附加，包括除增值税以外的消费税、城市维护建设税、资源税和教育费附加等。账户的借方登记应负担的各种税金及附加，贷方登记期末转入“本年利润”账户的数额，结转后本账户没有余额。

6. “销售费用”账户

“销售费用”账户为损益类账户，用来核算企业在销售商品和材料、提供劳务的过程中发生的各种费用，包括保险费、包装费、展览费和广告费、商品维修费、预计产品质量保证损失、运输费、装卸费等以及为销售本企业商品而专设的销售机构（含销售网点、售后服务网点等）的职工薪酬、业务费、折旧费等销售费用。账户的借方登记费用的发生数，贷方登记月末结转记入“本年利润”账户的费用数额，结转后本账户没有余额。“销售费用”账户可按费用项目进行明细分类核算。

7. “应收账款”账户

“应收账款”账户为资产类账户，用来核算企业因销售商品产品、提供劳务等，应向购货单位或接受劳务的单位收取的款项。企业发生应收账款时，记入本账户的借方，收回应收账款、确认坏账或应收账款改为商业汇票结算时，记入本账户的贷方。期末借方余额反映企业尚未收回的应收账款。“应收账款”账户按不同的购货单位或接受劳务单位设置明细账，进行明细分类核算。

8. “应收票据”账户

“应收票据”账户为资产类账户，用来核算企业因销售商品产品、提供劳务而收到的商业汇票，包括银行承兑汇票和商业承兑汇票。企业收到购买单位开出、承兑的商业汇票，按照票面金额，记入“应收票据”账户的借方，票据到期企业收回票据款时，按实际收到的金额，记入“应收票据”账户的贷方。“应收票据”账户期末借方余额反映企业持有的尚未到期收回的商业汇票金额。

三、销售过程核算举例

现仍以耀华公司20××年12月份发生的经济业务为例，说明销售过程的核算。

【业务32】 销售下列商品，开出发票，产品也已经发出，收到货款与销项税额，存入银行存款户。

产品名称	销售数量	单位售价	货款金额	销项税额	合　计
A商品	500件	1 360	680 000	108 800	788 800
B商品	400件	1 000	400 000	64 000	464 000
合　计			1 080 000	172 800	1 252 800

上例中，耀华公司已经开出发票，收到货款，应确认销售收入的实现。这项经济业务的发生导致企业的银行存款、应交增值税和主营业务收入同时增加。银行存款增加应记入“银行存款”账户的借方；应交增值税（销项税额）作为企业的一项负债，应记入负债类账户“应交税费——应交增值税（销项税额）”账户的贷方；主营业务收入增加应记入损益类账户“主营业务收入”账户的贷方。此外，还要相应记入有关明细分类账户。这项业务应编制会计分录如下：

借：银行存款　　1 252 800
　贷：主营业务收入——A商品　　680 000
　　　　　　　　　——B商品　　400 000
　　应交税费——应交增值税（销项税额）　　172 800

【业务33】 销售给本地永丰工厂A商品200件，每件售价1 360元，货款计272 000元，增值税额43 520元。商品已发出，但货款及销项税款尚未收到。

商品已发出，所有权转移，尽管尚未收到货款，但耀华厂已取得向永丰厂收取价款和销项税款的权利，应确认主营业务收入的实现。这项业务的发生，涉及“应收账款”、“主营业务收入”及“应交税费——应交增值税（销项税额）”三个账户。应收账款增加，应记入“应收账款”账户的借方，这项业务应编制会计分录如下：

借：应收账款——永丰厂　　315 520
　贷：主营业务收入——A商品　　272 000
　　应交税费——应交增值税（销项税额）　　43 520

【业务34】 销售给伟民厂B商品100件，每件售价1 000元，货款100 000元，增值税额

16 000 元。商品已发出，双方商定以商业汇票进行货款结算，约定于 2 个月后支付。

运用商业汇票进行价款结算，是一种票据信用。收到票据的一方，具有在将来某一特定时间收款的权利，形成企业的债权增加。所以这项业务的发生，涉及"应收票据"、"主营业务收入"及"应交税费——应交增值税（销项税额）"三个账户。编制会计分录如下：

借：应收票据——伟民厂　　116 000
　贷：主营业务收入——B 商品　　100 000
　　应交税费——应交增值税（销项税额）　　16 000

【业务 35】 结转已销 A 商品 700 件的生产成本 571 200 元和已销 B 商品 500 件的实际成本 340 000 元。

对于已经销售的商品，应将其实际成本从"库存商品"账户结转至"主营业务成本"账户，结转已销商品的实际成本会计分录如下：

借：主营业务成本——A 商品　　571 200
　　　　　　　——B 商品　　340 000
　贷：库存商品——A 商品　　571 200
　　　　　　——B 商品　　340 000

【业务 36】 以银行存款支付 12 月份销售商品费用共计54 080元。

为推销产品而发生的费用，在发生时应作为期间费用，直接记入"销售费用"账户的借方和有关账户的贷方。对于上述业务应编制会计分录如下：

借：销售费用　　54 080
　贷：银行存款　　54 080

【业务 37】 耀华公司为销售产品，领用×包装材料 9 120 元。

销售商品领用包装材料，属于销售费用，应记入"销售费用"账户的借方。对此项业务应编制会计分录如下：

借：销售费用　　9 120
　贷：原材料——×包装材料　　9 120

【业务 38】 销售不再使用的原材料 800 千克，增值税专用发票注明售价 16 000 元，增值税额 2 560 元。原材料已经发出，收到货税款，存入银行存款户。

销售原材料属于其他业务收入。对此项业务应编制会计分录如下：

借：银行存款　　18 560
　贷：其他业务收入　　16 000
　　应交税费——应交增值税（销项税额）　　2 560

【业务 39】 结转上述已销原材料成本 10 000 元。

结转的已销原材料成本，应该记入“其他业务成本”账户。对此项业务应编制会计分录如下：

借：其他业务成本　　10 000
　贷：原材料——×材料　　10 000

【业务 40】 经计算，耀华公司 20××年 12 月应交城市维护建设税等税金及附加费合计 22 600 元。

税金及附加属于企业的一项费用，由企业的收入弥补。一般为月底计算出当月应交数，下月初缴纳。

月末，企业按有关税法的规定，计算出应交税费的总数，作为一项费用，记入“税金及附加”账户的借方。因其尚未缴纳，故作为企业的一项负债，记入“应交税费”账户的贷方。对于上述经济业务，编制会计分录如下：

借：税金及附加　　22 600
　贷：应交税费　　22 600

销售过程总分类核算流程列示如图表 4-7 所示。

第六节　利润及利润分配的核算

利润是企业在一定时期内全部经营活动的最终成果。财务成果的形式有利润和亏损两种。企业一定时间内实现的净利润，要按照有关规定进行分配。确定利润总额（即税前利润）、净利润（即税后利润）和对利润进行分配，构成利润和利润分配核算的主要内容。

一、利润形成的核算

1. 利润的构成

利润为收入减去费用后的净额加减直接计入当期利润的利得或损失后的差额。差额为负时，表现为企业的亏损。利润有三种不同的表述含义：营业利润、利润总额和净利润。其所包括的内容各不相同，所起的作用也各不相同。

（1）营业利润。营业利润为企业日常经营活动所取得的利润，是企业利润的主要来源。营业利润表现为企业销售商品、提供劳务、让渡资产使用权所实现的收入减去为获得收入而发生的成本费用差额。用公式表示如下：

$$\text{营业利润}=\text{营业收入}-\text{营业成本}-\text{税金及附加}-\text{销售费用}-\text{管理费用}-\text{研发费用}-\text{财务费用}-\text{资产减值损失}+\text{其他收益}+\text{投资收益}+\text{公允价值变动收益（一损失）}+\text{资产处置收益}$$

其中，营业收入为主营业务收入与其他业务收入之和；营业成本为主营业务成本与其他

图表 4-7

销售过程总分类核算流程图

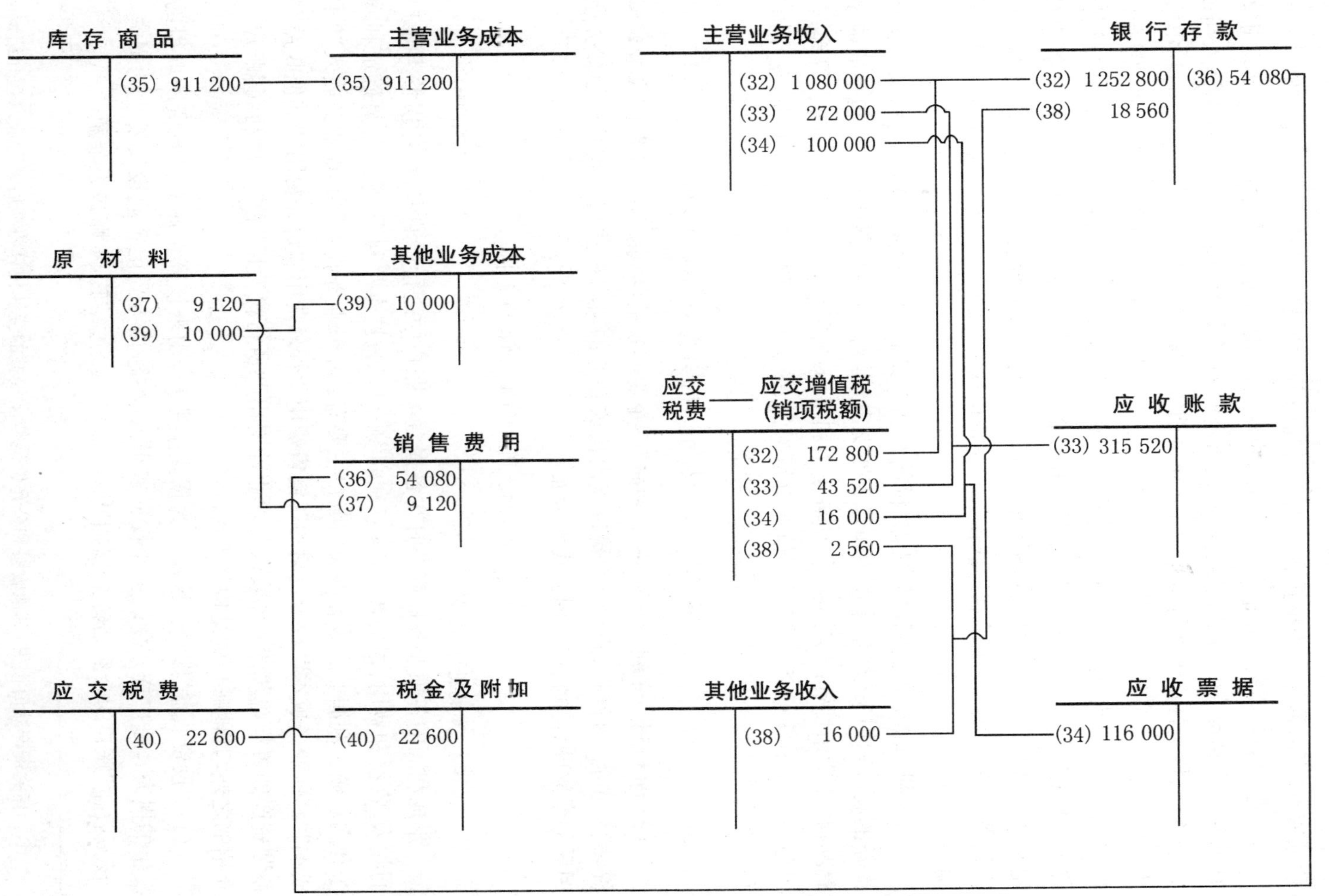

业务成本之和；研发费用反映企业进行研究与开发过程中发生的费用化支出。资产减值损失是企业计提各项资产减值准备所形成的损失；其他收益记录与企业日常活动相关的政府补助等。公允价值变动收益(或损失)是指企业采用公允价值计量且其变动计入当期损益的金融资产、投资性房地产等资产，因公允价值变动形成的应计入当期损益的利得或损失；①投资收益是指企业对外投资所取得的收益，减去发生的投资损失后的净额。资产处置收益反映反映企业出售划分为持有待售的非流动资产(金融工具、长期股权投资和投资性房地产除外)或处置组(子公司和业务除外)时确认的处置利得或损失；处置未划分为持有待售的固定资产、在建工程、生产性生物资产及无形资产而产生的处置利得或损失；以及债务重组中因处置非流动资产产生的利得或损失和非货币性资产交换中换出非流动资产产生的利得或损失。

(2) 利润总额。利润总额又称“税前利润”，是在营业利润的基础上加减直接计入当期损益的利得和损失(营业外收入和营业外支出)得到。其中：营业外收入包括非流动资产处置利得、非货币性资产交换利得、债务重组利得、政府补助、盘盈利得、捐赠利得等；营业外支出包括非货币性资产交换损失、债务重组损失、公益性捐赠支出、非常损失、盘亏损失、非流动资产毁损报废损失等。用公式表示如下：

利润总额＝营业利润＋营业外收入－营业外支出

(3) 净利润。净利润又称“税后利润”。企业实现的利润总额要按照国家规定缴纳所得税，然后才能进行利润分配。所得税支出构成企业的所得税费用。利润总额减去所得税费用后的余额即为净利润。用公式表示如下：

净利润＝利润总额－所得税费用

2. 利润核算的账户设置

形成利润的各项业务核算平时在各损益类账户中进行。期末，在各损益类账户中归集的收入、收益和费用、损失转入“本年利润”账户，通过“本年利润”账户计算确定利润总额和净利润总额。利润形成核算涉及的账户主要有：“主营业务收入”“其他业务收入”“主营业务成本”“其他业务成本”“税金及附加”“销售费用”“管理费用”“财务费用”“其他收益”“投资收益”“资产处置损益”“营业外收入”“营业外支出”“所得税费用”和“本年利润”账户。除前已介绍的之外，其他账户的结构如下：

(1) “投资收益”账户。该账户为损益类账户，用来核算企业对外投资所取得的收益或发生的损失。账户贷方登记企业投资取得的收益，借方登记企业投资发生的损失，期末将“投资收益”账户的余额结转至“本年利润”账户。经过结转，本账户无余额。

① 有关资产减值损失、其他收益和公允价值变动损益的会计核算将在后续专业课程介绍。

(2)“交易性金融资产”账户。该账户为资产类账户，用来核算企业为交易目的所持有的债券投资、股票投资、基金投资等交易性金融资产的公允价值。账户的借方登记企业取得的交易性金融资产的公允价值，以及资产负债表日交易性金融资产的公允价值高于其账面余额的差额，贷方登记企业出售交易性金融资产的账面余额，以及资产负债表日交易性金融资产的公允价值低于其账面余额的差额，期末借方余额反映企业持有的交易性金融资产的公允价值。本账户按交易性金融资产的类别和品种，分别设置“成本”“公允价值变动”等明细账户，进行明细分类核算。

(3)“资产处置损益”账户。该账户为损益类账户，用来核算企业出售划分为持有待售的非流动资产或处置组，处置未划分为持有待售的固定资产、在建工程、生产性生物资产及无形资产而产生的处置利得或损失。该账户的贷方登记资产处置收益及期末结转至“本年利润”账户的净损失，借方登记资产处置损失及期末结转至“本年利润”账户的净收益。经结转后该账户没有期末余额。

(4)“营业外收入”账户。该账户为损益类账户，用来核算企业发生的与企业生产经营无直接关系的各项收入。账户的贷方登记各种营业外收入的发生数额，借方登记期末结转至“本年利润”账户的数额，经过结转后本账户期末无余额。

(5)“营业外支出”账户。该账户为损益类账户，用来核算企业发生的与企业生产经营无直接关系的各项支出。账户的借方登记各种营业外支出的发生数额，贷方登记期末结转至“本年利润”账户的数额，经过结转后本账户期末无余额。

(6)“所得税费用”账户。该账户为损益类账户，用来核算企业按规定从本期损益中扣除的所得税费用。账户借方登记按规定计算的所得税费用数，贷方登记期末转入“本年利润”账户借方的所得税费用，经过结转后本账户无余额。“所得税费用”账户金额一般在月末结转，也可以采用年末一起结转。

(7)“本年利润”账户。该账户为所有者权益类账户，用来核算会计年度内企业实现的净利润或发生的净亏损。账户的贷方登记由各损益类账户转入的收入、利得数，借方登记由各损益类账户转入的费用、损失数。年内各月，本期贷方发生额与借方发生额之间的差额，即为当月实现的净利润或发生的亏损，月末贷方余额，表示本年累计净利润总额；反之，则为累计亏损总额。① 年度终了时，将本年实现的净利润由“本年利润”账户借方转入“利润分配”账户贷方，净损失则由“本年利润”账户贷方转入“利润分配”账户借方。年终结转后，“本年利润”账户无余额。

3. 利润形成的核算举例

下面仍以耀华公司20××年12月份发生的经济业务为例，说明利润形成的核算。

---

① 如果“所得税费用”账户中归集的所得税金额，在年末一次转入“本年利润”账户。则各月月末“本年利润”账户余额表示本年累计利润总额，借方余额为亏损总额。

【业务41】 耀华公司以银行存款购进为交易目的而持有的股票，支付股票买价及佣金、税金计50 000元。

企业为交易目的购入的股票、债券，通过"交易性金融资产"账户核算。按照取得交易性金融资产的成本（为简化起见，支付的买价、佣金、税金全部作为成本）增加"交易性金融资产"账户金额，减少"银行存款"账户金额。编制会计分录如下：

借：交易性金融资产	50 000	
贷：银行存款		50 000

【业务42】 出售上述全部股票，扣除佣金、税金和手续费后，实得价款54 000元，存入银行。

对于上述业务，应按实际收到的价款54 000元增加银行存款，借记"银行存款"账户，按该股票的账面价值50 000元减少交易性金融资产，贷记"交易性金融资产"账户，实际收到的价款和减少的交易性金融资产差额4 000元为投资收益，贷记"投资收益"账户。编制会计分录如下：

借：银行存款	54 000	
贷：交易性金融资产		50 000
投资收益		4 000

【业务43】 收到振华服务站交来的罚款2 000元，存入银行。

企业单位收到客户由于违反合同有关规定而支付的罚款、滞纳金等时，应作为营业外收入入账。对于此项经济活动应编制会计分录如下：

借：银行存款	2 000	
贷：营业外收入		2 000

【业务44】 3月份报废机器一台，经过清理发生净损失16 000元，作为营业外支出处理。

固定资产清理的会计核算在"固定资产清理"账户中进行。清理结束后，应将清理净损益转入"资产处置损益"账户。此处为清理净损失，应从"固定资产清理"账户的贷方结转至"资产处置损益"账户的借方。编制会计分录如下：

借：资产处置损益	16 000	
贷：固定资产清理		16 000

有关固定资产清理的会计核算将在下一节中介绍。

【业务45】 根据耀华公司20××年12月发生的有关经济业务汇总确认有关损益类账户余额如图表4-8所示。将12月份有关损益类账户（收入类）的余额结转至"本年利润"账户。

图表 4-8

耀华公司损益类账户 20××年 12 月结转前余额

单位:元

账户名称	金额	账户名称	金额
主营业务收入	1 452 000	主营业务成本	911 200
其他业务收入	16 000	其他业务成本	10 000
投资收益	4 000	税金及附加	22 600
营业外收入	2 000	销售费用	63 200
		管理费用	70 000
		财务费用	5 000
		资产处置损益	16 000

借:主营业务收入　　1 452 000
　其他业务收入　　16 000
　投资收益　　4 000
　营业外收入　　2 000
　贷:本年利润　　1 474 000

【业务 46】 根据图表 4-8 将 12 月份有关损益类账户(费用类)的余额结转至"本年利润"账户。编制会计分录如下:

借:本年利润　　1 098 000
　贷:主营业务成本　　911 200
　　其他业务成本　　10 000
　　税金及附加　　22 600
　　销售费用　　63 200
　　管理费用　　70 000
　　财务费用　　5 000
　　资产处置损益　　16 000

【业务 47】 耀华公司 12 月 31 日按当月利润总额的 25%计算应缴纳的所得税费用。

企业的生产经营所得和其他所得应依照企业所得税法的规定缴纳企业所得税。所得税一般为月末或季末计算,于下月初或下季初缴纳,年终汇算清缴多退少补。所得税有时也采用按年征收,分期预缴,年终汇算清缴,多退少补的方法。在会计核算上,所得税作为企业的一项费用支出,在"所得税费用"账户核算。

这项经济业务影响费用和负债两个会计要素发生增减变化,涉及"所得税费用"和"应交税费”账户。所得税费用增加，应记入“所得税费用”账户的借方。由于所得税的计算和缴纳中间有一定的时间间隔，按照权责发生制记账基础在确认所得税费用的同时，确认负债，应缴纳的税费增加，记入“应交税费——应交所得税”账户的贷方。编制会计分录如下：

所得税费用＝(1 474 000－1 098 000)×25％＝94 000(元)

借：所得税费用　　94 000

　贷：应交税费——应交所得税　　94 000

【业务 48】 耀华公司 12 月 31 日，将当月的费用由“所得税费用”账户转入“本年利润”账户。编制会计分录如下：

借：本年利润　　94 000

　贷：所得税费用　　94 000

案例

注册会计师审计红木公司的财务报表时，发现以下五项交易事项有问题：

1. 一项设备未计提折旧 2 000 元；
2. 一名销售人员的工资 1 500 元未入账；
3. 一笔销售收入没有入账，金额 10 000 元；
4. 销售一批商品后，未结转成本，金额 5 000 元；
5. 一名投资者投入的货币资金未入账，金额 30 000 元。

思考：请分析上述审计中发现的情况，并结合图表 4-9 分析以上五个事项对公司财务报表各个项目的影响。如果某事项高估报表项目，用“＋”表示；如果某事项低估报表项目，用“－”表示；若没有影响用“/”表示。

图表 4-9

影响分析表

报表项目	事项 1	事项 2	事项 3	事项 4	事项 5
流动资产					
非流动资产					
流动负债					
非流动负债					
所有者权益					
收入					
费用					
净利润					

二、利润分配的核算

1. 利润分配概述

按照我国《公司法》等有关法规的规定，企业当年实现的净利润，应当按照下列顺序进行分配：

(1) 提取法定公积金。公司制企业的法定公积金按照当年税后利润(不包括年初未分配利润)的10%比例提取，非公司制企业也可以按照超过10%的比例提取。公司法定公积金累计额达到注册资本的50%时可以不再提取。

如果公司以前年度亏损，原有法定公积金不足以弥补以前年度亏损时，当前净利润应先弥补亏损，剩余部分再提取法定公积金。

(2) 提取任意公积金。企业经股东大会或类似机构批准可以按照规定的比例从净利润中提取。企业的盈余公积可以用于弥补亏损、转增资本(或股本)，或用于扩大企业经营。符合规定条件的企业，也可以用盈余公积分派现金股利。

(3) 向投资者分配利润。企业可向投资者分配利润的上限是以前年度未分配利润和本年可供分配利润(税后利润减去提取公积金后的余额)之和。

2. 利润分配核算的账户设置

会计上设置"利润分配""盈余公积"和"应付股利"等账户核算企业利润分配情况和分配结果。

(1) "利润分配"账户。该账户为所有者权益类账户，用来核算企业利润分配(或亏损弥补)情况和历年分配(或弥补)后的积存余额。账户贷方登记年末由"本年利润"账户转入的全年累计净利润，由"盈余公积"账户转入的弥补亏损额，借方登记以各种方式实际分配的利润数额，如提取盈余公积金、分配给投资者的利润，以及由"本年利润"账户转入的全年累计亏损数。账户年末贷方余额反映企业历年积存的未分配利润，年末借方余额反映企业累计未弥补亏损额。"利润分配"账户需要设置"提取法定盈余公积""提取任意盈余公积""应付现金股利或利润""盈余公积补亏"和"未分配利润"等明细分类账户，进行明细分类核算。

(2) "应付股利"账户。该账户为负债类账户，用来核算企业分配的现金股利或利润。账户贷方登记根据股东大会或类似机构审议批准的利润分配方案规定的应支付给出资人的现金股利或利润，借方登记用货币资金或其他资产实际支付给出资人的现金股利或利润，期末贷方余额表示应付而未付的现金股利或利润。

3. 利润分配的核算举例

下面仍以耀华公司20××年12月份发生的经济业务为例，说明利润分配的核算。

【业务49】 耀华公司全年实现净利润3 180 000元(1～11月份数据略)。将全年净利润由"本年利润"账户结转至"利润分配"账户。编制会计分录如下：

借：本年利润　　3 180 000

　贷：利润分配——未分配利润　　3 180 000

【业务 50】 耀华公司按全年净利润的 10%提取法定盈余公积，5%提取任意盈余公积。

提取法定盈余公积＝3 180 000×10%＝318 000(元)

提取任意盈余公积＝3 180 000× 5%＝159 000(元)

提取盈余公积引起所有者权益中的有关项目发生此增彼减的变化，涉及“利润分配”和“盈余公积”账户。利润分配的结果使所有者权益减少，记入“利润分配”账户的借方；盈余公积增加是所有者权益增加，应记入“盈余公积”账户的贷方。编制会计分录如下：

借：利润分配——提取法定盈余公积　　318 000

　　　　　——提取任意盈余公积　　159 000

　贷：盈余公积——法定盈余公积　　318 000

　　　　　　——任意盈余公积　　159 000

【业务 51】 经批准决定耀华公司向投资者分配利润 1 300 000 元，尚未支付。

向投资者分配利润，所有者权益减少，应记入“利润分配”账户的借方；款项尚未付出，形成了企业的负债，应记入“应付股利”账户的贷方。编制会计分录如下：

借：利润分配——应付股利　　1 300 000

　贷：应付股利　　1 300 000

向投资者支付利润时，记入“应付股利”账户的借方和有关货币资金账户的贷方。

【业务 52】 耀华公司将利润分配各明细分类账户金额结转至“利润分配——未分配利润”账户。编制会计分录如下：

借：利润分配——未分配利润　　1 777 000

　贷：利润分配——提取法定盈余公积　　318 000

　　　　　　——提取任意盈余公积　　159 000

　　　　　　——应付股利　　1 300 000

第七节　其他经济业务的核算

企业除了发生上述主要经济业务外，还会发生一些其他的经济活动，如偿还企业债务、上交国家税费、对外投资、出售或报废固定资产等。

以下仍以耀华公司 20××年 12 月份发生的经济业务为例，说明其他经济业务的会计核算。

【业务 53】 开出转账支票，以银行存款归还银行短期借款500 000元。

此项业务引起企业的资产银行存款和负债短期借款同时减少，应记入“短期借款”账户的借方和“银行存款”账户的贷方。编制会计分录如下：

借：短期借款　　500 000
　贷：银行存款　　500 000

【业务54】 开出转账支票，以银行存款缴纳上月增值税和城市维护建设税等税费103 000元。

缴纳上月税费业务会引起企业的资产银行存款和负债应交税费同时减少，应记入“应交税费”账户的借方和“银行存款”账户的贷方。编制会计分录如下：

借：应交税费　　103 000
　贷：银行存款　　103 000

【业务55】 耀华公司本月以银行存款500 000元购入连城公司股票50 000股，准备长期持有。

由于耀华公司准备长期持有连城公司股票，可以通过“长期股权投资”账户核算。此项业务引起企业的资产项目长期股权投资增加和资产项目银行存款减少，应记入“长期股权投资”账户的借方和“银行存款”账户的贷方。编制会计分录如下：

借：长期股权投资——连城公司股票　　500 000
　贷：银行存款　　500 000

【业务56】 耀华公司本月报废机器一台，机器的账面原值200 000元，累计已提折旧160 000元，报废时以银行存款支付清理费用6 000元，出售机器残值收到现金30 000元，存入银行。

固定资产的减少有价值减少和实物减少两种情况。价值减少是指固定资产折旧；实物减少是指固定资产出售、报废、毁损、对外投资转出、盘亏等。

固定资产实物减少的会计核算要通过“固定资产清理”账户。

“固定资产清理”账户属于资产类账户，用来核算转入清理的固定资产净值及其在清理过程中发生的清理收入和清理费用。账户的借方登记被清理的固定资产净值和清理中发生的费用，贷方登记固定资产清理中产生的收入，如出售固定资产收回的价款，报废、毁损固定资产的残料变价收入，毁损固定资产所获得的保险赔款收入等。清理后的净收益(贷方大于借方数)从其借方转入“资产处置损益”账户的贷方，清理后的净损失(借方大于贷方数)从其贷方转入“资产处置损益”账户的借方。清理结束后该账户无余额。

上述业务的核算如下：

(1) 注销报废机器的账面原值和累计已提折旧额，将其净值结转至“固定资产清理”账户。编制会计分录如下：

借：固定资产清理　　40 000
　　累计折旧　　160 000
　贷：固定资产　　200 000

(2) 以银行存款支付清理费用，记入“固定资产清理”账户的借方和“银行存款”账户的贷方。编制会计分录如下：

借：固定资产清理　　6 000
　贷：银行存款　　6 000

(3) 出售机器，收到现金直接存入银行。编制会计分录如下：

借：银行存款　　30 000
　贷：固定资产清理　　30 000

(4) 将清理净损失 16 000 元转入“资产处置损益”账户。

清理损益＝40 000＋6 000－30 000＝16 000(元)(净损失)

借：资产处置损益　　16 000
　贷：固定资产清理　　16 000

第(4)笔会计分录即是[业务 44]的会计分录。

本章小结

1. 工业企业的主要经营过程按照产品形成和实物流转程序分为供应过程、生产过程和销售过程三个阶段。工业企业经营过程的会计核算主要包括：供、产、销过程的核算；资金筹集和资金退出的核算；利润形成和利润分配的核算。

2. 成本计算是企业会计核算的专门方法之一。成本计算是指按一定的成本计算对象归集费用，计算各种对象的总成本和单位成本的方法。

3. 利润是企业在一定时期内全部经营活动的最终成果。利润有三种不同的表述含义：营业利润、利润总额和净利润。其中：营业利润为企业日常经营活动所取得的利润。用公式表示如下：

$$\text{营业利润}=\text{营业收入}-\text{营业成本}-\text{税金及附加}-\text{销售费用}-\text{管理费用}-\text{财务费用}-\text{研发支出}-\text{资产减值损失}+\text{其他收益}+\text{投资收益}+\text{公允价值变动收益(－损失)}+\text{资产处置收益(－损失)}$$

其中：营业收入＝主营业务收入＋其他业务收入

营业成本＝主营业务成本＋其他业务成本

利润总额(税前利润)是在营业利润的基础上加减直接计入当期损益的利得和损失(营业外收入和营业外支出)得到。用公式表示如下：

利润总额＝营业利润＋营业外收入－营业外支出

净利润(税后利润)为利润总额减去所得税费用后的余额。用公式表示如下：

净利润＝利润总额－所得税费用

4. 企业发生的主要经济活动及会计分录如下：

① 企业收到投资者的投入资本：

借：银行存款(固定资产、原材料、无形资产等)
　贷：实收资本(股本)

② 以资本公积或盈余公积转作投资者新增资本：

借：资本公积(盈余公积)
　贷：实收资本(股本)

③ 企业向银行借入短期(长期)借款：

借：银行存款
　贷：短期借款(长期借款)

④ 购置不需要安装的固定资产：

借：固定资产
　　应交税费——应交增值税(进项税额)
　贷：银行存款

⑤ 购建需要安装的固定资产：

借：在建工程
　　应交税费——应交增值税(进项税额)
　贷：银行存款(应付职工薪酬等)

借：固定资产
　贷：在建工程

⑥ 采购材料：

借：在途物资
　　应交税费——应交增值税(进项税额)
　贷：应付账款(应付票据、银行存款等)

⑦ 支付材料采购费用：

借：在途物资
　　贷：库存现金（或银行存款）

⑧ 计算结转验收入库材料实际采购成本：

借：原材料
　　贷：在途物资

⑨ 领用原材料：

借：生产成本
　　制造费用
　　管理费用
　　贷：原材料

⑩ 确认应付职工工资、社会保险费等应付职工薪酬：

借：生产成本
　　制造费用
　　管理费用
　　贷：应付职工薪酬——工资（社会保险费等）

⑪ 计提固定资产折旧：

借：制造费用
　　管理费用
　　贷：累计折旧

⑫ 确认应支付银行借款利息：

借：财务费用
　　贷：应付利息

⑬ 支付其他生产经营费用：

借：生产成本
　　制造费用
　　管理费用
　　贷：银行存款（库存现金）

⑭ 分配结转制造费用：

借：生产成本
　　贷：制造费用

⑮ 结转完工产品成本：

借：库存商品
　贷：生产成本

⑯ 销售商品、自制半成品和提供劳务，确认主营业务收入：

借：银行存款（应收账款、应收票据）
　贷：主营业务收入
　　应交税费——应交增值税（销项税额）

⑰ 销售材料、出租包装物等，确认其他业务收入：

借：银行存款（应收账款、应收票据）
　贷：其他业务收入
　　应交税费——应交增值税（销项税额）

⑱ 支付销售费用（广告费、运输费等）：

借：销售费用
　贷：银行存款（库存现金）

⑲ 领用包装材料：

借：销售费用
　贷：周转材料

⑳ 计算确定已销产品的生产成本：

借：主营业务成本
　贷：库存商品

㉑ 计算确定已销原材料成本：

借：其他业务成本
　贷：原材料

㉒ 计算企业应负担的除增值税以外的流转税：

借：税金及附加
　贷：应交税费

㉓ 取得投资收益（交易性金融资产）：

借：银行存款
　贷：交易性金融资产
　　投资收益

㉔ 确认固定资产清理收入（损失）：

借：固定资产清理
　贷：资产处置损益

借：资产处置损益
　贷：固定资产清理

㉕ 计算应交所得税：

借：所得税费用
　贷：应交税费——应交所得税

㉖ 期末将当期全部收入和利得结转至“本年利润”账户：

借：主营业务收入
　其他业务收入
　投资收益
　资产处置损益
　营业外收入
　贷：本年利润

㉗ 期末将当期全部费用和损失结转至“本年利润”账户：

借：本年利润
　贷：主营业务成本
　　其他业务成本
　　税金及附加
　　销售费用
　　管理费用
　　财务费用
　　资产处置损益
　　营业外支出
　　所得税费用

㉘ 年末，将实现的全年净利润结转至“利润分配”账户：

借：本年利润
　贷：利润分配——未分配利润

㉙ 提取法定盈余公积和任意盈余公积：

借：利润分配——提取法定盈余公积
　　　　　——提取任意盈余公积
　贷：盈余公积——法定盈余公积
　　　　　——任意盈余公积

㉚ 计算应向投资者分配的利润：

借：利润分配——应付股利
　贷：应付股利

㉛ 注销报废机器的原始价值和已提折旧额：

借：固定资产清理
　　累计折旧
　贷：固定资产

㉜ 支付清理费用：

借：固定资产清理
　贷：银行存款(库存现金)

㉝ 出售固定资产收款：

借：银行存款(库存现金)
　贷：固定资产清理

㉞ 将清理净损失转入“资产处置损益”账户：

借：资产处置损益
　贷：固定资产清理

㉟ 将清理净收入转入“资产处置损益”账户：

借：固定资产清理
　贷：资产处置损益

关键词汇

生产费用(production cost)　直接费用(direct cost)
间接费用(indirect cost)　固定资产(fixed assets)
累计折旧(accumulated depreciation)　管理费用(general and administrative expenses)
财务费用(financial expenses)　销售费用(selling expenses)
资产处置损益(profit and loss on asset disposal)
营业利润(operating profit)　投资收益(investment income)
营业外支出(non-operating expenses)　营业外收入(non-operating income)
所得税费用(income tax)　利润总额(profit before tax)
利润分配(profit distribution)　净利润(net profit)

复习思考题

1. 什么是成本计算？工业企业的成本计算包括哪些内容？

2. 简述企业经营资金的来源。

3. 简述营业利润、利润总额和净利润的构成。

4. A公司2018年当年实现利润3 000万元，请分别下列情况计算确定A公司2018年的法定盈余公积：

(1) 年初未分配利润500万元。

(2) 年初未弥补亏损500万元。

核算与计算题

习 题 一

1. 目的 练习工业企业资金筹集、设备购置业务的会计处理。

2. 资料

宏达工厂20××年7月份发生下列有关经济业务：

(1) 购入不需要安装的设备一台，价值100 000元，增值税进项税额16 000元，运杂费3 000元。以上款项均以银行存款支付。

(2) 接受投资者货币资金投资200 000元，款项存入银行。

(3) 向银行借入5年期借款150 000元，款项存入银行。

(4) 购入需要安装的设备一台，买价50 000元，增值税进项税额8 000元，运杂费500元。以上款项均以银行存款支付。

(5) 安装上述设备。以现金支付外请安装人员工资800元。

(6) 上述设备安装完毕交付使用，按实际成本结转固定资产。

3. 要求 根据上述经济业务编制会计分录。

习 题 二

1. 目的 熟悉采用实际成本法的工业企业材料采购的核算。

2. 资料 大华工厂20××年9月发生下列材料采购业务：

(1) 9月9日，向光明工厂购入甲材料200千克，每千克16元，乙材料500千克，每千克4元，货款及增值税进项税款832元暂欠。甲、乙材料已验收入库。

(2) 9月13日，以现金350元支付购入上述甲、乙材料的运杂费(运杂费按材料质量比例分摊)。

(3) 9月18日,向志强工厂购入甲材料400千克,每千克15元;乙材料500千克,每千克4.4元,货款及增值税进项税额1 312元用银行存款支付。材料尚在运输途中。

(4) 9月21日,以银行存款支付上述甲、乙材料运杂费315元,运杂费按材料质量比例分摊。甲、乙材料均已验收入库。

(5) 9月24日,以银行存款支付光明工厂的材料款6 032元。

(6) 9月29日,向振兴工厂购入甲材料1 000千克,每千克16元,货款及增值税进项税款2 560元以银行存款支付,材料尚在运输途中。

(7) 9月30日,结转验收入库材料的实际采购成本。

3. 要求

(1) 根据9月份发生的经济业务编制会计分录。

(2) 开设并登记"在途物资"总分类账户(T字形)和所属明细分类账户(多栏式)。

(3) 计算甲、乙材料实际采购总成本和单位成本,并完成图表4-10的编制工作。

图表4-10

材料采购成本计算表

项目	甲材料		乙材料	
	总成本	单位成本	总成本	单位成本
买价 运杂费				
合计				

习题三

1. 目的 掌握工业企业生产的会计核算。

2. 资料 前进工厂生产#101与#102两种产品,20××年4月30日,"生产成本"账户余额为98 550元,其明细项目金额如下:

产品名称	材料费用	工资费用	制造费用	合计
#101	86 000	7 275	5 275	98 550

5月份发生下列有关经济业务:

(1) 领用材料414 000元,其中生产#101产品领用201 000元;生产#102产品领用203 000元,车间一般耗用7 000元,管理部门耗用3 000元。

(2) 本月工资分配如下:生产#101产品生产工人工资17 000元,生产#102产品工人工资13 000元,车间技术员和管理人员工资10 000元,厂部行政管理人员工资8 000元。

(3) 分别按工资总额的38%计提社会保险费。

(4) 计提固定资产折旧10 000元,其中车间固定资产折旧6 640元,厂部固定资产折旧3 360元。

(5) 以银行存款支付本月银行借款利息800元。

(6) 以银行存款支付购买车间劳保用品费用2 400元,机器设备修理费1 400元。

(7) 以银行存款支付本月电费4 250元,其中车间生产用电3 000元,厂部照明用电1 250元。

(8) 以现金报销车间主任外地出差旅费260元。

(9) 以银行存款购买车间零星办公用品600元。

(10) 计算本月发生的制造费用,按生产工人的工资比例分配计入产品成本。

(11) 本月生产#101产品3 000件,#102产品1 500件全部完工,结转完工产品的实际生产成本。

3. 要求 根据5月份发生的经济业务编制会计分录。

习 题 四

1. 目的 掌握工业企业销售过程的会计核算。

2. 资料 宝山机械厂20××年4月份"库存商品"账户月初余额252 000元,其明细账户资料如下:

A商品: 数量40吨 单位成本4 800元 金额192 000元

B商品: 数量50吨 单位成本1 200元 金额 60 000元

4月发生下列有关经济业务:

(1) 4月10日,生产完工A商品110吨,验收入库,单位成本4 500元。

(2) 4月12日,销售给恒山工厂A商品100吨,每吨售价5 500元,增值税销项税额88 000元,收到该厂开出的2个月期的商业承兑汇票一张。

(3) 4月14日,销售给香山钢厂B商品40吨,每吨售价1 800元,增值税销项税额11 520元。货款和税款均未收到。

(4) 4月20日,收到客户所欠销售款128 760元,其中香山钢厂83 520元,武钢钢厂上月购买B商品45 240元。上述款均已经存入银行。

(5) 4月22日,开出转账支票支付广告费5 000元。

(6) 4月30日,计算并结转本月销售A、B商品的生产成本。

(7) 4月30日,经计算,本月应交城市维护建设税3 660元。

(8) 4月30日,将本月各项收入及费用由各损益类账户结转至"本年利润"账户。

3. 要求

(1) 根据上述经济业务编制会计分录。

(2) 列式计算A、B商品的销售成本。

习　题　五

1. 目的　熟悉和掌握利润形成和资金退出的会计处理。

2. 资料　大庆工厂20××年12月31日有关总分类账户和明细分类账户的金额如图表4-11所示(假定所得税费用在年末一次转入“本年利润”账户)。

图表4-11

有关账户金额表

单位:元

账　　户	金　　额	账　　户	金　　额
主营业务收入(贷)	330 000	本年利润(贷)	838 000
投资收益(贷)	74 000	所得税费用(借)	209 500
销售费用(借)	2 000	利润分配——未分配利润(贷)	19 800
管理费用(借)	67 200		
财务费用(借)	2 000		

该厂12月31日发生下列业务:

(1) 结转已销售商品成本211 260元。

(2) 计算本月应负担的城市维护建设税4 790元。

(3) 接受捐赠收入1 530元,存入银行。

(4) 结转A固定资产的清理收益1 000元。

(5) 结转B固定资产的清理损失2 460元。

(6) 将本月“主营业务收入”“投资收益”“营业外收入”账户余额转入“本年利润”账户。

(7) 将本月“主营业务成本”“销售费用”“税金及附加”“管理费用”“财务费用”“资产处置损益”等账户金额转入“本年利润”账户。

(8) 按本月利润总额的25%计提本月应缴纳的所得税。

(9) 将“所得税费用”账户余额结转“本年利润”账户。

(10) 将全年净利润结转“利润分配——未分配利润”账户。

(11) 按本年净利润的20%提取盈余公积。

(12) 本年应付利润400 000元。

3. 要求

(1) 根据上述经济业务编制会计分录。

(2) 开设并登记“本年利润”“利润分配”总分类账户(三栏式)。

第五章　账户的分类

本章导读

企业、机关事业等单位在进行会计核算时，需要设置众多的账户。账户之间互相联系，有机结合，构成一个完整的账户体系。本章主要介绍账户的分类，试图通过对账户性质、用途、结构等的分析，总结账户的共性和个性，探明每一账户在账户体系中的地位和作用，寻求账户设置的规律。通过本章学习，你应能够：

- 了解账户分类的意义和原则
- 掌握账户按其经济内容的分类结果
- 掌握账户按用途和结构的分类结果
- 正确设置和使用账户

第一节　账户分类的意义及标志

一、账户分类的意义

了解账户的共性和个性，探讨账户之间的联系和区别，以及各个账户在账户体系中的地位和作用，是进行账户分类研究的目的所在。

通过前面的学习，我们已经设置和运用了一系列账户。不管经济情况千变万化，首先必须对经济业务内容划分归类，并为每一类经济业务设置一个账户，分别登记积累数据，形成不同的核算指标。每个账户都是认识会计要素变化的一个环节，应单独地反映特定的某一方面内容，因此账户之间在内容上相互排斥，不能共容。但是，由于会计要素内容之间存在着一定的联系，企业单位设立和运用的全部账户，也必定存在相互联系、相互补充的关系，构成一个完整的账户体系，全面地反映资金运用情况，成为认识资金运动的链条。账户之间既有区别又有联系，既有分工又有合作，全面地反映和揭示资金运动的局部和整体情况。

二、账户分类的标志

账户按不同的分类标志进行分类，实质上就是从不同的角度去寻找账户的共性。账户分类的标志有：按其经济内容分类；按其用途和结构分类；按其统驭关系分类、按其余额方向分类等。

（一）账户按其经济内容分类

账户的经济内容是账户所反映和监督的会计对象的具体内容。账户之间最本质的差别是其反映的经济内容不同。账户经济内容是账户分类的基础，是账户最基本的分类。按照现行的会计制度，账户按其经济内容可以分为资产类账户、负债类账户、共同类账户、所有者权益类账户、成本类账户和损益类账户六大类。

（二）账户按其用途和结构分类

账户的用途是指设置和运用账户的目的，通过账户的记录提供哪些核算指标；账户的结构是指在账户中怎样记录经济业务，才能取得各种必要的核算指标，即账户的借方和贷方登记的内容，余额的方向及其表示的含义。账户按用途和结构分类是对按经济内容分类的补充。

账户按用途和结构分类，可分为盘存账户、资本账户、结算账户、资产负债共同账户、暂记账户、跨期摊提账户、成本计算账户、损益增加账户、损益减少账户、财务成果账户、调整账户等十一类账户。

（三）账户按其统驭关系分类

账户的统驭关系，是指账户之间存在着的统驭和从属、控制与被控制的关系。账户按统驭关系分类可分为总分类账户（简称总账账户）和明细分类账户（简称明细账户）两类。总分类账户提供总括的核算资料，是所属明细账户的统驭账户和控制账户。明细分类账户提供明细的核算资料，是总分类账户的从属账户和被控制账户。

明细分类账户可以设一个层次也可以设多个层次，层次之间也存在着统驭与被统驭、控制与被控制的关系。

（四）账户按其余额方向分类

账户按期末余额分类，可分为有余额账户和无余额账户两类。有余额账户又可以分为借方余额账户和贷方余额账户。

通常情况下，资产类账户一般为借方余额账户，负债类和所有者权益类账户一般为贷方余额账户，共同类账户余额有的在借方，有的在贷方。为管理需要开设的资产、负债和所有者权益的抵减账户（如“累计折旧”等）除外。在实务工作中，将期末有余额的账户称为实账户，实账户的期末余额代表着企业的财务状况，其余额列入资产负债表。

期末无余额账户是指在期末结账时，将本期汇集的借（贷）发生额分别从贷（借）方转出，结转后没有余额的账户。在实务工作中，将期末没有余额的账户称为虚账户，虚账户的发生额反映企业的经营成果，其本期发生额合计数在利润表反映。

问题与思考

实账户是有经济意义的账户，虚账户是没有经济意义的账户。这种说法是否正确？为什么？

第二节　账户按经济内容分类

账户的经济内容是账户分类的基础。账户的经济内容就是账户所反映的会计对象的具体内容。如前所述，企业会计对象，就其具体内容而言可归结为资产、负债、所有者权益、收入、费用和利润六大会计要素。与此相适应，账户按其所反映的经济内容，也可以分为资产类账户、负债类账户、所有者权益类账户、收入类账户、费用类账户和利润类账户等六大类账户。

会计实务认为，企业在一定时间内实现的利润，除了分配给投资者退出企业以外，按一定比例提取的盈余公积金和尚未分配的利润，最终归属于所有者。因此，用来计算确认本年实现的利润和反映本年利润分配情况的账户"本年利润"和"利润分配"账户，就其性质也应归属于所有者权益账户。在制造企业，为了进行产品成本计算，需要设置成本类账户。

另外，设置收入类和费用类账户的目的是归集一定期间内发生的收入和费用，最终收入类账户和费用类账户的发生额都将结转到"本年利润"账户，以此计算确定一定时期的损益。因此，习惯上将收入类账户和费用类账户合并为损益类账户。此外，为适应不断产生的新的经济活动需要，新会计准则又增加了共同类账户。

综上所述，账户按其经济内容可以分为六类：资产类账户、负债类账户、共同类账户、所有者权益类账户、成本类账户和损益类账户。

一、资产类账户

资产类账户是用来核算和监督企业资产的增减变动及结余情况的账户。资产类账户按照流动性的不同分为两类：

(1) 反映流动资产的账户，如"库存现金""银行存款""交易性金融资产""应收账款""应收票据""预付账款""其他应收款""原材料""库存商品"等账户。

(2) 反映非流动资产的账户，如"持有至到期投资""长期股权投资""固定资产""累计折旧""无形资产""累计摊销"和"长期待摊费用"等账户。

二、负债类账户

负债类账户是用来核算和监督企业负债的增减变动和结余情况的账户。负债类账户按照流动性不同分为两类：

(1) 反映流动负债的账户，如“短期借款”“应付账款”“应付票据”“预收账款”“其他应付款”“应付职工薪酬”“应交税费”和“应付股利”等账户。

(2) 反映非流动负债的账户，如“长期借款”“应付债券”和“长期应付款”等账户。

三、共同类账户

共同类账户是指具有资产、负债双重性质的账户。账户期末余额是反映资产的价值还是反映负债的价值主要根据账户的期末余额方向而定。反映共同类的账户，如“衍生工具”、“套期工具”和“被套期项目”等账户。

四、所有者权益类账户

所有者权益类账户是用来核算和监督企业所有者权益的增减变动和结余情况的账户。所有者权益账户按照资金来源构成分为三类：

(1) 反映所有者原始投资的账户，如“实收资本”“资本公积”账户。

(2) 反映经营积累的账户，如“盈余公积”“其他综合收益”“本年利润”和“利润分配”账户。

(3) 反映股份有限公司收购、转让或注销公司股份的账户，如“库存股”账户。

五、成本类账户

成本类账户是用来归集费用，计算成本的账户。在制造企业，成本类账户主要有：“制造费用”“生产成本”“劳务成本”“研发支出”和“工程施工”等账户。

成本类账户与资产类账户有着密切的联系。资产一经耗用就转化为费用成本，成本类账户的期末借方余额属于企业的资产。如“生产成本”账户的借方余额为在产品的实际成本。从这种意义上来说，成本类账户也是资产类账户。

六、损益类账户

损益类账户是指其在一定时期的合计发生额要在当期期末结转到“本年利润”账户，用于计算确定一定时期内损益的账户。损益类账户主要是指企业的收入和费用账户。损益类账户按其与损益组成内容的关系分为两类：

(1) 反映收入和利得的账户，如“主营业务收入”“其他业务收入”“其他收益”“投资收益”和“营业外收入”等账户。

(2) 反映费用和损失的账户，如“主营业务成本”“销售费用”“税金及附加”“其他业务成本”“管理费用”“财务费用”“资产减值损失”“营业外支出”和“所得税费用”等账户。

账户按其经济内容分类如图表 5-1 所示。

图表 5-1

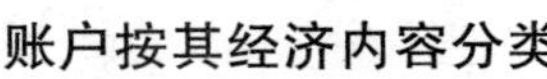

- 常用账户
  - 资产类账户
    - 反映流动资产的账户
      - 库存现金
      - 银行存款
      - 交易性金融资产
      - 应收票据
      - 应收账款
      - 预付账款
      - 其他应收款
      - 原材料
      - 库存商品
    - 反映非流动资产的账户
      - 持有至到期投资
      - 长期股权投资
      - 固定资产
      - 累计折旧
      - 在建工程
      - 固定资产清理
      - 无形资产
      - 累计摊销
      - 长期待摊费用
  - 负债类账户
    - 反映流动负债的账户
      - 短期借款
      - 应付票据
      - 应付账款
      - 预收账款
      - 其他应付款
      - 应付职工薪酬
      - 应交税费
      - 应付股利
    - 反映非流动负债的账户
      - 长期借款
      - 应付债券
      - 长期应付款
  - 共同类账户
    - 衍生工具
    - 套期工具
    - 被套期项目
  - 所有者权益账户
    - 反映所有者原始投资的账户
      - 实收资本
      - 资本公积
    - 反映经营积累的账户
      - 盈余公积
      - 其他综合收益
      - 本年利润
      - 利润分配
    - 反映股份有限公司收购、转让或注销公司股份的账户
      - 库存股
  - 成本类账户
    - 制造费用
    - 生产成本
    - 劳务成本
    - 研发支出
  - 损益类账户
    - 反映收入和利得的账户
      - 主营业务收入
      - 其他业务收入
      - 其他收益
      - 投资收益
      - 营业外收入
    - 反映费用和损失的账户
      - 主营业务成本
      - 销售费用
      - 税金及附加
      - 其他业务成本
      - 管理费用
      - 财务费用
      - 资产减值损失
      - 营业外支出
      - 所得税费用

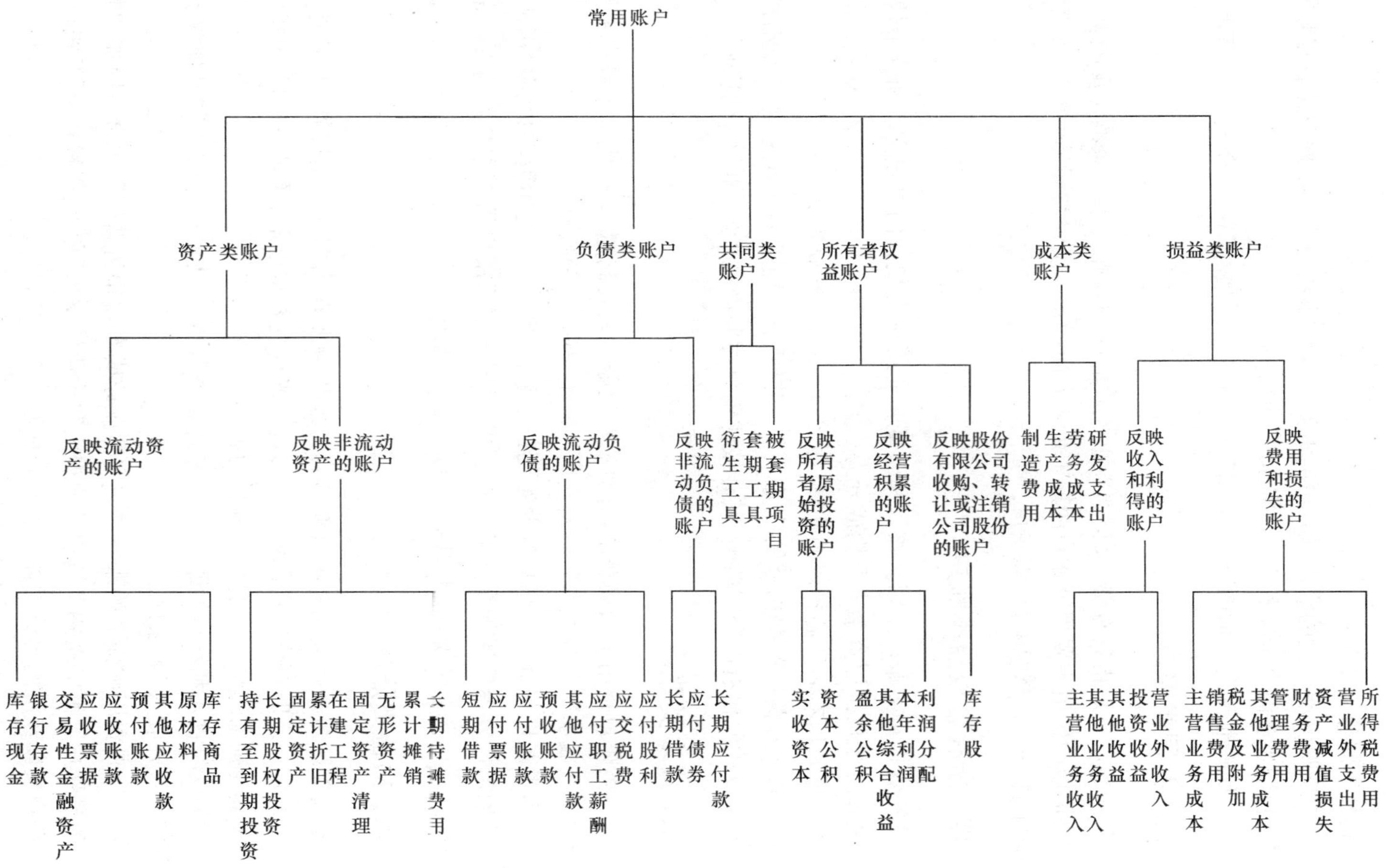

上列账户的分类是按照各账户核算的主要经济内容划分的。应该注意的是，有些账户归属的类别并不是唯一的。例如，企业为了管理上需要设置某些双重性质的账户，如在不设"预付账款"账户的情况下，运用"应付账款"账户反映预付购货款和应付购货款的经济业务，当账户出现贷方余额时，表示应付账款大于预付账款，账户为负债类性质；当账户出现借方余额时，表示预付账款大于应付账款，账户为资产类性质。同样，企业可以设置双重性质的"应收账款"账户反映预收账款和应收账款的情况；设置双重性质的"其他往来"账户反映其他应收款和其他应付款；设置双重性质账户"资产处置损益"反映资产处置收益和资产处置损失。因此，要根据账户具体反映的经济内容和余额的方向确定其所属类别。

第三节　账户按用途和结构分类

账户的用途是指通过账户的记录，能够提供哪些核算指标，也就是开设和运用账户的目的。账户的结构是指在账户中怎样记录经济业务，才能取得各种必要的核算指标，也就是账户的借方和贷方登记的内容，余额的方向及其表示的内容。账户按会计要素分类是基本的、主要的分类，而账户按用途和结构分类也是必要的，并且是对按会计要素分类的补充。账户按其用途和结构分类，可分为盘存账户、资本账户、结算账户、资产负债共同账户、暂记账户、跨期摊提账户、成本计算账户、损益增加账户、损益减少账户、财务成果账户、调整账户等十一类。现以工业企业常用的账户为例说明各类账户用途和结构的特点。

一、盘存账户

盘存账户是用来核算和监督各种财产物资和货币资金增减变动及其结存情况的账户。属于盘存账户的有"库存现金""银行存款""交易性金融资产""原材料""库存商品""固定资产""无形资产"等。盘存账户的借方登记各种财产物资或货币资金的增加数，贷方登记其减少数，期末余额总是在借方，表示各项财产物资或货币资金的结存额。盘存账户的结构如图表 5-2 所示。

图表 5-2

盘存账户结构

借方	贷方
期初余额：期初财产物资或货币资金结存额 发生额：本期财产物资或货币资金增加额	发生额：本期财产物资或货币资金减少额
期末余额：期末财产物资或货币资金结存额	

盘存账户的特点是：

(1) 盘存账户一般都可以通过财产清查(实地盘点或对账)的方法,确定其实有数额,并将实有数和账存数进行核对,检查账实是否相符以及管理中存在的问题。

(2) 盘存账户中除"库存现金""银行存款""无形资产"外,其明细分类账户均能提供实物数量和货币金额两种指标。

二、资本账户

资本账户是用来核算和监督企业所有者对企业的投资增减变动及其实有情况的账户。这类账户主要有"实收资本"(或"股本")"资本公积""盈余公积"等。"实收资本"和"资本公积"账户反映投资者的投入资本,"盈余公积"账户反映企业的留存收益,其所有权归投资者,故也归属于资本账户。资本账户的贷方登记各项资本、公积金的增加数,借方登记各项资本、公积金的减少数,期末余额在贷方,表示各种资本、公积金的实有数额。资本账户的结构如图表 5-3 所示。

图表 5-3

资本账户结构

借方	贷方
发生额:本期资本和公积金的减少额	期初余额:期初资本和公积金实有额 发生额:本期资本和公积金的增加额
	期末余额:期末资本和公积金实有额

三、结算账户

结算账户是用来核算和监督企业同其他单位或个人之间发生的债权、债务结算情况的账户。按照账户的用途和结构,结算账户又可分为债权结算账户和债务结算账户。

(一) 债权结算账户

债权结算账户又称资产结算账户,是用于核算和监督企业同各个债务单位或个人之间结算业务的账户。这类账户主要有"应收账款""应收票据""预付账款""其他应收款"等。债权结算账户的借方登记债权的增加数,贷方登记债权的减少数,期末余额在借方,表示期末债权的实有额。债权结算账户的结构如图表 5-4 所示。

图表 5-4

债权结算账户结构

借方	贷方
期初余额:期初尚未收回的应收款项 发生额:本期应收款项的增加额	发生额:本期应收款项的减少额
期末余额:期末尚未收回的应收款项	

（二）债务结算账户

债务结算账户是用于核算和监督企业同各个债权单位或个人之间债务结算业务的账户。这类账户主要有“短期借款”“应付票据”“应付账款”“应付职工薪酬”“应交税费”“应付利润”“应付股利”“预收账款”和“其他应付款”等。债务结算账户的贷方登记债务的增加数，借方登记债务的减少数，期末余额在贷方，表示期末债务的实有数。债务结算账户的结构如图表 5-5 所示。

图表 5-5

债务结算账户结构

借方	贷方
发生额：本期应付款项的减少额	期初余额：期初结欠的应付款项的数额 发生额：本期应付款项的增加额
	期末余额：期末结欠的应付款项的数额

四、资产负债共同账户

资产负债共同账户是指具有资产、负债双重性质的账户。账户的余额可能在借方，也可能在贷方。账户余额反映的是资产价值还是负债价值主要根据期末余额的方向判断。属于这类账户的主要有“衍生工具”“套期工具”“被套期项目”等账户。资产负债共同账户的借方登记资产的增加数、公允价值的增加数或者套期、被套期等项目产生的利得，贷方登记负债的增加数、公允价值的减少数或者套期、被套期项目产生的损失，期末余额如果出现在借方，表示形成的资产的公允价值，期末余额如果出现在贷方，表示形成的负债的公允价值。资产负债共同账户的结构如图表 5-6 所示。

图表 5-6

资产负债共同账户

借方	贷方
期初余额：期初相关资产的公允价值 发生额：资产的增加数、公允价值的增加数或者套期、被套期项目产生的利得	期初余额：期初相关负债的公允价值 发生额：负债的增加数、公允价值的减少数或者套期、被套期项目产生的损失
期末余额：期末相关资产的公允价值	期末余额：期末相关负债的公允价值

五、暂记账户

暂记账户是会计为核算需要而设置的过渡性质的账户。在会计实务中，有些事项从发生到最终结果的处理，需要一定的时间。如工业企业生产过程中发生的间接费用需要到期末才能按照一定的分配方法，分配计入有关产品的生产成本中；财产物资在盘点清查过程中所确认的盈亏要经过有关部门的审核批准，才能按一定手续核销；固定资产出售、报废或毁损等过程中所产生的收益和发生的费用支出有一过程，经过一段时间处理后才能确认损益，进行转销。

设置暂记账户可以全面地反映这些事项的发生和处理的全过程。暂记账户按其所起的作用可分为费用的集合分配账户，财产盘点及清理结果处理账户。

（一）费用的集合分配账户

费用的集合分配账户是用来归集和分配企业在生产经营过程中某个阶段所发生的某种费用的账户。企业在生产经营过程中发生的应由各个成本计算对象共同负担的间接费用，应首先通过集合分配账户进行归集，然后再按照一定标准分配计入各个成本计算对象。费用的集合分配账户借方登记费用的发生数，贷方登记费用的分配数，经过分配后，该账户没有余额。属于费用的集合分配账户有“制造费用”账户等。这类账户的结构如图表 5-7 所示（以“制造费用”账户为例）。

图表 5-7

费用的集合分配账户结构

借方	制 造 费 用　　　　　　贷方
发生额：本期制造费用的发生数	发生额：本期制造费用的分配数

（二）财产盘点及清理结果处理账户

财产盘点和清理过程及清理结果处理账户是用来核算财产盘点盈亏和清理过程中所发生的收入和费用，最终确认损益的账户。这类账户有“固定资产清理”和“待处理财产损溢”账户。账户的结构如图表 5-8 所示。

图表 5-8

财产盘点及清理结果处理账户结构

借方	固定资产清理　　　　　　贷方
发生额：转入清理的固定资产净值 清理费用 结转清理净收入	发生额：清理收入 结转清理净损失
期末余额：尚未结转的清理净损失	（或）期末余额：尚未结转的清理净收益

借方	待处理财产损溢　　　　　　贷方
发生额：本期发生的待处理财产盘亏和毁损数 经批准处理的财产盘盈数	发生额：本期发生的待处理财产盘盈数 经批准处理的财产盘亏数和毁损数
期末余额：尚待处理的财产物资净损失	期末余额：尚待处理的财产物资净溢余

财产盘点及清理结果处理账户的特点是：

(1) 在最终结果处理前，账户有期末余额；在全部处理后，账户无余额(一般要求期末处理完毕)。

(2) 最终结果的处理方法相同，净收益和净损失转入损益类账户。

六、跨期摊提账户

跨期摊提账户是用来核算应由各个会计期间共同负担的费用，并将这些费用摊提于各个会计期间的账户。根据会计期间假设，人们把企业生产经营过程划分为较短的经营期间，定期结算账目和编制报表。由于企业在生产经营过程中发生的一些费用是跨期的，其收付期和归属期不一致。跨期摊提账户的设置目的就是按照权责发生制的记账基础，严格划清费用的归属期，并把应由各个会计期间共同负担的费用合理地分摊到各个受益期。这类账户有“长期待摊费用”“待摊费用”“预提费用”①等账户。

“待摊费用”和“长期待摊费用”账户核算先预付后由各会计期间共同负担的费用(“待摊费用”核算摊销期为 1 年以内的费用，“长期待摊费用”核算摊销期在 1 年以上的费用)。账户的借方登记本期预付的费用数，贷方登记本期摊销的费用数，期末余额在借方，表示已支付而尚未摊销的预付费用数额。

“预提费用”账户核算先预提当期负担，由以后会计期支付的费用。账户的贷方登记当期预提的费用数，借方登记本期实际支付的费用数，账户的期末余额一般在贷方，表示已预提尚未支付的应付费用数额。

跨期摊提账户的结构如图表 5-9 所示。

图表 5-9

跨期摊提账户

借方	贷方
期初余额：期初已支付尚未摊销的待摊费用数 本期发生额：本期待摊费用或预提费用的支付数	期初余额：期初已预提尚未支付的预提费用数 本期发生额：本期待摊费用的摊销数或预提费用的预提数
期末余额：期末已支付尚未摊销的待摊费用数	期末余数：期末已预提尚未支付的预提费用数

七、成本计算账户

成本计算账户是用来核算和监督企业经营过程中某一阶段发生的全部费用，并据此计

① 我国 2006 年发布的《企业会计准则应用指南》中，已取消“待摊费用”和“预提费用”账户。有的企业仍保留“待摊费用”和“预提费用”账户，期末将其反映在新准则资产负债表中的“其他流动资产”和“其他流动负债”项目；有的企业用“预付账款”“其他应收款”账户代替“待摊费用”账户，用“预收账款”“应付利息”“其他应付款”等账户代替“预提费用”账户。

算该阶段各个成本计算对象实际成本的账户。这类账户的借方汇集经营过程中某个阶段发生的应由成本计算对象负担的全部费用，贷方登记已完成某个阶段成本计算的成本计算对象的实际成本，账户的期末余额在借方，表示尚未完成的某个阶段成本计算对象的实际成本。成本计算账户的结构如图表 5-10 所示。

图表 5-10

成本计算账户结构

借方	贷方
期初余额：期初尚未完成某个经营阶段的成本计算对象的实际成本 发生额：汇集经营过程中某个阶段发生的全部费用额	发生额：结转已完成某个经营阶段成本计算工作的成本计算对象的实际成本
期末余额：尚未完成该阶段的成本计算对象的实际成本	

属于成本计算账户的有“在途物资”“生产成本”“在建工程”等账户。这类账户除设置总分类账户外，还应按各个成本计算对象分别设置明细分类账户进行明细分类核算，提供有关成本计算对象的货币指标和实物指标。

八、损益增加账户

损益增加账户是专门用来核算一定时期内所取得的各种收入和直接计入当期利润的利得的账户。这类账户的主要有“主营业务收入”“其他业务收入”“其他收益”“营业外收入”“投资收益”“资产处置损益”等账户。这类账户的贷方登记一定时期内发生的收入和利得数，借方登记收入和利得的减少数和期末转入“本年利润”账户的收入和利得数，结转后该类账户没有余额。损益增加账户的结构如图表 5-11 所示。

图表 5-11

损益增加账户结构

借方	贷方
发生额：本期收入或利得减少数 期末转入“本年利润”账户的收入和利得数	发生额：本期收入和利得的增加数

九、损益减少账户

损益减少账户是专门用来核算一定时期内所发生的应计入当期损益的各项费用和损失账户。属于这类账户的有“主营业务成本”“税金及附加”“其他业务成本”“销售费用”“管理费用”“财务费用”“研发支出”“营业外支出”“所得税费用”等账户。这类账户的借方登记一定会计期间发生的费用、损失数，贷方登记费用、损失的减少数和期末转入“本年利润”账户的费用、损失数，结转后该类账户没有余额。损益减少账户的结构如图表 5-12 所示。

图表 5-12

损益减少账户结构

借方	贷方
发生额：本期费用、损失的增加数	发生额：本期费用、损失的减少数 期末转入“本年利润”账户的费用、损失数

十、财务成果账户

财务成果账户是用来计算并确定企业在一定时期内全部经营活动最终成果的账户。属于这一类账户的有“本年利润”账户。账户的贷方登记期末从各损益增加账户转入的本期发生的各项收入和利得数，借方登记期末从各损益减少账户转入的本期发生的各项费用和损失数。期末，账户如为贷方余额表示收入或利得大于费用和损失的差额，为企业实现的净利润；账户如为借方余额表示收入或利得少于费用和损失的差额，即为企业发生的亏损总额。财务成果账户的结构如图表5-13所示。

图表 5-13

财务成果账户结构

借方	贷方
发生额：转入的应计入本期损益各项费用、损失	发生额：转入的应计入本期损益各项收入、利得
期末余额：本年累计发生的亏损总额	期末余额：本年累计实现的净利润

财务成果账户反映企业在 1 年内形成的财务成果，年内各月余额表示自年初至计算期末累计实现的净利润总额或发生的亏损总额。年终将账户余额结转至“利润分配”账户后无余额。

十一、调整账户

调整账户是为调整某个账户的金额，以表示被调整账户的实际余额而开设的账户。在会计核算工作中，由于经营管理上的需要或其他原因，对于某些资产、负债项目，需要设置两个账户，反映两组不同的数据。以其中的一个账户反映该项目的原始数据，另一个账户反映该项目的调整数据。如固定资产项目，出于管理的目的，需要反映其原始价值、不断减少的使用价值和实际减少的实物资产。一个“固定资产”账户显然不能满足核算反映的需要。因此，会计实务中开设“累计折旧”账户来对“固定资产”账户金额进行调整。

反映经济活动变化原始数据的账户称为“被调整账户”，对被调整账户进行调整的账户称为“调整账户”。调整账户按照对被调整账户的调整方式不同，分为抵减调整账户、附加调整账户和抵减、附加调整账户。

（一）抵减调整账户

抵减调整账户亦称备抵调整账户，是用来抵减被调整账户的余额，以求得被调整账户实际余额的账户。抵减账户的余额与被调整账户的余额方向相反。其调整方式可用下列公式表示：

被调整账户实际余额＝被调整账户余额－抵减账户余额

被调整账户与调整账户的结构如图表 5-14 所示。

图表 5-14

被调整账户与调整账户的结构

固定资产 借方（被调整账户）	贷方	累计折旧 借方（调整账户）	贷方
期初余额：原始价值 200 000			期初余额：累计折旧 70 000

差额：固定资产净值：130 000

当被调整账户为资产账户时，调整账户称为资产抵减调整账户，如“累计折旧”“累计摊销”“坏账准备”等账户。“累计摊销”账户是“无形资产”账户的抵减调整账户，两账户的余额表示无形资产的净值。“坏账准备”账户是“应收账款”账户的抵减调整账户，两账户的差额表示企业实际可收回的应收账款净额。当被调整账户为权益（负债和所有者权益）账户时，调整账户称为权益抵减调整账户，如“库存股”等账户。“库存股”账户是“股本”账户的抵减账户，其借方余额表示企业持有尚未转让或注销的本公司股份金额。“股本”账户与“库存股”账户的差额，表示企业实际发行在外的股本金额。

问题与思考

小王大学毕业后在 A 市开了家汽车清洗公司，2012 年 12 月月末购买了 3 台汽车清洗设备。汽车清理设备每台 36 000 元，预计使用寿命为 10 年，使用期满后没有净残值。2015 年 9 月 30 日，由于汽车清洗公司业绩不佳，小王将其 3 台汽车清洗设备转让给熟人，转让价款共 70 000 元。转让手续已经完成，购买方承诺于 2015 年 12 月 30 日支付款项。由于购买方 11 月份资金周转出现问题，小王可能因此会造成部分损失。因此，小王在 11 月末计提了 10％的坏账准备。

请问：

(1) 以上业务中需要设置哪些调整账户？阐述这些调整账户与被调整账户之间的关系。

(2) 小王转让汽车清洗设备业务是否实现盈利？请简单列出计算过程。

（二）附加调整账户

附加调整账户是用来增加被调整账户的余额，以求得被调整账户实际余额的账户。附加调整账户的余额方向与被调整账户的余额方向相同。其调整方式用下列计算公式表示：

被调整账户实际余额＝被调整账户余额＋附加账户余额

当“利润分配”账户为贷方余额时，其为“本年利润”账户的附加调整账户。其调整方式如图表 5-15 所示。

图表 5-15

附加调整账户结构

本年利润 借方（被调整账户）贷方		利润分配 借方（附加账户）贷方	
	期末余额：本年累计已实现利润 162 000		期末余额：累计未分配利润 142 000

合计：累计可分配利润 304 000

（三）抵减附加账户

抵减附加账户是同时具有抵减和附加两种职能的调整账户。依据调整账户的余额方向用来抵减或附加被调整账户余额，以求得被调整账户实际余额。当调整账户的余额与被调整账户的余额方向相反时，该账户起抵减账户的作用，其调整方式与抵减账户相同。当调整账户的余额与被调整账户的余额方向一致时，该账户起附加账户的作用。其调整方式与附加账户相同。

当工业企业的材料核算采用计划成本时，设置“材料成本差异”账户对“原材料”账户进行调整。其中：“原材料”账户为被调整账户，反映库存材料的计划成本；“材料成本差异”账户为调整账户，反映库存材料实际成本与计划成本之间的差异，账户借方登记实际成本大于计划成本的超支差异，贷方登记实际成本小于计划成本的节约差异。期末借方余额表示净超支数，贷方余额表示净节约数。通过“原材料”账户和“材料成本差异”账户，可以计算确定库存原材料的实际成本。其调整方式如图表 5-16 和图表5-17所示。

图表 5-16

抵减附加账户结构一

原材料 （计划成本被调整账户）		材料成本差异 （调整账户）	
期初余额 200 000			期初余额 10 000

差额（抵减）190 000（实际成本）

调整账户不能离开被调整账户而独立存在。有调整账户就一定有被调整账户，它们是相互联系，相互结合在一起的一组账户。调整账户与被调整账户所反映的经济内容相同，两者结合起来使用，可以为经营管理提供所需要的某些特定指标。

图表 5-17

抵减附加账户结构二

原 材 料（计划成本被调整账户）			材料成本差异（调整账户）		
期初余额	200 000		期初余额	10 000	

合计(附加)210 000(实际成本)

账户按其用途和结构的分类如图表 5-18 所示。

图表 5-18

账户按其用途和结构的分类

账 户 类 型	常 用 账 户	
盘存账户	库存现金、银行存款、交易性金融资产、在途物资、原材料、生产成本(期末余额)、库存商品、长期股权投资、持有至到期投资、固定资产、在建工程(期末余额)、无形资产	
资本账户	实收资本、资本公积、盈余公积	
结算账户	债权结算账户	应收账款、应收票据、其他应收款、预付账款
	债务结算账户	短期借款、应付票据、应付账款、预收账款、其他应付款、应付职工薪酬、应交税费、应付利润、应付股利、长期借款、应付债券、长期应付款
资产负债共同账户	衍生工具、套期工具、被套期项目	
暂记账户	制造费用、固定资产清理、待处理财产损溢	
跨期摊提账户	长期待摊费用	
成本计算账户	在途物资、生产成本、在建工程、劳务成本、研发支出、工程施工	
损益增加账户	主营业务收入、其他业务收入、其他收益、投资收益、营业外收入、资产处置损益	
损益减少账户	主营业务成本、税金及附加、其他业务成本、销售费用、管理费用、财务费用、研发支出、营业外支出、所得税费用	
财务成果账户	本年利润	
调整账户	抵减调整账户	坏账准备、累计折旧、累计摊销、库存股
	附加调整账户	利润分配
	抵减附加调整账户	材料成本差异

本章小结

1. 研究账户的分类是为了更深入地了解账户的区别和联系，掌握账户的共性和个性，以及每一账户在账户体系中的地位和作用，加深对账户性质的认识。

2. 账户可以按照不同的分类标志进行分类，如按照账户的经济内容；按照账户的用途和结构；按统驭与被统驭关系等。主要的分类标志是按照账户的经济内容分类、按照账户的用途和结构分类。按照不同的分类标志对账户进行分类，目的就是从不同的角度去寻找账户的共性。

3. 账户按其经济内容可分为资产类账户、负债类账户、共同类账户、所有者权益类账户、成本类账户和损益类账户。

账户按其结构和用途分类可分为盘存账户、资本账户、结算账户、资产负债共同账户、暂记账户、跨期摊提账户、成本计算账户、损益增加账户、损益减少账户、财务成果账户和调整账户。

4. 学习账户的分类，必须了解每一账户的性质和用途。

关键词汇

盘存账户(inventory account)
结算账户(settlement account)
暂记账户(suspense account)
成本计算账户(costing account)
财务成果账户(profit account)
调整账户(adjustment account)
跨期摊提账户(inter-period allocation account)
集合分配账户(collecting-allocating account)

复习思考题

1. 简述账户分类的意义。
2. 举例说明盘存类账户的特点。
3. 简述"应收账款"账户与"预收账款"账户的共同点与不同点。
4. 说明企业设置暂记账户的目的。举例说明暂记账户的使用。
5. 说明损益增加账户、损益减少账户与财务成果账户之间的关系。
6. 举例说明调整账户与被调整账户之间的关系。

第六章 会 计 凭 证

本章导读

会计凭证是记录经济业务的发生和完成情况，明确经济责任，并作为记账依据的书面证明。填制和审核会计凭证是会计核算工作的第一步。真实、正确的会计凭证是保证会计信息质量的前提条件。本章主要介绍原始凭证、记账凭证的基本内容、填制要求、填制方法和审核，以及会计凭证的传递和保管。通过本章学习，你应能够：

- 了解会计凭证在会计核算中的作用
- 掌握原始凭证的填制要求和方法
- 掌握原始凭证的审核要点
- 掌握记账凭证的填制要求和方法
- 掌握记账凭证的审核要点
- 了解会计凭证的传递和保管

第一节 会计凭证概述

一、会计凭证的意义

企业单位在经营活动中，不断地发生各种经济业务。为了如实反映这些经济业务的发生和完成情况，必须填制有证明效力的书面文件。会计凭证是记录经济业务的发生和完成情况，明确经济责任，作为记账依据的书面证明。

填制和审核会计凭证是会计的一项基础工作，也是会计的专门方法之一。会计凭证在会计核算工作中起着重要的作用。

（一）会计凭证是证明经济业务发生的法律凭证

会计凭证是证明经济业务发生的法律凭证。任何单位对发生的每一项经济业务，都必须由经办人员按照规定的程序和要求，取得或填制会计凭证，以书面形式证明经济业务的发生或完成。会计凭证中必须载明经济业务的数量、金额，并由填制凭证的人员签名或盖章。取得或填制会计凭证是进行会计信息处理的前提条件。

（二）会计凭证是记账的直接依据

我国《会计法》第十五条规定，会计账簿登记必须以经过审核的会计凭证为依据，并符合有关法律、行政法规和国家统一会计制度的规定。以合法、真实的会计凭证作为登记账簿的依据，可以保证账簿记录的客观真实和提供的会计信息准确无误，从而防止账簿记录的主观随意性和弄虚作假。

（三）会计凭证是明确经济责任的重要依据

各单位所发生的每一项经济活动，尤其是货币资金收付，财产物资的购进、入库、领用和销售，债权债务的发生和结算等，都是由多个经办部门和经办人员协同完成。由经办人员填制会计凭证，并在凭证上签名或盖章，可以明确各经办人员的职责范围，促使经办人员严格按照国家的有关法令、法规和制度处理经济业务，并对其处理的经济业务的合法性、真实性和准确性负责。

（四）会计凭证是审计的原始依据

会计凭证中记录了经济活动的主要内容及发生的时间、地点、经办人等。会计人员取得凭证时，通过对其进行审核，可以了解经济业务是否合法、合理、合规，发挥会计监督作用，维护财经纪律，抵制违法行为发生。

会计凭证也为经济案件的事后审计和会计机构审核经济业务提供了有力的法律证据。我国《会计档案管理办法》规定，会计凭证作为重要的经济档案，必须保存15年以上，有的必须永久保存。审计部门通过事后对会计凭证及其所反映的经济业务的审核，及时了解、分析和检查企业的经济活动和财务收支情况，发现企业的违法、违规行为，保护企业财产的安全，维护投资者的利益，维护国家的权利。

二、会计凭证的种类

会计凭证的种类很多，实务中，按照其填制程序和用途，可分为原始凭证和记账凭证两大类。

（一）原始凭证

原始凭证又称单据，是经济业务发生时取得或填制的，用来记载和证明经济业务的发生和完成情况，明确经济责任，作为记账原始依据的会计凭证。

1. 外来原始凭证和自制原始凭证

原始凭证按其来源可以分为外来原始凭证和自制原始凭证两种。

(1) 外来原始凭证是指同外单位发生经济往来时从其他单位取得的凭证。如购入材料时或支付费用时从客户手中取得的发票，通过银行进行货款结算收到或开出的各种银行结算单证，由收款单位开出的收据等。

(2) 自制原始凭证是指由本单位内部经办业务的部门或人员，在完成某项经济业务时自行填制的凭证。如购入商品、材料验收入库填制的“产品入库单”“收料单”，车间向仓库领用材料时填制的“领料单”，财务部门发放工资时填制的“工资结算单”，用于采购员等差旅费报销的“差旅费报销单”等。

2. 一次凭证、累计凭证和汇总原始凭证

原始凭证按其填制方法，可以分为一次凭证、累计凭证和汇总原始凭证。

(1) 一次凭证是指对一项经济业务或若干项同类经济业务，在其发生或完成时一次填制完成的原始凭证。发票，银行结算单证，出差人员带回报销的机票、车票及住宿发票等外来原始凭证通常都是一次凭证。自制原始凭证大部分也是一次凭证，如“收料单”“收货单”“领料单”“领货单”等。

(2) 累计凭证是指在一定时期内，连续记载若干同类经济业务，并根据其累计数作为记账依据的原始凭证。累计凭证的填制手续随着经济业务的发生分次进行。如制造业因定额用料而使用的“限额领料单”等。使用累计凭证，可以减少凭证张数和填制手续。

(3) 汇总原始凭证是指将一定时间内若干份记录同类经济业务的原始凭证汇总而编制的一张汇总凭证。在会计实务中，有时同类经济业务在一定时间内会不断重复，如材料验收入库、领用材料等，使用汇总原始凭证，可以集中反映此类经济业务的总括发生情况。“收料汇总表”“发料汇总表”“工资结算汇总表”等都属于汇总原始凭证。编制汇总原始凭证的主要目的是简化和减少记账凭证的编制工作。

不能证明经济业务发生和完成情况的文件单据，如“材料请购单”“商品购销合同”等，在经济业务未完成前不能单独作为原始凭证登记入账，可以在经济业务完成后作为原始凭证的附件。

(二) 记账凭证

记账凭证是根据原始凭证、原始凭证汇总表和有关账簿记录编制，用来确定会计分录，作为记账直接依据的会计凭证。

因为原始凭证的种类繁多，规格大小不一，且存在大量重复发生的经济业务，直接据以记账容易发生差错。对反映同类经济业务的原始凭证加以归类汇总，填制具有统一格式的记账凭证，确定应借、应贷的账户名称和金额，并将原始凭证附于记账凭证后面，再据以账簿登记，这样，既有利于原始凭证的保管，又可以减少账簿记录的差错，还方便对账和查账。记账凭证是原始凭证的概括与说明，是登记总分类账簿的依据，原始凭证作为记账凭证的附件，是登记明细分类账簿的依据。在会计实务中，经济业务内容反映在原始凭证中，会计分录反映在记账凭证中。会计实务中，有一些会计核算事项不产生原始凭证，如期末按照权责发生制记账基础进行账项调整，将相关收入费用账户金额转入“本年利润”账户等，这些业务可以直接根据账簿记录编制记账凭证。

1. 专用记账凭证和通用记账凭证

记账凭证按其适用的经济业务分为专用记账凭证和通用记账凭证。

(1) 专用记账凭证是指专门用于某一类经济业务的记账凭证。专用记账凭证按其所记录的经济业务是否与货币资金有关分为收款凭证、付款凭证和转账凭证。

收款凭证是用于记录货币资金收入业务的记账凭证,根据现金、银行存款收款原始凭证填制。付款凭证是用于记录货币资金付出业务的记账凭证,根据现金、银行存款付款原始凭证填制。转账凭证是用于记录与货币资金收付无关的转账业务的记账凭证。使用专用记账凭证有利于会计分工记账。

(2) 通用记账凭证是不分收款、付款、转账业务,全部采用一种格式记录全部经济业务的记账凭证。

各单位可以根据企业规模大小和经济业务量的多少,选用专用记账凭证或通用记账凭证。一般经济业务量少或比较简单的单位,使用通用记账凭证。

2. 复式记账凭证、汇总记账凭证和科目汇总表

记账凭证按其汇总程度分为复式记账凭证、汇总记账凭证和科目汇总表。

复式记账凭证是指一张记账凭证反映一项经济业务的完整记录的记账凭证。前述收款凭证、付款凭证、转账凭证和通用凭证均属于复式记账凭证。

汇总记账凭证是指按科目将一定期间内具有相同对应科目的经济业务汇总反映的记账凭证。汇总记账凭证根据复式记账凭证汇总而得。

科目汇总表是指将一定时期内发生的全部经济业务按科目全部反映在一张汇总表上的记账凭证。科目汇总表也是根据复式记账凭证汇总而得的。

汇总记账凭证和科目汇总表都是根据复式记账凭证汇总编制,只是汇总方法有所不同。具体将在第十章中介绍。

会计凭证的分类见图表 6-1。

图表 6-1

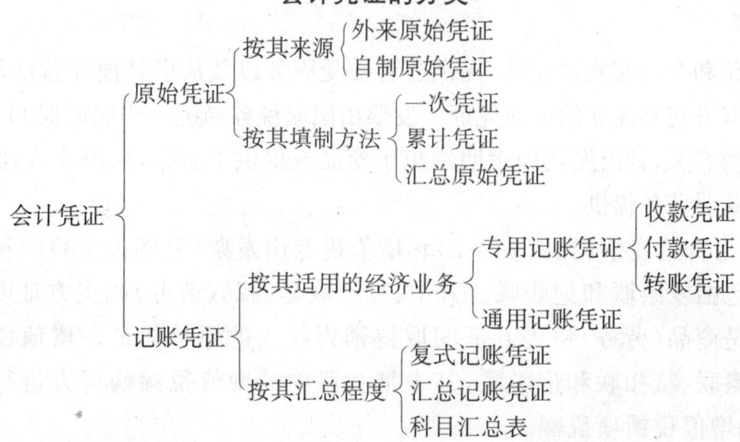

第二节　原始凭证的填制和审核

一、原始凭证的内容

原始凭证是在经济业务发生时直接取得或填制的，是会计核算的原始资料和重要依据。在会计实务中，大部分原始凭证是由国家有关部门统一印制的，有些特殊需要的原始凭证也由企业单位根据经济业务的具体内容自行印制。不管是国家统一印制的还是企业单位自行设计的，原始凭证都必须具备下列基本内容：

(1) 原始凭证的名称和凭证编号。

(2) 填制凭证的日期。

(3) 填制凭证单位名称或填制人姓名。

(4) 接受凭证单位的名称。

(5) 经济业务内容。

(6) 经济业务的数量、单价和金额。

(7) 经办人员的签名或者盖章。

(8) 其他必要的补充内容(计划、定额、合同号、套写每联的用途等)。

为适合不同部门的需要，原始凭证通常一式几联。企业单位应根据其组织结构、管理要求及与外部的关系等因素确定原始凭证的联数，并在每联上注明其用途。

二、常用原始凭证及其用途

(一) 发票

发票是单位和个人在购销商品，提供或者接受服务以及从事其他经营活动中，开具、取得的证明买卖双方交易成立的书面凭证。发票由国家税务局统一印制或监制。发票与商品(或劳务)的交换有关，开出发票即表明销售了商品或提供了服务，取得收入；收到发票即表示购买商品或接受劳务提供。

发票可分为普通发票(见图表 6-2)和增值税专用发票(见图表6-3)两种。普通发票一般有两联，包括发票联和记账联。其中：发票联是商品(劳务)购买方证明支出的原始凭证，记账联是商品(劳务)销售方证明取得销售收入的原始凭证。增值税专用发票有三联，包括发票联、抵扣联和记账联，其中抵扣联中的增值税额购买方进行税务申报时可以用于抵扣增值税销项税额。

图表 6-2

上海增值税普通发票

No 01649873

发　票　联

开票日期:20××年 11 月 10 日

购买方	名　　称:个人 纳税人识别号: 地 址 、电 话: 开户行及账号:				密码区	(略)	
货物或应税劳务、服务名称	单位	数量	单价	金　额	税率	税　额	
20 mm 圆钢	千克	1 500	4	6 000.00	16%	960.00	
合　计				¥6 000.00		¥960.00	
价税合计(大写)	⊗陆仟玖佰陆拾元整			(小写)¥6 960.00			
销售方	名　　称:宝成钢铁贸易公司 纳税人识别号:310079416566235 地 址 、电 话:殷高西路 200 号 65472158 开户行及账号:工行宝山支行 184564				备注		

第三联 发票联 购买方记账凭证

收款人:　　复核:　　开票人:　　销售方:(章)

图表 6-3

上海增值税专用发票

No 01649975

发　票　联

开票日期:20××年 11 月 18 日

购买方	名　　称:上海时代机械厂 纳税人识别号:310044252896340 地 址 、电 话:斜土路 50 号 62846688 开户行及账号:工行杨浦支行 897451				密码区	(略)
货物或应税劳务、服务名称	单位	数量	单价	金　额	税率	税　额
30 mm 圆钢	千克	2 000	4	8 000.00	16%	1 280.00
16 mm 圆钢	千克	1 000	4	4 000.00	16%	640.00
合　计				¥12 000.00		¥1 920.00
价税合计(大写)	⊗壹万叁仟玖佰贰拾元整					(小写)¥13 920.00
销售方	名　　称:宝成钢铁贸易公司 纳税人识别号:310079416566235 地 址 、电 话:殷高西路 200 号 65472158 开户行及账号:工行宝山支行 184564				备注	

第三联 发票联 购买方记账凭证

收款人:　　复核:　　开票人:　　销售方:(章)

(二) 银行结算凭证

银行结算凭证是收款和付款双方及银行办理银行转账结算或收付现金时运用的书面凭证。银行结算凭证是银行办理款项划拨、收款和付款单位与银行进行会计核算的依据。

不同的结算方式使用的结算凭证各不相同。常用的银行结算凭证有银行支票、银行本票、银行汇票等。

“支票”是银行存款人签发的委托办理支票存款业务的银行在见票时无条件支付确定的金额给收款人或者持票人的票据。支票按照支付票款的方式，分为现金支票、转账支票和普通支票。其中，现金支票用于从银行提取现金；转账支票用于转账结算，不能用于支取现金；普通支票既可以用来支取现金，也可以用来转账。

“银行本票”是银行签发的，承诺自己在见票时无条件支付确定的金额给收款人或者持票人的票据。银行本票可以用于转账，注明“现金”字样的银行本票可以用于支取现金。银行本票分为定额本票和不定额本票两种，不定额银行本票的金额起点为 100 元，定额银行本票的面额为 500 元、1 000 元、5 000 元和 10 000 元。

“银行汇票”是汇款人将款项交存当地银行，由银行签发给汇款人持往异地办理转账结算或支取现金的票据(见图表 6-4)。

图表 6-4

银行汇票样张

付款期限 壹 个 月

中国建设银行
银 行 汇 票(卡片)　　**1**　　广东××00000000 第 号

出票日期(大写) 贰零壹玖年零壹月零伍日　　代理付款行：　　行号：

收款人：深圳市××公司											账号：
出票金额 人民币(大写) 叁拾陆万柒仟元整											(压数机压印出票金额)
实际结算金额 人民币(大写) 叁拾陆万元整	千	百	十	万	千	百	十	元	角	分	
		¥	3	6	0	0	0	0	0	0	

申请人：广东省××公司　　账号或住址：×××-×××-××

出票行：建行广州市××办事处行号：5××××

备　注：

复核：　　经办

科目(借)
对方科目(贷)
销账日期：　年　月　日
复核　　记账

此联出票行结算汇票时作汇出款借方凭证

收款方将结算凭证存入银行时，需要填制“进账单”。进账单是收款方向银行解交转账支票、银行本票、银行汇票时使用的原始凭证(见图表 6-5)。

一般情况下，付款方开出结算凭证，其拥有的银行存款减少；收款方收到结算凭证，将其存入开户银行，其拥有的银行存款增加。以转账支票为例，付款人根据应付的款项签发支票交给收款人，支票存根联是付款方记录银行存款减少的原始凭证。收款人根据收到的支票正联，填制一式两联进账单，连同支票一起送交本单位开户银行；收款人开户银行审查无误后，在进账单回单上加盖银行印章，退回收款人，进账单回单联是收款人记录银行存款增加的原始凭证。

问题与思考

请以支票结算为例，画一户凭证传递流程图。

图表 6-5

中国农业银行上海市分行进账单（回单） ①

年 月 日

收款人	全 称		解 款 人	
	账 号		款项来源	

人民币 （大写）	千	百	十	万	千	百	十	元	角	分

托收票据目录第 1 张共 张			金 额										
票据种类	付款人 账 号	凭证号码	千	百	十	万	千	百	十	元	角	分	
													（银行盖章）

此联由银行盖章后退解款人俟收妥后方可用款

其他的银行结算凭证还有银行汇票委托书、银行汇票挂失电报、商业承兑汇票、银行承兑汇票、银行承兑汇票协议、贴现凭证等。

（三）收料单

“收料单”是企业购进材料验收入库时，由仓库保管人员根据实际验收情况填制的一次原始凭证。企业外购材料、商品，都要履行验收手续，仓库保管员根据供应单位开来的发票账单对运入材料进行审核计量，按照实际验收的数量填制收料单。收料单一式三联：一联随发票账单交由会计部门，用以编制记账凭证，登记总分类账；一联留在仓库，用以登记材料明细分类账簿和材料卡片；一联存案备查。收料单格式见图表 6-6。

图表 6-6

××单位

收 料 单

20××年 3 月 20 日

供货单位（略） 凭证编号（略）

发票号码（略） 仓库（略）

材料类别	材料编号	材料名称及规格	计量单位	数 量		金 额			
				应收	实收	单 价	买 价	运杂费	合 计
煤	（略）	一级粉煤	吨	60	60	3 900	234 000	6 000	240 000
备注：									

仓库保管员：

（四）领料单

“领料单”是制造企业生产车间据以向原材料仓库领用材料的一种原始凭证。它适用于不经常领用或没有消耗定额的材料领发业务。领料单由领用部门和仓库共同填写。领用部门填写领用部门、用途、材料类别编号、材料名称、规格、计量单位、请领数量等，经领用部门负责人签字后，向仓库领料。仓库发料以后，在领料单上填明实发数量，由发料人和领料人签字。领料单通常一式三联：一联由领料部门留存；一联留在仓库登记材料台账；一联定期汇总交会计部门登账。

为控制原材料的使用，企业可以使用在一定时间内多次重复填制的累计领料凭证“限额领料单”。限额领料单格式见图表6-7。限额领料单由生产计划部门根据下达的生产任务和材料消耗定额按照一料一单方式开出。限额领料单一式两联：一联留于仓库据以发料；一联交领料部门据以领料。领料单位领料时，在该单内填写“请领数量”，经负责人签章批准后持往仓库领料。仓库在发料的同时，填写限额领料单的“实发数量”和“限额结余”栏。领发料手续完成后，领发料双方均应在限额领料单上签字。在有效使用期（通常为1个月）和限额内，限额领料单可以连续使用。期末，由仓库在限额领料单内结算实际发出的数量和金额，转交会计部门，作为计算材料费用的依据。

使用限额领料单，可以起到预先控制领料发生的作用。若生产部门超限额领料，要根据不同情况采用不同的方法。因增加产量而需超额领料，属于正常领料，一般在限额领料单上追加限额；因浪费或其他原因而超额领料，属于不正常领料，需由领料部门提出申请，另填写一次领料单，注明领料原因和数量，据以领料。限额领料单与一次领料单的结合使用揭示了材料费用的差异。使用限额领料单，可以简化原始凭证和记账凭证的填制工作和日常核算工作。

图表 6-7

限额领料单

20××年×月

领料部门：第×车间第×小组　　　　发料仓库：××仓库

计划产量：20 台　　　　单耗定额：20

材料编号：4018　　　　名称规格：∅24×120mm 螺丝螺母

计量单位：套　　　　领用限额：400　单价：3 元

日期	请领数量	实发数量	累计实发数量	限额结余	收料人签名	备注
2 日	40	40	40	360	（略）	
8 日	80	80	120	280		
15 日	60	60	180	220		
24 日	100	100	280	120		
28 日	100	100	380	20		

累计实发金额：1 140 元

供应部门负责人：×××　　　　生产计划部门负责人：×××　　　　仓库负责人：×××

对于每月领料频繁的企业，为提高领料核算的工作效率，可以定期（周、旬、月）根据领料单和限额领料单汇总编制“发料汇总表”。发料汇总表是会计部门根据一定时期内的领料单，按照材料的用途归类汇总后编制的一种汇总凭证。发料汇总表加盖会计科目章后，可替代记账凭证。发料凭证汇总表格式见图表 6-8。

图表 6-8

发料凭证汇总表

20××年×月份　　　　计量单位：元

借方科目	贷方科目：材料					合　计
	原材料	辅助材料	燃　料	低值易耗品	其　他	
生产成本	30 000	12 500			5 000	47 500
制造费用			3 000	1 000	2 000	6 000
管理费用				2 000	4 000	6 000
合　计	30 000	12 500	3 000	3 000	11 000	59 500

企业单位常用的原始凭证及其用途见图表 6-9。

图表 6-9

企业基本经济业务发生时取得或填制的原始凭证

行　次	经　济　活　动	原　始　凭　证
1	购入原材料、商品、办公用品、机器设备等	增值税专用发票（发票联）或普通发票，运输单位发票，转账支票、银行本票、银行汇票等银行结算凭证
2	原材料、完工产品等验收入库	收料单、产品入库单、库存商品入库单
3	生产领用原材料	领料单、限额领料单、发料汇总表等
4	计算应付职工工资	工资结算单、工资结算汇总表
5	职工出差暂借差旅费	借款单
6	职工报销差旅费、退回多余现金	收据、差旅费报销单、外埠差旅费报销单、车票、住宿发票、餐饮发票等
7	职工报销零星费用	普通发票、零星支出付款单
8	计提固定资产折旧	折旧计算表
9	分配制造费用	制造费用分配表
10	销售商品	增值税专用发票（记账联）、银行进账单等
11	以银行存款支付广告费等销售费用	广告费发票、转账支票存根等结算凭证
12	计算确认应交增值税等税金	增值税（营业税、所得税）等纳税申报表

（续表）

行 次	经 济 活 动	原 始 凭 证
13	缴纳增值税等税金	转账支票存根等结算凭证
14	利润分配	利润分配计算表

问题与思考

星华公司规定一些会计凭证必须一式几份，例如，库存商品发出的单据必须一式四份，分别在财会部门、销售部门、仓库各留一份。由于传递这些会计凭证比较麻烦，员工小王认为这样做太繁琐，建议只需要一式两份就够了，一份留在财务部门，另一份让购货方带回去记账。

请问：你认同小王的观点吗？请说明理由。

三、原始凭证的填制

原始凭证是表示经济业务发生或完成情况，明确经济责任的书面证明，是进行会计核算的原始依据。原始凭证的填制必须符合一定的要求。

（一）内容真实

每张原始凭证必须如实记录经济业务的真实情况。原始凭证上填列的日期、业务内容、数量、金额等，都应真实可靠，不得以匡算数或估计数代替，更不能为小团体或个人的利益伪造、变造原始凭证，提供虚假会计资料。

（二）书写正确

原始凭证上的数字和文字必须填写正确和清楚，易于辨认。合计小写金额前要标明货币符号，如人民币“￥”，港币“HK＄”，美元“US＄”等。货币金额数要写到角、分，无角、分的用“0”表示。没有角、分的大写金额应在“元”字后用“整”字断尾。如￥324元的大写为“叁佰贰拾肆元整”。凡填有大写和小写金额的原始凭证，大写与小写金额必须相符。购买实物的原始凭证，必须有验收证明。支付款项的原始凭证，必须有收款单位和收款人的收款证明。原始凭证记载的各项内容均不得涂改；原始凭证文字有错误的，应当由出具单位重开或者更正，更正处应当加盖出具单位印章。原始凭证金额有错误的，应当由出具单位重开，不得在原始凭证上更正。

（三）手续完整

每张原始凭证都必须按照规定的格式和内容逐项填写齐全，不得缺漏。年、月、日要按照填制原始凭证的实际日期填写；实物品名、用途应填写明确；有关人员的签章必须齐全。从外单位取得的原始凭证，必须盖有填制单位的公章，从个人取得的原始凭证，必须有填制人员的签名或者盖章，自制原始凭证必须有经办单位领导人或者其指定的人员签名或者盖章。对外开出的原始凭证，必须加盖本单位的公章。购买实物的原始凭证，必须有验收证明。支付款项的原始凭证，必须有收款单位和收款人的收款证明。经上级有关部门批准的经济业务，应当将批准文件作为原始凭证附件。如果批准文件需要单独归档的，应当在凭证上注明批准机关名称、日期和文件字号。

一式几联的原始凭证，应当注明各联的用途，只能以一联作为报销凭证。一式几联的发票和收据，必须用双面复写纸套写，并连续编号。原始凭证作废时应当加盖“作废”戳记，连同存根一起保存，不得撕毁。

发生销货退回的，除填制退货发票外，还必须有退货验收证明；退款时，必须取得对方的收款收据或者汇款银行的凭证，不得以退货发票代替收据。

（四）填列及时

每项经济业务发生或完成后，应及时填制原始凭证，并按规定程序和手续及时送交会计部门，以便及时审核和记账。

现以支票为例，说明原始凭证的填列（支票格式见图表 6-10）。

图表 6-10

普通支票样本

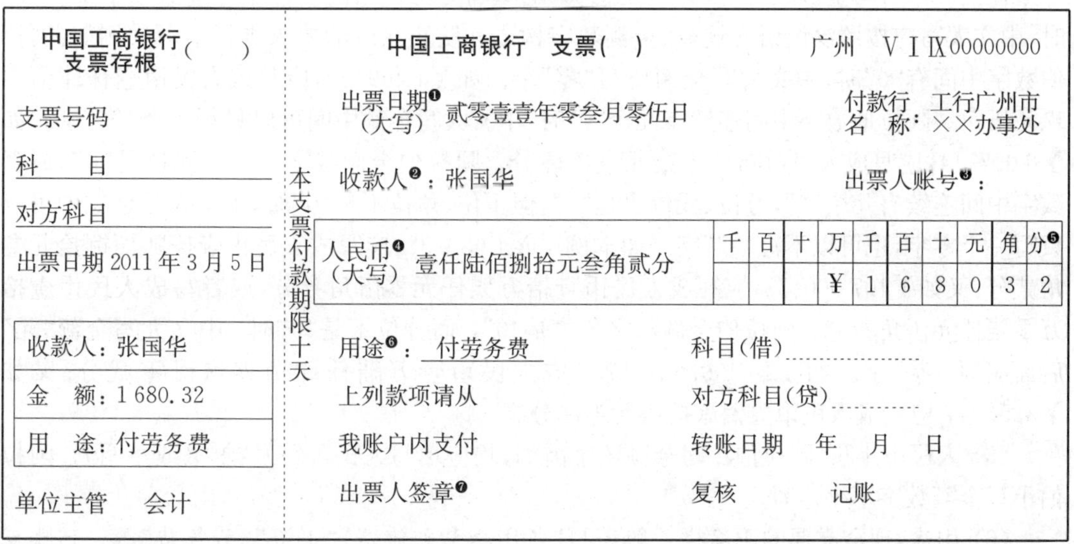

中国工商银行 支票存根（ ）

支票号码

科 目

对方科目

出票日期 2011 年 3 月 5 日

收款人：张国华

金 额：1 680.32

用 途：付劳务费

单位主管 会计

本支票付款期限十天

中国工商银行 支票（ ） 广州 VⅠⅨ00000000

出票日期❶（大写） 贰零壹壹年零叁月零伍日 付款行名称：工行广州市××办事处

收款人❷：张国华 出票人账号❸：

人民币❹（大写） 壹仟陆佰捌拾元叁角贰分	千	百	十	万	千	百	十	元	角	分❺
				¥	1	6	8	0	3	2

用途❻：付劳务费 科目（借）

上列款项请从 对方科目（贷）

我账户内支付 转账日期 年 月 日

出票人签章❼ 复核 记账

支票的填写应注意以下七个方面：

（1）出票日期（大写）：票据的出票日期必须使用中文大写。为防止变造票据的出票日期，在填写月、日时，月为壹、贰和壹拾的，日为壹至玖和壹拾、贰拾和叁拾的，应在其前加“零”；日为拾壹至拾玖的，应在其前加“壹”。如本例中出票日期为 2008 年 3 月 5 日，应写成

“贰零零捌年零叁月零伍日”。票据出票日期使用小写填写的，银行不予受理。

(2) 收款人：现金支票收款人可写本单位名称，此时现金支票背面“被背书人”栏内加盖本单位的财务专用章和法人章之后收款人可凭现金支票直接到开户银行提取现金。现金支票收款人可写收款人个人姓名，此时现金支票背面不盖任何章，收款人在现金支票背面填上身份证号码和发证机关名称，凭身份证和现金支票签字领款。转账支票收款人应填写对方单位名称。转账支票背面本单位不盖章。收款单位取得转账支票后，在支票背面被背书栏内加盖收款单位财务专用章和法人章，填写好银行进账单后连同该支票交给收款单位的开户银行委托银行收款。

(3) 付款行名称、出票人账号：为本单位开户银行名称及银行账号。

(4) 人民币（大写）：中文大写金额数字应用正楷或行书填写，数字大写写法为壹、贰、叁、肆、伍、陆、柒、捌、玖、拾、佰、仟、万、亿、元、角、分、零、整（正）。注意，不得用一、二（两）、三、四、五、六、七、八、九、十、廿、毛、另（或 0）填写，不得自造简化字。中文大写金额数字到“元”为止的，在“元”之后，应写“整”或“正”字，在“角”或“分”之后可以不写“整”（或“正”）字。中文大写金额数字前应标明“人民币”字样，大写金额数字应紧接“人民币”字样填写，不得留有空白。大写金额数字前未印“人民币”字样的，应加填“人民币”三字。

在人民币大写金额填写时，必须注意“0”的填写方法。当阿拉伯小写金额数字中有“0”时，中文大写应按照汉语语言规律、金额数字构成和防止涂改的要求进行书写。例如：阿拉伯数字中间有“0”时，中文大写金额要写“零”字。如￥1 409.50，应写成人民币壹仟肆佰零玖元伍角。阿拉伯数字中间连续有几个“0”时，中文大写金额中间可以只写一个“零”字。如￥6 007.14，应写成人民币陆仟零柒元壹角肆分。阿拉伯金额数字万位或元位是“0”，或者数字中间连续有几个“0”，万位、元位也是“0”，但千位、角位不是“0”时，中文大写金额中可以只写一个零字，也可以不写“零”字。如本例中￥1 680.32，应写成人民币壹仟陆佰捌拾元叁角贰分；又如￥107 000.53，应写成人民币壹拾万柒仟元零伍角叁分，或者写成人民币壹拾万零柒仟元伍角叁分。阿拉伯金额数字角位是“0”，而分位不是“0”时，中文大写金额“元”后面应写“零”字。如￥16 409.02，应写成人民币壹万陆仟肆佰零玖元零贰分；又如￥325.04，应写成人民币叁佰贰拾伍元零肆分。

(5) 人民币小写：阿拉伯小写金额数字前面，均应填写人民币符号“￥”（或草写）。阿拉伯小写金额数字不得连写。

(6) 用途：现金支票的用途栏一般填写“备用金”“差旅费”“工资”“劳务费”等。转账支票没有具体规定，可填写如“货款”“代理费”等等。

(7) 盖章：支票正面盖财务专用章和法人章，缺一不可，印泥为红色，印章必须清晰，印章模糊只能将本张支票作废，换一张重新填写重新盖章。

其他原始凭证除了“凭证日期”采用阿拉伯数字填写外，其他项目填写方法与支票基本相同。

四、原始凭证的审核

任何原始凭证都必须经过严格审核后，方能作为记账的依据。对原始凭证进行审核，是确保会计资料质量的重要措施之一。原始凭证的审核主要包括以下几个方面。

（一）真实性审核

真实性审核主要是审核原始凭证所记载的经济业务是否正常，包括业务发生的日期、经办负责人员、数量和单价、业务程序和手续等是否符合规定的要求，有无伪造、变造虚假的原始凭证的情况。对于弄虚作假、营私舞弊、伪造涂改等不合法的原始凭证，会计人员有权不予受理，并向单位负责人报告，请求查明原因，追究有关当事人的责任。

（二）合法性、合理性审核

合法性、合理性审核主要是审查经济业务的内容是否符合国家有关法律、政策、制度以及企业预算、计划、合同等的规定；费用开支是否符合节约原则和开支标准；有无违法乱纪、铺张浪费和贪污舞弊等行为。遇有滥用职权、违反规定等情况，会计人员有权拒绝接受。情况严重的，还应报请领导或上级处理。

（三）完整性审核

检查原始凭证的填制手续是否完备，有关项目填写是否齐全，有关经办人员是否都已签名盖章，主管人员是否审批同意等。对于记载不准确、内容不全、手续不完备的凭证，应退回经办人员，按照国家统一的会计制度的规定补办完整后方能据以入账。

（四）正确性审核

检查原始凭证的内容摘要和数字是否清楚、正确，数量、单价、金额、合计数等的计算有无错误，大写、小写的金额是否相符等。审查中遇有计算差错等情况，应退还经办人员更正后方能予以入账。

小案例

2015 年 11 月 24 日，湖北省纪委监察厅网站通报了一则消息：湖北机场集团公司党委委员、总会计师曹其跃因涉嫌严重违纪，接受组织调查。

曹其跃的问题被揪出，源于 3 张报销的连号发票。湖北省第十一巡视组在对企业电子账和实物账核对时发现，有 3 张 2014 年 6 月同一天开具的连号发票，加起来刚好 2 万元整。但蹊跷的是，这 3 张发票并没有一次性报销，而是分别在当年 6、7、8 月分三次报销。很快曹其跃的问题浮出水面。巡视组实地调查发现，这三张发票开自于汉口一家洗浴中心，均为其个人娱乐消费。巡视组顺藤摸瓜，发现曹其跃除了公款报销洗浴中心发票，还涉嫌其他违纪问题。

第三节　记账凭证的填制和审核

一、记账凭证的内容

记账凭证是会计人员根据审核无误的原始凭证、汇总原始凭证和有关账簿记录编制的，用来确定会计分录，作为登记账簿直接依据的会计凭证。记账凭证可以根据一张原始凭证编制，也可以根据多张同类业务的原始凭证或原始凭证汇总表编制。记账凭证应具备下列基本内容：

(1) 填制单位的名称。

(2) 记账凭证的名称。

(3) 记账凭证填制的日期和编号(专用记账凭证应填写总号与分号)。

(4) 经济业务的内容摘要。

(5) 会计科目名称(包括一级科目和明细科目)和金额。

(6) 所附原始凭证的张数。

(7) 填制凭证人员、稽核人员、记账人员及会计机构负责人、会计主管人员的签名或盖章。收款和付款凭证还应当由出纳人员签名或者盖章。

记账凭证的格式如图表 6-11、图表 6-12 和图表 6-13 所示。

图表 6-11

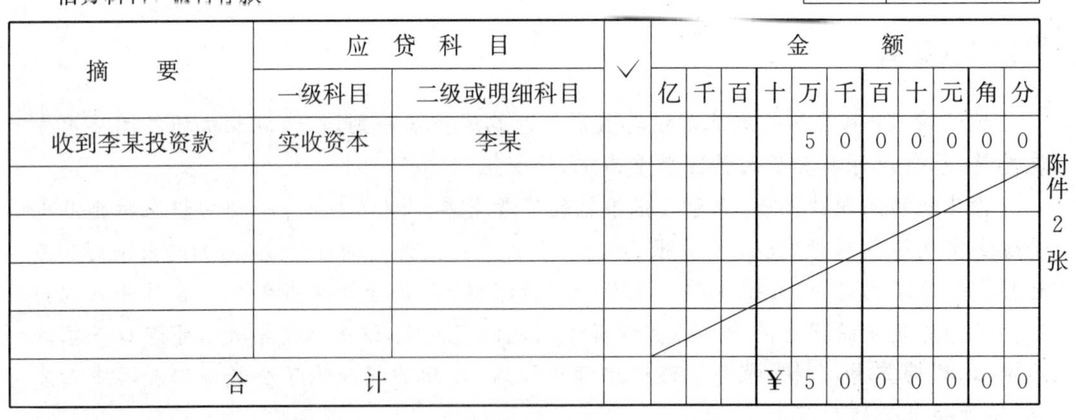

收 款 凭 证

20××年 10 月 4 日

总号	
分号	银收字 10001

借方科目：银行存款

摘　要	应贷科目		✓	金　额										
	一级科目	二级或明细科目		亿	千	百	十	万	千	百	十	元	角	分
收到李某投资款	实收资本	李某						5	0	0	0	0	0	0
合　计							¥	5	0	0	0	0	0	0

附件 2 张

财务主管×××　记账×××　出纳×××　复核×××　制单×××

图表 6-12

付款凭证

20××年10月5日

总号	
分号	现付字10001

贷方科目：库存现金

摘要	应借科目		✓	金额										
	一级科目	二级或明细科目		亿	千	百	十	万	千	百	十	元	角	分
现金存入银行	银行存款							1	0	0	0	0	0	0
合计							¥	1	0	0	0	0	0	0

附件1张

财务主管××× 记账××× 出纳××× 复核××× 制单×××

图表 6-13

转账凭证

20××年10月5日

总号	
分号	转字10001

摘要：收到王某投入的全新货车一辆															
借方科目			贷方科目			金额									
一级科目	二级或明细科目	✓	一级科目	二级或明细科目	✓	千	百	十	万	千	百	十	元	角	分
固定资产			实收资本					1	0	0	0	0	0	0	0
合计							¥	1	0	0	0	0	0	0	0

附件1张

财务主管××× 记账××× 复核××× 制单×××

二、记账凭证的填制

记账凭证的填制应注意以下几个方面。

1. 确定填制的记账凭证种类

在填制专用记账凭证明,制单人必须根据经济业务的性质,确定应填制的记账凭证种类,对货币资金收入业务编制收款凭证,对货币资金支付业务编制付款凭证,对与货币资金无关的转账业务编制转账凭证。注意,对货币资金相互结转的业务习惯上填制付款凭证。经济业务不多的企业,也可以不分业务性质,编制通用记账凭证。

2. 填写记账凭证日期

记账凭证的填写日期一般为填制记账凭证的当天日期。实务中也可以根据管理需要,填写经济业务发生日期或月末日期。一般情况下,记载现金收付款业务的记账凭证应填写出纳办理收付现金的日期;记载银行收款业务的记账凭证日期应填写收到银行进账单或银行回执的戳记日期;记载银行付款业务的记账凭证日期应填写财会部门开出银行存款付出单据的日期或承付的日期。对于下月月初填写的上月月末的转账凭证,则填写上月月末最后一天的日期。

3. 填写记账凭证的编号

企业使用通用记账凭证,应该按月连续编号或按年按月连续编号。每月从 1 号编起,顺序至月末,不得跳号、重号或错号。例如,“记字第 2011-02-001 号”表示 2011 年 2 月份的第 1 张记账凭证。企业采用专用记账凭证,应采用分类编号方法,将记账凭证分为“现收字”“现付字”“银收字”“银付字”“转字”等几种,并按月进行流水顺序编号。如:“现收字第 2011-05-012 号”表示 2011 年 5 月份的第 12 张现金收款凭证。记账凭证采用分类编号时,月末还应按照自然数字顺序对记账凭证进行连续编号(总号)。每月月末最后一张记账凭证的编号旁边要加注“全”字,以免凭证散失。

如果一笔经济业务涉及的账户过多,需要编制两张或两张以上记账凭证时,可以采用分数编号法。假定第 3 笔业务需要编制两张记账凭证,则这两张记账凭证的编号应分别为 $3\frac{1}{2}$ 号和 $3\frac{2}{2}$ 号。这种编号中,前面的整数为这张记账凭证的总顺序号数,后面的分数中,分母表示该项经济业务涉及的记账凭证总张数,分子表示为其中的第几张记账凭证。

4. 填写经济业务的内容摘要

摘要是对经济业务的简要说明,应简明扼要,真实准确表达经济业务的主要内容。通常,购入物资(材料、商品、固定资产、办公用品等),摘要栏应写明所购主要货物的名称、数量,购入方式(即是否已经完成付款);销售商品,摘要栏应写明购货单位,销售商品的名称、数量、收款方式,如果收款金额会根据客户付款时间发生变化的,也应说明清楚;货币资金收款、付款业务,摘要栏应写明收款、付款对象的名称、款项内容,使用支票付款最好写上支票号码;应收、应付款和预收、预付款等债权债务结算业务,摘要栏应写明客户单位名称、业务经办人、发生时间等。

5. 填写会计分录

编写会计分录，必须严格按照会计制度的规定与经济业务的具体内容，确定应借、应贷的会计科目。编制收款凭证时，借方科目填列在记账凭证的左上角，与其相对应的贷方科目填列在凭证之中；编制付款凭证时，贷方科目填列在记账凭证的左上角，与其相对应的借方科目填列在凭证之中。

问题与思考

长江公司使用电脑进行会计记账。小张是该公司新来的会计，负责有关银行存款业务的记账凭证编制。会计王师傅在审核小张编制的记账凭证时发现，小张为了方便，将收到的A、B客户银行存款合并编制记账凭证：

银收15：借：银行存款——工行　　7 000
　　　　贷：应收账款——A客户　　2 000
　　　　　　　　　　——B客户　　5 000

王师傅当即指出小张记账存在错误。并且告诉小张：在使用电脑编制银行存款收入或付出的记账凭证时，不能将多张银行收付的原始凭证合并编制会计凭证。如对上述银行收款业务，应编制两张记账凭证：

银收15：借：银行存款——工行　　2 000
　　　　贷：应收账款——A客户　　2 000

银收16：借：银行存款——工行　　5 000
　　　　贷：应收账款——B客户　　5 000

如果想编制一张记账凭证，则如下：

银收15：借：银行存款——工行　　2 000
银收16：　　银行存款——工行　　5 000
　　　　贷：应收账款——A客户　　2 000
　　　　　　应收账款——B客户　　5 000

请思考：小张的做法存在什么问题？为什么要分开编制记账凭证？

6. 填写所附原始凭证的张数

除结账和更正错误的记账凭证可以不附原始凭证外，其他记账凭证必须附有原始凭证。记账凭证所附原始凭证张数的计算原则是：没有经过汇总的原始凭证，按自然张数计算，有一张，算一张；经过汇总的原始凭证，每一张汇总单或汇总表算一张。收款、付款业务附件张数的计算则比较特殊，汇总表、所附原始凭证及有关说明性质的材料均应算在其张数内，有一张，算一张。

7. 记账凭证签章

记账凭证编制完成后，需要由有关财务人员签名或盖章。记账凭证签字人和签字时间顺序为：制单人员（制单完毕）、稽核人员（初次审核后）、会计主管（再次审核后）、记账人员（登记账簿后）。对于记载收款、付款业务的记账凭证，应由出纳签名或盖章，对于付款业务的记账凭证，还应由收款人签名或盖章。

三、记账凭证的填制要求

记账凭证的填制要求除了与上述原始凭证填制要求基本相同外，还要注意以下几个方面：

（1）记账凭证的摘要作为对经济业务的简要说明，填写必须简明、扼要、清晰、完整，反映客观实际。避免模棱两可或错填漏填。

（2）记账凭证中的会计科目必须按照国家规定的名称填写。名称、编号都应填写完整，不可只填编号，不填科目名称。编制会计分录对应关系要明确，尽可能避免多借多贷的会计分录（必须编制的情况除外）。

（3）记账凭证可以根据一张原始凭证或多张同类经济业务的原始凭证合并填制。为简化会计核算工作，可以先根据同类原始凭证编制“原始凭证汇总表”，再根据原始凭证汇总表编制记账凭证。也可以在“原始凭证汇总表”上加盖会计科目名称代替记账凭证。但是，对不同类型的原始凭证，则不可合并编制一张记账凭证。

（4）除结账和更正记账凭证可以不附原始凭证外，其他记账凭证必须附有原始凭证，并注明所付原始凭证的张数。如果一张原始凭证涉及几张记账凭证的，可以将原始凭证附在一张主要的记账凭证后面，并在其他记账凭证上注明附有该原始凭证的记账凭证的编号或者原始凭证的复印件。

（5）一张原始凭证所列支出需要几个单位共同负担的，应当将其他单位负担的部分，开给对方原始凭证分割单进行结算。原始凭证分割单必须具备原始凭证的基本内容：凭证名称、填制凭证日期、填制凭证单位名称或者填制人姓名、经办人的签名或者盖章、接受凭证单位名称、经济业务内容、数量、单价、金额和费用分摊情况等。

从外单位取得的原始凭证如有遗失，应由原单位开出盖有公章的证明，注明原来凭证的号码、金额和内容等。该证明必须经经办人员签名，报经办单位会计机构负责人和单位负责人批准后，才能代作原始凭证。对于确实无法取得证明的，如火车、轮船、飞机票等凭证，应由当事人写出详细情况，由经办单位会计机构负责人（会计主管人员）和单位负责人批准后，代作原始凭证，据以编制记账凭证。

（6）编制专用记账凭证时，凡涉及现金、银行存款收款业务的，填制收款凭证；凡涉及现金、银行存款付款业务的，填制付款凭证；涉及转账业务的，填制转账凭证。对于货币资金相互之间的转账业务，按规定只编制付款凭证，以避免重复记账。将现金存入银行业务，编制现金付款凭证；从银行提取现金，则编制银行存款付款凭证。

(7) 记账凭证填制完成后如有空行，应对最后一行数字下的空行划线注销。

(8) 如果在填制记账凭证时发生错误，应当重新填制。已经登记入账的记账凭证，在当年内发现填写错误时，可以采用规定的错账更正方法进行更正。

(9) 根据记账凭证登账后，在记账凭证的"过账栏"必须打"√"记号，或在此栏注明过入分类账的账页号码，表示过账完毕，避免重复过账。

四、记账凭证的审核

记账凭证在登记账簿前，必须由专人进行严格审核。审核的内容主要有以下三方面：

(1) 记账凭证是否附有原始凭证，记账凭证所记录的经济业务内容和金额是否与所附原始凭证的经济业务内容和金额相一致。

(2) 记账凭证中所填列的应借、应贷会计科目是否正确，账户的对应关系是否清晰，所使用的会计科目是否符合规定，金额计算是否准确。

(3) 记账凭证中的有关项目填列是否齐全，手续是否齐备，有关人员有无签名或盖章。

审核中如发现有差错，可以用红字更正法进行更正。如果会计科目无误，只是金额错误，可以将正确数字与错误数字之间的差额，另编一张调整的记账凭证。

问题与思考

企业财务负责人老李在复核凭证时发现小孙编制的银行存款付款凭证所附20万元的现金支票存根联丢失，老李马上让小孙停止工作，并与他一起回忆、追查这张存根联的去向。小孙对此非常不满，认为老李小题大做，故意整他。

请问：你如何看待这件事情？老李是否小题大做？

第四节　会计凭证的传递和保管

一、会计凭证的传递

会计凭证是会计工作的基础。为了充分发挥会计凭证的作用，应合理地组织会计凭证的传递。

会计凭证的传递是指会计凭证从填制或取得开始，经过审核、记账、整理、装订等一系列业务顺序，直至归档保管为止，在本单位各有关部门和人员之间，按照规定的时间、路线进行传送和处理的程序。

会计凭证的传递包括传递程序和传递时间两项内容。

会计凭证的传递程序是指会计凭证流经的环节及应办理的手续。凭证的传递程序包括由谁填写凭证，一式几联，各联凭证应经过哪些部门，办理哪些手续，最后在什么环节结束。会计凭证的传递时间是指各种凭证在各经办部门、环节所停留的最长时间。各单位的经济业务不同，内部机构设置和人员分工情况不同，会计凭证的传递程序和所需要的时间也不同。为保证记账和编制财务报表的及时性，各单位应对经常发生的、由多个部门共同经办和完成的经济业务，在确认各环节工作内容和工作量的基础上，确定会计凭证传递的程序。

正确地组织会计凭证的传递程序和传递时间，可以督促各个经办部门和人员及时、正确地完成经济业务和办理凭证手续，提高工作效率。在确定会计凭证传递程序和时间时应该注意：

(1) 按照加强内部控制制度、明确职责分工和提高工作效率的原则，结合本单位机构的设置、人员的分工情况、各项经济业务的特点和经济管理的要求，合理规定各种会计凭证的联数和传递路线。做到需要经过的部门和人员不能绕过，不需要经过的坚决不过，各个岗位都要互相牵制，各负其责，提高工作效率。

(2) 要根据各个有关部门和人员办理业务手续的需要，合理确定凭证在各个处理环节上停留的时间。停留时间过紧，会影响业务手续的完成；停留时间过长，凭证传递缓慢，效率低下，会影响企业资金周转。

(3) 为确保会计凭证的安全和完整，应建立凭证交接的签收制度。即在各部门凭证交接中，由专门人员负责办理交接手续，明确经济责任，避免会计凭证的遗失。

会计凭证传递方法应由会计主管人员和有关部门及人员协商确定，并在实践中不断修改完善。

二、会计凭证的保管

会计凭证保管是指会计凭证登账后的整理、装订和归档存查。会计凭证是记账的依据，是重要的经济档案和历史资料，应妥善保管，不得丢失和任意销毁。会计凭证的保管方法是：

(1) 每月记账完毕，记账凭证应当连同所附的原始凭证或者原始凭证汇总表，按照编号顺序，折叠整齐，按期装订成册，并加具封面，注明单位名称、年度、月份和起讫日期、凭证种类、起讫号码，由装订人在装订线封签外签名或者盖章。会计凭证封面如图表 6-14 所示。

图表 6-14

××单位记账凭证

日　　期	年　　　　　　　　月份
册　　数	本月共　　　册　　　本册是第　　　册
张　　数	本册自第　　　号至第　　　号共　　　张
附　　记	

财务主管：　　　　　　　　　　　　　　　　　　装订保管：

（2）如果1个月内凭证数量过多，可分装若干册，并在凭证封面上注明本月总计册数和本册数。如果记账凭证所附的同一种原始凭证数量过多（如收料单、领料单、工资结算表等），可将该种原始凭证另行装订成册，单独保管。在原始凭证封面上注明记账凭证日期、编号、种类，同时在记账凭证上注明“附件另订”和原始凭证名称及编号。

各种经济合同、存出保证金收据以及涉外文件等重要原始凭证，应当另编目录，单独登记保管，并在有关的记账凭证和原始凭证上相互注明日期和编号。

（3）装订成册的会计凭证要按年分月顺序排列，并指定专人保管。查阅会计凭证应办理一定的手续制度。原始凭证不得外借，其他单位如因特殊原因需要使用原始凭证时，经本单位会计机构负责人、会计主管人员批准，可以复制。向外单位提供的原始凭证复制件，应当在专设的登记簿上登记，并由提供人员和收取人员共同签名或者盖章。

（4）会计凭证的保管期限和销毁手续，必须根据《会计档案管理办法》的有关规定执行，任何人都无权自行随意销毁。会计凭证最低保管期限为30年。会计凭证的获取、入账、归档、保管等均可以实现电子化管理。

小知识　会计档案管理办法节选

同时满足下列条件的，单位内部形成的属于归档范围的电子会计资料可仅以电子形式保存，形成电子会计档案：

（一）形成的电子会计资料来源真实有效，由计算机等电子设备形成和传输；

（二）使用的会计核算系统能够准确、完整、有效接收和读取电子会计资料，能够输出符合国家标准归档格式的会计凭证、会计账簿、财务会计报表等会计资料，设定了经办、审核、审批等必要的审签程序；

（三）使用的电子档案管理系统能够有效接收、管理、利用电子会计档案，符合电子档案的长期保管要求，并建立了电子会计档案与相关联的其他纸质会计档案的检索关系；

（四）采取有效措施，防止电子会计档案被篡改；

（五）建立电子会计档案备份制度，能够有效防范自然灾害、意外事故和人为破坏的影响；

（六）形成的电子会计资料不属于具有永久保存价值或者其他重要保存价值的会计档案。

本章小结

1. 会计凭证是记录经济业务的发生和完成情况，明确经济责任，作为记账依据的书面证明。会计凭证的作用：会计凭证是证明经济业务发生的法律凭证，是记账的直接依据，是明确经济责任的重要依据，也是审计的原始依据。

2. 原始凭证是经济业务发生时取得或填制的，用来记载和证明经济业务的发生和完成情况，明确经济责任，作为记账原始依据的会计凭证。原始凭证的填制要求是真实、正确、完整、及时。对原始凭证的审核包括合法合理性、真实性、正确性与完整性等方面。

3. 记账凭证是会计人员根据审核无误的原始凭证或汇总原始凭证编制的，用来确定会计分录、作为登记账簿依据的会计凭证。

4. 会计凭证的传递是指会计凭证从填制或取得开始，经过审核、记账、整理、装订等一系列业务顺序，直至归档保管为止，在本单位各有关部门和人员之间，按照规定的时间、路线进行传送和处理的程序。

5. 会计凭证保管是指会计凭证登账后的整理、装订和归档存查。会计凭证是重要的经济档案和历史资料，应按照《会计档案管理办法》认真做好保管工作，不得丢失和任意销毁会计凭证。

关键词汇

会计凭证(accounting document)　　原始凭证(source document)

外来原始凭证(source document from outside)

自制原始凭证(internal source document)

一次凭证(single-record document)　　累计凭证(multiple document)

汇总原始凭证(cumulative source document)　　记账凭证(voucher)

收款凭证(receipt voucher) 付款凭证(payment voucher)
转账凭证(transfer voucher)

复习思考题

1. 原始凭证应具备哪些基本内容?
2. 原始凭证的审核应重点把握哪几个方面?
3. 记账凭证填列时应注意哪些方面?
4. 记账凭证的审核应重点把握哪几个方面?
5. 会计凭证传递与保管有哪些具体规定?

核算与计算题

习题一

1. 目的 练习正确书写人民币中文大写金额数字。

2. 要求 请将下列阿拉伯数字改写成中文大写数字。

(1) ¥28 703.49 (2) ¥16 000.00 (3) ¥590.70
(4) ¥80 001.20 (5) ¥601 205.08 (6) ¥206 057.09
(7) ¥3 000 040.20 (8) ¥758 695 274.58 (9) ¥16 530 004.00
(10) ¥4 278.36

习题二

1. 目的 练习原始凭证的填列。

2. 资料 20××年6月5日,哈尼糖果厂销售给星河商场糖果3 000盒,每盒售价13元,合计货款39 000元,增值税额6 630元,价税合计45 630元。哈尼糖果厂收到星河商场同日开出的支票一张,当即开出增值税专用发票,随后,填写进账单,将收到的支票存入开户银行。

3. 要求 根据上述内容:

(1) 为哈尼糖果厂补充填写完整增值税专用发票、支票和银行存款进账单(分别如图表6-15至图表6-17所示),并根据专用发票记账联和进账单回单联编制记账凭证(格式如图表6-18所示)。

（2）为星河商场补充填写完整转账支票。

图表 6-15

增值税专用发票（记账联）

开票日期：20××年 6 月 5 日　　　　No. 0046575

收款人：张均　　　　开票单位：哈尼糖果厂发票专章

购货单位	名　　称		纳税人登记号	440001160654724
	地址、电话	75683776	开户银行及账号	建设银行华西支行 05672545

商品或劳务名称	计量单位	数量	单价	金　　额								税率	税　　额							
				十	万	千	百	十	元	角	分		十	万	千	百	十	元	角	分
合　　计																				
价税合计（大写）	¥：																			

销货单位	名　　称		纳税人登记号	440001160573868
	地址、电话	89546533	开户银行及账号	工行沙汰路支行 24-3563

图表 6-16

普　通　支　票

中国　　银行（　　） 支票存根	中国　　银行　支票（　）　　广州　VⅠⅨ00000000
支票号码	出票日期(大写)　　年　　月　　日　　付款行名称：
科　　目	收款人：　　出票人账号：
对方科目	本支票付款期限十天
出票日期　　年　月　日	人民币（大写）　千 百 十 万 千 百 十 元 角 分
收款人：	用途＿＿＿＿＿　　科目（借）………
金　额：	上列款项请从　　对方科目（贷）………
用　途：	我账户内支付　　转账日期　　年　　月　　日
单位主管　　会计	出票人签章　　复核　　记账

图表 6-17

中国　　银行上海市分行进账单（回单）

①

年　　月　　日

<table>
<tr><td rowspan="2">收款人</td><td>全　称</td><td></td><td>解 款 人</td><td colspan="10"></td></tr>
<tr><td>账　号</td><td></td><td>款项来源</td><td colspan="10"></td></tr>
<tr><td colspan="4" rowspan="2">人民币
（大写）：</td><td>千</td><td>百</td><td>十</td><td>万</td><td>千</td><td>百</td><td>十</td><td>元</td><td>角</td><td>分</td></tr>
<tr><td></td><td></td><td></td><td></td><td></td><td></td><td></td><td></td><td></td><td></td></tr>
</table>

<table>
<tr><td colspan="3">托收票据目录第 1 张共　张</td><td colspan="10">金　　额</td><td rowspan="6">（银行盖章）</td></tr>
<tr><td>票据种类</td><td>付款人
账　号</td><td>凭证号码</td><td>千</td><td>百</td><td>十</td><td>万</td><td>千</td><td>百</td><td>十</td><td>元</td><td>角</td><td>分</td></tr>
<tr><td></td><td></td><td></td><td></td><td></td><td></td><td></td><td></td><td></td><td></td><td></td><td></td><td></td></tr>
<tr><td></td><td></td><td></td><td></td><td></td><td></td><td></td><td></td><td></td><td></td><td></td><td></td><td></td></tr>
<tr><td></td><td></td><td></td><td></td><td></td><td></td><td></td><td></td><td></td><td></td><td></td><td></td><td></td></tr>
<tr><td></td><td></td><td></td><td></td><td></td><td></td><td></td><td></td><td></td><td></td><td></td><td></td><td></td></tr>
</table>

此联由银行盖章后退解款人俟收妥后方可用款

图表 6-18

收 款 凭 证

借方科目：　　　　年　　月　　日　　　　字第　　号

<table>
<tr><td rowspan="2">摘　　要</td><td colspan="2">贷 方 科 目</td><td colspan="9">金　　额</td><td rowspan="2">记账✓</td></tr>
<tr><td>一级科目</td><td>明细科目</td><td>百</td><td>十</td><td>万</td><td>千</td><td>百</td><td>十</td><td>元</td><td>角</td><td>分</td></tr>
<tr><td></td><td></td><td></td><td></td><td></td><td></td><td></td><td></td><td></td><td></td><td></td><td></td><td></td></tr>
<tr><td></td><td></td><td></td><td></td><td></td><td></td><td></td><td></td><td></td><td></td><td></td><td></td><td></td></tr>
<tr><td></td><td></td><td></td><td></td><td></td><td></td><td></td><td></td><td></td><td></td><td></td><td></td><td></td></tr>
<tr><td></td><td></td><td></td><td></td><td></td><td></td><td></td><td></td><td></td><td></td><td></td><td></td><td></td></tr>
<tr><td></td><td></td><td></td><td></td><td></td><td></td><td></td><td></td><td></td><td></td><td></td><td></td><td></td></tr>
<tr><td>附件　张</td><td colspan="2">合　　计</td><td></td><td></td><td></td><td></td><td></td><td></td><td></td><td></td><td></td><td></td></tr>
</table>

附件　　张

财务主管　　　　记账　　　　出纳　　　　复核　　　　制单

习 题 三

1. 目的 练习记账凭证的编制。

2. 资料 达新工厂20××年3月份发生的部分经济业务如下(该厂采用实际成本法核算原材料)：

(1) 销售A产品100件，货款10 000元和增值税销项税额1 700元，当即收到，存入银行账户。

(2) 购入甲材料一批，货款30 000元和增值税进项税额5 100元，当即以银行存款支付。

(3) 以现金支付上述甲材料运杂费400元。

(4) 结转甲材料实际购入成本。

(5) 以银行存款缴纳上月城市维护建设税3 000元。

(6) 从银行提取现金15 000元。

(7) 以现金发放工资15 000元。

(8) 分配本月工资，其中生产工人工资11 000元，车间管理人员工资2 500元，企业行政管理人员工资1 500元。

(9) 领用材料67 000元，其中生产产品耗用64 000元，车间一般耗用3 000元。

(10) 收到投资者追加货币投资500 000元，存入银行。

(11) 开出银行转款支票，支付零星办公用品600元。

(12) 计提固定资产折旧1 000元。其中生产车间负担600元，行政管理部门负担400元。

(13) 采购员王华出差，暂借差旅费1 000元，经审核同意以现金付讫。

(14) 收到上月天新公司购货款35 000元，存入银行。

(15) 从银行提取备用金4 000元。

(16) 以现金支付职工困难补助1 800元。

(17) 以银行存款支付车间机器设备修理费1 500元。

(18) 计算结转本月发生的制造费用7 600元。

(19) 结转本月完工产品成本58 800元。

(20) 以银行存款支付销售费用790元。

3. 要求 根据上述经济业务编制专用记账凭证。

习 题 四

1. 目的 练习记账凭证的编制。

2. 资料 达新工厂20××年8月5日开出转账支票支付广告费5 000元。所编制的记账凭证如图表6-19所示(银付字第4号)。

图表 6-19

付 款 凭 证

贷方科目：销售费用　　　　20××年 8 月 5 日　　　　银付字第 4 号

摘　要	借方科目		金额									记账✓
	一级科目	明细科目	百	十	万	千	百	十	元	角	分	
支付广告费	银行存款	广告费					5	0	0	0	0	
	合　　计				¥	5	0	0	0	0	0	

附件 2 张

3. 要求　指出上述记账凭证的编制错误，并制一张正确的记账凭证。

第七章　会 计 账 簿

本章导读

账簿是会计信息的载体，账簿是由一定格式、相互联系的账页组成，以会计凭证为依据，用于序时、分类、全面、系统地反映和监督一个单位经济活动情况的会计簿籍。企业单位必须根据经济业务多少和管理的要求，合理设置总账、明细账和日记账，按照账簿设置和使用的规则登记账簿。定期进行账证核对、账账核对和账实核对，对错账进行更正，并定期进行结账。通过本章学习，你应能够：

- 了解账簿的分类
- 掌握各类账簿的设置和登记方法
- 掌握账项调整的内容和会计核算
- 熟悉对账的内容和方法
- 熟悉结账的方法
- 掌握错账更正方法

第一节　会计账簿概述

一、会计账簿的意义

账簿由一定格式、相互联系的账页组成，是以会计凭证为依据，用以序时地、分类地、全面地、系统地反映和监督一个单位经济活动情况的会计簿籍。设置会计账簿是会计工作的重要环节，是进行会计核算，实行会计监督必不可少的环节。合理设置账簿具有重要意义。

(1) 通过账簿记录，可以对会计凭证提供的大量、分散的会计核算资料加以归类整理，逐步加工成为有用的会计信息。会计凭证的填制和取得，反映了经济业务的发生和完成情况。将大量、分散、繁杂的会计凭证加以分类汇总，在账簿中全面地、系统地、连续地进行登记，反映了企业经营活动的全貌，为提高企业的经营管理水平提供了有效的服务。

（2）通过账簿记录，可以分析和考核企业的财务状况和经营成果，为分析企业的经营活动提供数据资料。会计核算中设置的各种账簿能提供各个方面的数据资料，如企业的资产、负债和所有者权益的增减变动及期末结存情况；收入和费用的发生；净利润的实现和分配；资金的筹集和运用；财产物资的保管和增减变动等。其中有总括的数据资料，也有详细的数据资料。这些资料为考核、评价企业经营计划的执行情况和经营成果提供依据，通过账簿资料及时发现经营中存在的问题。

（3）通过账簿记录进行成本计算和编制会计报表，为不同的信息使用者如投资者、债权人、财政、工商和税务等了解、分析、监督、管理企业的经营活动提供数据资料。

（4）账簿是重要的经济档案，设置和登记账簿有利于保存会计资料，便于日后查考和分析。

二、会计账簿的种类

会计的账簿有多种。不同种类的账簿其账页格式、用途和登记方法各不相同。账簿按照不同的分类标志可以有不同的分类。

（一）账簿按其用途分类

账簿按其用途可分为序时账簿、分类账簿和备查账簿。

在会计实务中，还有一种将日记账和总账结合起来的账簿。这种账簿既可以进行序时登记，又可以进行总分类登记，被称为联合账簿。日记总账就是一种典型的联合账簿。

序时账簿又称日记账，是按照经济业务发生的时间先后顺序，逐日连续登记的账簿。序时账簿可以用来序时地登记一个单位全部经济业务的发生和完成情况；也可以用来序时地登记某一些经济业务的发生和完成情况。前者称为普通日记账，后者称为特种日记账。特种日记账是从普通日记账中分离出来而单独设置的日记账。常用的特种日记账有现金日记账、银行存款日记账等。

分类账簿是指对各种经济业务按照账户进行分类登记的账簿。分类账簿按其登记内容的范围和提供信息的详简程度分为总分类账簿和明细分类账簿两种。总分类账簿简称总账是按照一级会计科目开设，用以总括反映和监督一个单位的经济活动情况以及资产、负债、所有者权益、收入、费用和利润等状况的会计账簿。明细分类账簿简称明细账，是根据某个总账科目所属二级或明细科目开设的，用以详细反映和监督一个单位的经济活动情况以及资产、负债、所有者权益、收入、费用和利润等状况的会计账簿。

备查账簿是对某些未能在分类账簿和序时账簿中登记的事项或登记不全的事项进行补充登记的账簿。备查账簿也称为辅助账簿。备查账簿与日记账和分类账不同。其区别主要表现为：一是日记账和分类账均根据相关记账凭证登记，账簿数据之间存在勾稽关系；备查账簿不根据记账凭证登记，备查账簿数据与日记账、分类账数据无勾稽关系，但可以对日记账、分类账中的经济业务提供补充说明。二是日记账和分类账主要以数字说明经济活动，备查账簿则注意用文字和数字结合的方式记叙某项经济活动的发生或注销。设置备查账簿，主要为以后考查某些经济业务内容提供参考资料。备查账簿有“租入固定资产备查簿”“受托加工材料备查簿”“代销商品登记簿”等。

（二）账簿按其外表形式分类

账簿按其外表形式可分为订本账、活页账和卡片账。

订本账是在启用前，就将若干账页固定装订成册的账簿。采用订本账可以防止抽换账页，避免账页散失，但同一本账簿在同一时间只能由一人记账，不便于分工记账。同时，由于账页固定，在使用前必须对每一账户需要页数进行估计。如果估计页数不足，会影响账户记录的连续性；反之，如果估计页数太多，会造成浪费。在实际工作中，比较重要的账簿如总账、现金日记账、银行存款日记账一般采用订本式账簿。

活页账是指账页事先不装订而用账夹固定的账簿。使用活页账可根据需要随时添加账页。其优点是可以由多人分工记账。为避免账页散失和被抽换，已登记的账页应连续编号，并装置在账夹之中。使用完毕后，应将其装订成册，并由登记人员、保管人员和其他有关人员签章。

卡片账是用印有记账格式的卡片登记各项经济业务的账簿。卡片账通常插在卡片箱里进行保管，可以根据经济业务的情况需要随时增减。使用完毕不再登记时，将卡片串孔固定保管。通常，明细分类账簿采用活页式或卡片式账簿。账簿分类见图表 7-1。

图表 7-1

账 簿 分 类

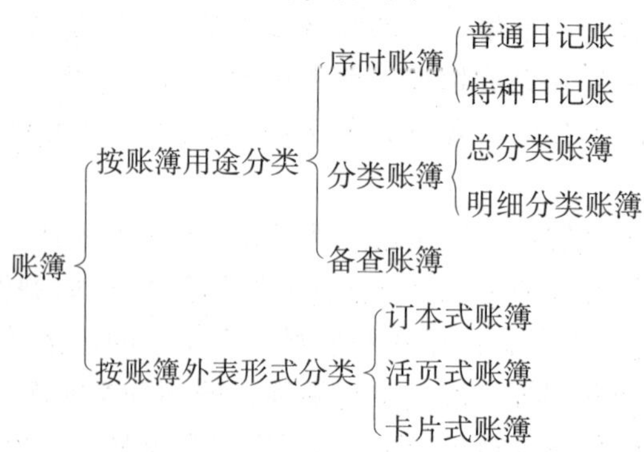

每个独立核算单位都应根据自身经济业务的特点和管理的需要，设置相应的账簿。一般企业单位至少需要设置现金日记账、银行存款日记账、总账和有关债权债务明细账。账簿设置应力求简便、灵活，在满足相关信息需求的前提下，力求节约人力物力。

第二节 会计账簿的登记

不同种类的账簿，其账页格式、登记的内容和登记的方法各不相同。会计人员应根据企业经济业务的特点和管理需要，设置和登记账簿。

一、账簿的基本要素

（一）封面

封面应反映账簿的名称和记账单位的名称。

（二）扉页

扉页主要包括账簿启用及交接表和账户目录。

账簿启用及交接表主要填写账簿的启用日期、账簿页数、册数、单位公章、经管账簿人员一览表和签章、账簿交接时间和有关交接人员的签章。账簿启用及交接表格式见图表 7-2。

图表 7-2

账簿启用及接交表

<table>
<tr><td colspan="9">单位名称</td><td colspan="4">公　章</td></tr>
<tr><td colspan="9">账簿名称　　　　（第　　册）</td><td colspan="4" rowspan="4"></td></tr>
<tr><td colspan="9">账簿编号</td></tr>
<tr><td colspan="9">账簿页数</td></tr>
<tr><td colspan="9">启用日期</td></tr>
<tr><td rowspan="3">经管人员</td><td colspan="2">单位主管</td><td colspan="2">财务主管</td><td colspan="4">复　核</td><td colspan="4">记　账</td></tr>
<tr><td>姓　名</td><td>盖　章</td><td>姓　名</td><td>盖　章</td><td colspan="2">姓　名</td><td colspan="2">盖　章</td><td colspan="2">姓　名</td><td colspan="2">盖　章</td></tr>
<tr><td></td><td></td><td></td><td></td><td colspan="2"></td><td colspan="2"></td><td colspan="2"></td><td colspan="2"></td></tr>
<tr><td rowspan="3">交接记录</td><td colspan="4">经　管　人　员</td><td colspan="4">接　　管</td><td colspan="4">交　　出</td></tr>
<tr><td colspan="2">职　　别</td><td colspan="2">姓　　名</td><td>年</td><td>月</td><td>日</td><td>盖章</td><td>年</td><td>月</td><td>日</td><td>盖章</td></tr>
<tr><td colspan="2"></td><td colspan="2"></td><td></td><td></td><td></td><td></td><td></td><td></td><td></td><td></td></tr>
<tr><td>备注</td><td colspan="12"></td></tr>
</table>

账户目录由记账人员按照已开设好的账户顺序填列，包括会计科目编号、名称和起讫页次（格式见图表 7-3）。对于活页式账簿，由于可以随时添加账页，账户登记的起讫账页无法

在账簿启用时确定，可以先填写账户名称（会计科目），待年终账簿装订归档时按实际使用账页数填写。

图表 7-3

账 户 目 录(科目索引)

编号	科 目	起讫页次	编号	科 目	起讫页次	编号	科 目	起讫页次

（三）账页

账页的格式因账簿的用途如总账、明细账和日记账等不同而不相同，因反映的经济业务内容不同而不相同。但不管如何都包括下列基本内容：账户名称（总账科目和明细账科目）、登账依据（凭证种类）和编号、经济业务的简要说明、金额栏及账户页次等。

二、序时账簿的设置和登记

序时账簿又称日记账，是按照经济业务发生的时间先后顺序，逐日逐笔连续登记的账簿。根据其记录的经济业务内容，可以分为普通日记账和特种日记账。

（一）普通日记账的设置和登记

普通日记账也称"分录簿"，它是根据一个企业一定时间内发生的全部经济业务，在账簿中确定会计分录的账簿。普通日记账设有"借方金额"和"贷方金额"两个金额栏，其账页格式如图表7-4 所示。

图表 7-4

普 通 日 记 账

第　　页

年		业务号	摘　要	会计科目	借方金额						贷方金额						过账(✓)
月	日				千	百	十	元	角	分	千	百	十	元	角	分	

两栏式普通日记账的登记方法如下：

(1) 在日期栏内填写记录经济业务的日期，年度时间填写在日期栏的上方，月、日时间填写在会计分录的第一行。

（2）在摘要栏内填写经济业务内容的简要说明。

（3）将应借账户填写在“账户名称”栏，并将金额填写在“借方金额”栏内；将应贷账户填写在下一行的“账户名称”（缩进一格），并将金额填写在“贷方金额”栏内。登记更多经济业务时，以此类推。

（4）根据日记账登记总分类账后，在“过账”栏对应行划“√”，或标明总账账户所在页数，表示已登完总账。

普通日记账相当于会计分录簿。在采用电子计算机数据处理系统处理会计事项的企业，一本日记账能全面、连续反映全部经济业务的发生情况，具有便于阅读者了解经济活动概况和保护原始凭证、记账凭证安全的优点。其不足之处是不能分类反映经济业务的发生情况。

（二）特种日记账的设置和登记

特种日记账是用来序时记录某一类经济业务的日记账。设置特种日记账可以满足企业单位对未来经济业务重点管理的要求。按照我国《会计法》的规定，企业单位必须设置的特种日记账有现金日记账、银行存款日记账。

1. 现金日记账的格式和登记方法

现金日记账是由出纳人员根据审核后的现金收款凭证、现金付款凭证，以及有关的银行存款付款凭证逐日逐笔登记，用来反映现金收入、付出及其结余情况的日记账。现金日记账采用订本式账簿，账页格式有三栏式和多栏式两种。三栏式账页格式是指金额栏为三栏，即包括借方（收入）、贷方（支出）和余额三栏。现金日记账如表 7-5 所示。

图表 7-5

现金日记账（三栏式）

20××年		凭证		摘要	对方科目	借方（收入）	贷方（支出）	余额（结余）
月	日	种类	编号					
1	1			上年结余				1 000
	2	银付	1	提取现金	银行存款	3 000		
	2	现付	1	张伟预借差旅费	其他应收款		2 000	
	2	现付	2	购买办公用品	管理费用		500	
	2	现付	3	报销车间主任车费	制造费用		80	
				本日合计		3 000	2 580	1 420

三栏式现金日记账由出纳人员根据审核后的现金收款凭证、现金付款凭证，以及有关的银行付款凭证逐日逐笔登记。登记方法如下：

（1）“凭证”栏：登记收款凭证、付款凭证编号，如现收×、现付×、银付×等。

(2)“摘要栏”:登记经济业务内容的简要说明。

(3)“对方科目”栏:登记与现金收入或支出对应的会计科目。对应科目反映了现金收入的来源和支出的去向。便于了解经济业务的内容。

(4)借方(收入)、贷方(支出)栏:逐笔登记现金的实际收付金额。

每日终了应计算库存现金的本日合计,每月终了应计算库存现金的本月合计,即本日(月)的借方合计、贷方合计和余额。库存现金业务不多的企业,也可以不计算本日合计,每天结出余额即可。

(5)每日结出库存现金余额后,要同库存现金实有数进行核对,如发现账存金额和实存金额不符,应立即查找原因。

2. 银行存款日记账的格式和登记方法

银行存款日记账是由出纳人员根据审核后的银行存款收款凭证、银行存款付款凭证,以及有关的现金付款凭证逐日逐笔登记,用来反映银行存款收入、付出及其结余情况的日记账。银行存款日记账的基本格式与现金日记账基本相同,唯一不同的是银行存款日记账增设了“结算凭证”一栏。由于银行存款的收付,必须依据银行规定的结算凭证办理。银行存款收付业务的结算方式不同,使用的凭证不同,编号也有所不同,银行存款日记账增设“结算凭证”栏,分别注明结算凭证的种类及编号,可以方便企业与开户银行之间月末进行业务核对。银行存款日记账格式如表7-6所示。

图表7-6

银行存款日记账(三栏式)

年		凭证		摘要	对方科目	结算凭证		借方(收入)	贷方(支出)	余额(结余)
月	日	种类	编号			种类	编号			

银行存款日记账的登记方法与现金日记账相同,这里不再一一赘述。这里要注意的是,对于货币资金的互转业务,如将现金送存银行或从银行提取现金,在同时设有现金日记账和银行存款日记账的情况下,双方应同时登记,不要遗漏。

3. 多栏式日记账的格式和登记方法

日记账一般采用三栏式。有的企业为了更好地反映货币资金的收入来源和支出去向,了解货币资金收支的详细状况，分析、汇总对应账户的发生额，也设置多栏式日记账。多栏式日记账将收入、支出金额栏按与之相对应的科目设置专栏。收入栏按对应的贷方科目分栏设置，支出栏按对应的借方科目分栏设置，并加设收入合计栏和支出合计栏。多栏式日记账格式如图表 7-7 所示。

图表 7-7

多栏式现金(银行存款)日记账

年		记账凭证		摘要	结算凭证		收入				支出					结存
							应贷科目				应借科目					
月	日	种类	号数		种类	号数	主营业务收入	应收账款	……	收入合计	在途物资	管理费用	固定资产	……	支出合计	

多栏式现金(银行存款)日记账的登记方法为：在“收入合计”栏和“支出合计”栏内逐日逐笔登记现金(银行存款)的收入、支出金额，同时将其对应科目的金额，记入“应贷科目”对应栏和“应借科目”对应栏。月终分别加计各栏合计，计算期末余额。

多栏式日记账中对应科目过多会造成账页庞大不便于登账，为了避免账页过宽有的企业将一本日记账分拆成两本日记账，即多栏式现金(银行存款)收入日记账和多栏式现金(银行存款)支出日记账。其格式如图表 7-8 和图表 7-9 所示。

图表 7-8

多栏式现金(银行存款)收入日记账

年		凭证		摘要	应贷科目						支出合计	结余
月	日	种类	编号		主营业务收入	应收账款	交易性金融资产	投资收益	……	收入合计		

图表 7-9

多栏式现金(银行存款)支出日记账

年		凭证		摘　要	对应科目(借方)							支出合计
月	日	种类	编号		原材料	应付账款	应付票据	销售费用	财务费用	管理费用	……	

多栏式现金(银行存款)收入日记账和支出日记账的登记方法:每日按照收款凭证和付款凭证逐笔登记收入日记账和支出日记账;当日业务结束时,在支出日记账中计算出"支出合计数",并将"支出合计数"由支出日记账转记到收入日记账的"支出合计"栏;最后,在收入日记账中计算当天结存金额。

多栏式日记账与三栏式日记账相比,多栏式日记账登记方法较三栏式日记账复杂。但多栏式日记账可以通过账户对应关系详细、清晰地反映收付业务的来龙去脉,便于对货币资金的管理与控制。

三、总分类账簿的设置和登记

总分类账簿是总分类账户分类登记全部经济业务的账簿。总分类账簿分别每一总账科目,按照编码顺序开设账户,进行分户核算。总分类账一般采用订本式,在开设时应预先留足账页。总分类账可以总括反映企业单位的全部经济活动的情况和结果,是编制会计报表的依据。所有单位都应设置总分类账。

总分类账簿常用的账页格式有"T"字形、不设对应科目栏的三栏式(图表 7-10)、设置对应科目栏的三栏式(图表 7-11)和日记总账(图表 7-12)等。

图表 7-10

总　分　类　账(三栏式——不设对应科目栏)

会计科目:累计折旧

20××年		凭　证		摘　　要	借　方	贷　方	借或贷	余　额
月	日	种类	号数					
3	1			月初余额			贷	1 000 000
		转	18	计提折旧		16 000	贷	1 016 000
		银	42-1	出售机器	160 000		贷	856 000
3	31			本期发生额和余额	160 000	16 000	贷	856 000

图表 7-11

总 分 类 账(三栏式——设对应科目栏)

会计科目:累计折旧

20××年		凭 证		摘 要	对应科目	借 方	贷 方	借或贷	余 额
月	日	种类	号数						
3	1			月初余额				贷	1 000 000
			18	计提折旧	制造费用		16 000	贷	1 016 000
		银	42-1	出售机器	固定资产	160 000		贷	856 000
3	31			本期发生额和余额		160 000	16 000	贷	856 000

图表 7-12

总 分 类 账(多栏式——日记总账)

20××年		凭 证		摘 要	库存现金		银行存款		原材料		生产成本		……
月	日	种类	号数		借方	贷方	借方	贷方	借方	贷方	借方	贷方	……

设置对应科目栏的总分类账适用以记账凭证为依据的直接登记;不设对应科目栏的总分类账适用以记账凭证以外的汇总凭证为依据的汇总登记。使用多栏式总分类账,同时按照经济业务发生的时间先后顺序和账户分类登记经济业务,将日记账和总分类账结合起来,能够减少账簿的登记工作,提高会计工作效率;并能全面反映资金运动的过程,分析经济业务的发生。但是,采用多栏式总账,账面篇幅过大,不便于会计分工记账,一般适用于经济业务简单和涉及会计科目较少的单位。

总分类账由会计人员根据审核无误的记账凭证直接登记,或汇总登记。其具体的登记依据取决于各单位采用的账务处理程序。总分类账登记时应注意以下几个方面:

(1) 由于总分类账 1 年需要更换一次,所以年初在开设新账时首先需要根据各账户年内估计业务登记量确定需要的账页数,然后在每个账户的起始页上写上会计科目。

(2) 为便于登记和阅读,确定账户所处页码后应立即登记账户目录,在账户目录中登记各会计科目的编号、名称和起讫页次。

(3) 登记总分类账时,各账户的第 1 页第 1 行应登记"上年结余"数,本月全部经济业务登记完毕时,应结出各账户的本期发生额及余额。

(4) 总分类账中,"借或贷"栏表示账户余额的方面。

四、明细分类账的设置和登记

明细分类账是按照某个总账科目所属的二级科目或明细科目设置和登记某类经济业务的账簿。明细账一般采用活页式或卡片式账页格式。通过明细账可以详细地反映企业单位经济活动的情况，为企业内部经营管理和编制会计报表提供数据资料。除库存现金、银行存款外，各单位应根据需要，设置明细分类账户，采用不同的账页格式，进行明细分类核算。

（一）三栏式明细分类账

三栏式明细分类账设置借方、贷方及余额三栏金额栏（格式见图表7-13），适用于只要求反映金额的如"应收账款""应付账款"账户等不需进行数量核算的债权债务明细分类账户。三栏式明细分类账户由会计人员根据审核无误的记账凭证或原始凭证按照经济业务发生的先后顺序逐日逐笔填列。

图表7-13

"应付账款"明细分类账（三栏式）

会计科目：先锋工厂

20××年		凭证		摘要	借方	贷方	借或贷	余额
月	日	种类	号数					
3	1			期初余额			贷	80 000
	5	转	7	购料款		273 780	贷	353 780
	10	银	12	偿还	353 780		平	0

（二）数量金额式明细分类账

数量金额式明细分类账设置三大栏，九小栏。三大栏是收入栏、发出栏和结存栏。在每一大栏下设置数量、单价和金额三小栏（格式见图表7-14）。数量金额式明细分类账主要适用于既需要进行实物数量核算、又需要进行货币金额核算的财产物资账户，如"原材料""库存商品"等账户。数量金额式明细分类账户由会计人员根据审核无误的记账凭证或原始凭证按照经济业务发生的先后顺序逐日逐笔填列。

图表7-14

"原材料"明细分类账户（数量金额式）

会计科目：甲材料　　　　计量单位：吨

20××年		凭证		摘要	收入			发出			结存		
月	日	种类	号数		数量	单价	金额	数量	单价	金额	数量	单价	金额
3	1			期初余额							150	4 000	600 000
		转	5	验收入库	100	4 000	400 000				250	4 000	1 000 000

（三）“复币式”明细分类账

“复币式”日记账主要适用于外币明细账的登记。当企业有外币交易业务时，要按照不同货币币种设置“复币式”明细分类账。在账户中，对借方、贷方和余额栏要分别外币金额、折算汇率和按折算汇率计算的本币金额设置专栏。图表 7-15 列示的是复币式“银行存款(美元户)日记账”的格式。

图表 7-15

银行存款(美元户)日记账

第　页

年		凭证编号	摘要	借方			贷方			余额		
月	日			外币	汇率	本币	外币	汇率	本币	外币	汇率	本币

（四）多栏式明细分类账

多栏式明细账又称“分析式明细账”，是根据经营管理的需要，在明细分类账户的借方栏或贷方栏分别明细项目设置若干专栏，借以提供有关经济业务详细资料的账簿。多栏式的设置比较灵活，可以是借方多栏(用于“生产成本”“制造费用”“管理费用”“财务费用”“主营业务成本”“销售费用”等成本费用明细账)，贷方多栏(用于“主营业务收入”“其他业务收入”“营业外收入”等收入明细账)，借贷方多栏(用于负债，如“应交税费——应交增值税”等明细账，用于所有者权益，如“本年利润”等明细账)。多栏式明细分类账户账页格式见图表 7-16、图表 7-17、和图表 7-18。

图表 7-16

“生产成本”明细分类账(借方多栏式)

户名：B产品

20××年		凭证		摘　要	材料费用	工资费用	制造费用	合　计	余额
月	日	种类	号数						
(略)	(略)		13	领用材料	250 000			250 000	250 000
			14	生产工人工资		40 000		40 000	290 000
			17	社会保险费		5 600		5 600	295 600
			24	结转制造费用			48 000	48 000	343 600
				生产费用合计	250 000	45 600	48 000	343 600	343 600
			25	完工产品成本(500 件)	−250 000	−45 600	−48 000	−343 600	0
				完工产品单位成本	500.00	91.20	96.00	687.20	

图表 7-17

“主营业务收入”明细分类账(贷方多栏式)

20××年		凭证		摘要	贷方			余额
月	日	种类	号数		A产品	B产品	合计	
(略)	(略)		26	销售A、B产品	680 000	400 000	1 080 000	1 080 000
			27	销售A产品	272 000		272 000	1 352 000
			28	销售B产品		100 000	100 000	1 452 000
			37	结转本年利润	−952 000	−500 000	−1 452 000	0

图表 7-18

“本年利润”明细分类账(借贷方多栏)

20××年		凭证		摘要	借方									贷方					借/贷	余额
月	日	种类	号数		主营业务成本	销售费用	营业税金及附加	其他业务成本	管理费用	财务费用	营业外支出	所得税费用	合计	主营业务收入	其他业务收入	投资收益	营业外收入	合计		

多栏式明细分类账户由会计人员根据审核无误的记账凭证或原始凭证、原始凭证汇总表按照经济业务发生的先后顺序逐日逐笔填列。

除上述几种常见的格式外,还有横线登记式等其他各种格式。企业单位也可以根据需要自行设计。对某些业务单纯、发生次数较少的总分类账户,也可以不设明细账。

第三节 账项调整、对账和结账

一、账项调整

企业在生产经营过程中,会不断地取得收入和发生费用,一定时间内的收入和费用之差即为经营活动中所产生的利润或发生的亏损。然而,由于会计期间的划分,企业收入确认的期间(归属期)和实际收到款项的期间(收付期)、费用应负担的期间和实际支付的期间会产生不一致,往往会在相邻的各会计期间发生相互交错。例如,企业销售商品,有时收到款项的时间与发出商品的时间相同,有时先收款,后发货;有时则先发货,后收款;这里就会涉及收入确认的时间问题。又如,企业一般一次支付全年财产保险费,其受益期为全年,此处就涉及保险费用是由支付月份负担,还是应由全年12个月平均负担的问题。在会计实务中,收入、费用的收付期和归属期时常会出现不一致。

1. 账项调整的含义

按照权责发生制的记账基础,企业的收入和费用,以权利和责任的发生作为会计确认的时间标准。然而,会计平时对交易的记录是按现金收支的实际发生时间来进行的。因此,当收入和费用的实际收付期间和确认(归属期)期间不一致时,由于权责发生制原则的使用,就会产生预收收入、应收收入、预付费用、应付费用和固定资产折旧等问题,由此产生期末账项调整的核算。

所谓账项调整,就是指按照权责发生制记账基础,在期末结账前,确定本期的应得的收入和应负担的费用,据以对账簿记录的有关账项作出必要调整的会计处理方法。账项调整的目的是合理地反映各会计期间应有的收入和应负担的费用,使得各期的收入和费用能在相关的基础上进行配比,正确确定各期的盈亏,同时,正确地反映企业期末的财务状况。

2. 账项调整的内容

账项调整的内容包括以下几个方面。

(1) 有关收入项目的调整。有关收入项目的调整,包括应收收入、预收收入的调整等。应收收入是指本期已经实现而尚未收到款项的各项收入,如应收账款、应收租金、应计存款利息收入等。这些收入因为尚未完成结算过程,致使款项尚未收到,期末需要查明情况,调整入账。预收收入是指前期或本期已经收款入账,如预收销货款、预收出租包装物租金等,由本期或以后各期向购货单位提供商品或劳务,不属于或不完全属于本期的收入,是一种负债性质的预收账款。本期如果向购货单位提供了商品或劳务,就应该对其进行账项调整。

(2) 有关费用项目的调整。有关费用项目的调整,包括应付费用、预付费用的调整。应付费用也称应计费用,指本期已经发生(耗用)而尚未支付的各项费用,如应付利息、应付租金、应付职工薪酬、应交税费等。这些费用,因尚未付款,平时未予记录,期末应按照权责发生制的记账基础,在确认当期收入的同时,予以确认调整。预付费用是指前期或本期已经支付,但应由以后本期或以后各期负担的费用,如预付保险金、预付报刊费等。

(3) 有关其他项目的调整。有关其他项目的调整,主要包括固定资产折旧、无形资产摊销、计提坏账准备、存货跌价准备、固定资产减值准备等各种资产减值准备等。其中,固定资产折旧、无形资产摊销从实质上来讲,属于预付费用的调整,计提各种资产减值准备则是对应付费用的调整。

3. 账项调整核算举例

账项调整的工作在会计期末进行,可以在月末调整,也可按照重要性会计信息质量要求在年末调整。其调整的基本方法为:将本期应收未收的收入和应付未付的费用记入账簿;同时,将本期已收取现金的预收收入和已付出现金的预付费用在本期与以后各期之间进行分摊并转账。

下面以新世纪时装商厦20××年12月末发生的部分经济业务为例,说明期末账项调整的会计核算。

1) 应收收入的账面调整

【例7-1】 新世纪时装商厦20××年3月曾经购买A企业债券1 000 000元,准备长期持有。该商厦债券期限为3年,年利率6%,每年3月支付前1年利息。到期还本和支付最后1年利息。假定新世纪时装商厦按月确认收入。编制该商厦12月份确认利息收入的调整分录。

新世纪时装商厦购买并持有A企业债券,理应获得债券利息收入,但因A企业1年支付一次利息,付款期未到,致使本期的收入尚未收到。对于此项经济活动,新世纪时装商厦应设置"应收利息"账户进行会计核算,反映应收未收利息,同时确认投资收益的实现。

借:应收利息——A企业债券	5 000	
贷:投资收益		5 000

2) 预收收入的账项调整

【例7-2】 20××年12月1日,新世纪时装商厦将一部分营业柜台租赁给华西服装厂使用,双方签订的合同规定:租期2年,华西服装厂一次性预付2年租金48 000元。12月末,新世纪时装商厦将本期已经实现的租金收入2 000元调整入账。

新世纪时装商厦12月已收款入账48 000元,因尚未完全向华西服装厂提供财产物资使用权,不能全部作为收入入账,只有作为预收账款;12月份提供1个月的营业柜台使用权,只能确认部分收入。对于此项经济活动,新世纪时装商厦应通过"预收账款"账户进行核算。12月月末进行账项调整,确认部分收入实现。

月末账项调整:

借:预收账款——华西服装厂	2 000.00	
贷:其他业务收入		1 724.14
应交税费——应交增值税(销项税额)		275.86

3) 应付费用的账项调整

【例7-3】 新世纪时装商厦12月份应付职工工资总额400 000元,按工资总额36%计算应付社会保险费(全部记入"销售费用"账户)。

借:销售费用	544 000	
贷:应付职工薪酬——工资		400 000
——社会保险费		144 000

【例 7-4】 根据水电部门账单，新世纪时装商厦 12 月份应付水电费 12 000 元，最后付款期 1 月 5 日。

尽管最后付款期为 1 月 5 日(下一个月)，但因为水电的使用时间是 12 月份，应由 12 月份取得的收入负担，因此，月末应该确认费用，编制会计分录：

借：销售费用　　12 000
　贷：其他应付款——水电费　　12 000

【例 7-5】 经计算，新世纪时装商厦 12 月份应交城市维护建设税等合计 6 000 元。

借：税金及附加　　6 000
　贷：应交税费——应交城市维护建设税　　6 000

4）预付费用的账项调整

【例 7-6】 新世纪时装商厦 20××年 1 月曾经对租入的办公楼进行装修，共发生支出 468 000 元，办公楼租赁期 3 年，估计未来不会再装修。因为金额较大，装修时全部记入“长期待摊费用”账户，准备在 3 年内摊销完毕。12 月份确应负担的装修费用记入“管理费用”账户。

对于本期已经付款，但应由本期和以后各期负担的分摊期在 1 年以上的各种费用，应在“长期待摊费用”账户核算。“长期待摊费用”账户属于资产类账户，借方登记预付费用的发生数，贷方登记应由当期收入负担的预付费用摊销数，期末余额表示尚未摊销的费用数。

租入办公楼的装修费用，摊销期为 3 年，应该在“长期待摊费用”账户核算，12 月份尽管没有现金付出，但也应该负担(分摊)费用。

$$12\text{月份应负担装修费用}=468\,000\div3\div12=13\,000(\text{元})$$

借：管理费用　　13 000
　贷：长期待摊费用　　13 000

5）其他项目的账项调整

【例 7-7】 新世纪时装商厦 20××年 12 月计提固定资产折旧40 000 元(记入“管理费用”账户)。

借：管理费用　　40 000
　贷：累计折旧　　40 000

【例 7-8】 月末，按照应收账款余额的 5%计提坏账准备，合计金额 15 000 元。

企业应收账款因债务单位破产等原因而无法收回，在会计上称为坏账。由于坏账的发生而导致企业的损失，称为坏账费用或坏账损失。按照企业会计准则的规定，坏账损失的处理采用备抵法。即在赊销商品会计期间，按预先估计的坏账百分比确定可能发生的坏账，计入当期损益，提取坏账准备；在实际确认坏账时，冲减坏账准备和应收账款。

在采用备抵法核算时，企业应设置“资产减值损失”和“坏账准备”账户。其中：“资产减值损失”账户为损益类账户，核算企业计提各项资产减值准备所形成的损失。借方登记企业各项资产减值所形成的损失，贷方登记期末结转“本年利润”数，结转后该账户没有余额。“坏账准备”账户为“应收账款”账户的备抵账户，核算坏账准备的提取和转销情况。贷方登记坏账准备的提取数，借方登记坏账准备的冲销数，期末贷方余额表示已经提取、尚未冲销的坏账准备数。根据上述经济活动应编制的会计分录如下：

借：资产减值损失　　15 000
　贷：坏账准备　　15 000

其他账项调整内容将在后续专业课程中介绍。

问题与思考

S公司会计小李20××年年末，在年度结账时发现，有几笔账项未予以调整：① 未计提固定资产折旧6 000元；② 漏记12月份应付水电费2 500元；③ 未确认预收房租中已经实现的房租收入2 400元。

请问：上述事项对公司当年的利润产生什么影响？

二、对账

对账是在会计期末经济业务登记入账后，于平时或月末、季末、年末结账之前，对账簿记录进行的核对工作。为保证各账簿记录的完整和正确，如实反映企业的经济活动，从而为编制财务报表提供可靠的资料，各单位应当定期对会计账簿记录的有关数字与库存实物、货币资金、有价证券、往来单位或者个人等进行相互核对及时发现和纠正记账错误。保证账证相符、账账相符、账实相符。

（一）对账的内容

1. 账证核对

账证核对是指将会计账簿记录与会计凭证的有关内容进行相互核对。

会计凭证包括记账凭证及所附的原始凭证。按照我国《会计法》和国家统一会计制度的规定，会计账簿的登记，必须以经过审核的会计凭证为依据。定期进行账证核对，包括会计账簿的记录与原始凭证和记账凭证的时间、凭证号、内容、金额是否一致，记账方向是否相符。

2. 账账核对

账账核对是指对不同会计账簿之间的数据进行的相互核对。

每一项经济业务，一方面要记入总分类账；另一方面要记入相关的明细分类账，对于涉及货币资金收付的业务，还要记入相关的日记账。账账相符要求核对不同会计账簿之间的数据，具体包括以下内容：

（1）总分类账户的本期借方发生额合计数与贷方发生额合计数的核对；期末借方余额合计数与贷方余额合计数的核对。

（2）某一总分类账户的本期发生额和期末余额分别与其所属明细分类账户的本期发生额合计数和期末余额合计数的核对。

（3）现金、银行存款总分类账本期发生额和余额分别与相对应的日记账本期发生额和余额的核对。

（4）会计部门的财产物资明细账结存数与物资保管和使用部门的有关明细账结存数的核对等。

3. 账实核对

账实核对是指对会计账簿记录与财产等实有数额进行的核对工作，具体包括以下内容：

（1）现金日记账账面余额与现金实际库存数相核对。

（2）银行存款日记账账面余额定期与银行对账单相核对。

（3）原材料、库存商品等各种财物明细账账面余额与财物实存数额相核对。

（4）各种应收、应付款明细账账面余额与有关债务债权单位或者个人核对等。

（二）对账的方法

对账的内容不同，其方法也有区别。

1. 账证核对

将账簿记录与据以记账的记账凭证核对。日常核对应逐笔进行，期末核对可采用抽查的方法。核对中若发现账证不符，应查明原因，采用一定的错账更正方法进行更正。

2. 账账核对

（1）总分类账户之间的核对。检查各总分类账户的登记是否正确，通过编制总分类账户试算平衡表的方法进行。试算平衡表有余额式（两栏，仅分别借方、贷方列示各总分类账户的期末余额）、发生额及余额式（六栏，分别借方、贷方列示各账户的期初余额、本期发生额和期末余额）。图表7-19列示的是六栏式总分类账户试算平衡表的基本格式。

图表7-19

总分类账户试算平衡表

年　　月　　日

会计科目	期初余额		本期发生额		期末余额	
	借方	贷方	借方	贷方	借方	贷方
合计						

图表 7-19 中各项数字根据各总分类账户的期初余额，本期借方、贷方发生额和期末余额填列。最后加计各栏总数，检查是否相等。若不等，则说明登账有错，应查明原因进行更正。查错可采用倒推的方法，即从检查试算平衡表开始，逐步倒推到检查会计凭证。这样，可以减少检查的时间。

查错的方法，一般可按下列步骤进行：

第一，检查是否将各个账户的本期发生额和期末余额正确地抄入试算平衡表，排除抄表错误。

第二，将各账户的发生额和期末余额复核一遍，排除计算错误。

第三，将账簿记录与有关记账凭证或日记账进行逐笔核对，排除记账错误。

第四，检查记账凭证编制是否正确，有无记账方向差错，是否违反“有借必有贷，借贷必相等”的记账规则，排除凭证编制错误。

通过上述检查，一般说来，可以查出错误。

经过试算平衡后，还只能说总分类账的登记基本正确，不能说绝对正确。因为，还有一些差错，如漏记或重记会计分录，应借、应贷的账户记错而方向不错(俗称“串户”)等，都不会破坏试算平衡表的相等。这类错误只能通过账证之间的核对才能发现。

(2) 总分类账与明细分类账之间的核对。可采取两种方法：一种是将各明细账户的余额相加，直接与有关总分类账户的余额进行核对；另一种是根据明细账户的资料，编制本期发生额及余额明细表，与有关总分类账户的相应数字进行核对，如有不符，则查明原因更正。

本期发生额及余额明细表根据明细账户记录编制，列示各明细账户的本期发生额和期初、期末余额，将其合计数与有关总分类账户进行核对。其格式有“金额式”和“数量金额式”，如图表 7-20 和图表 7-21 所示。

图表 7 20

本期发生额及余额明细表(金额式)

年　　月　　日

明细科目	期初余额	本期发生额		期末余额
		借方	贷方	

图表 7-21

本期发生额及余额明细表(数量金额式)

<table>
<tr><th rowspan="3">明细
科目</th><th rowspan="3">计量
单位</th><th colspan="2" rowspan="2">期初余额</th><th colspan="4">本 期 发 生 额</th><th colspan="2" rowspan="2">期末余额</th></tr>
<tr><th colspan="2">收 入</th><th colspan="2">发 出</th></tr>
<tr><th>数量</th><th>金额</th><th>数量</th><th>金额</th><th>数量</th><th>金额</th><th>数量</th><th>金额</th></tr>
<tr><td></td><td></td><td></td><td></td><td></td><td></td><td></td><td></td><td></td><td></td></tr>
<tr><td></td><td></td><td></td><td></td><td></td><td></td><td></td><td></td><td></td><td></td></tr>
</table>

(3) 存货明细账与存货保管账(卡)的核对。一般是将存货明细账的结存数量(或金额)直接与其保管部门的保管账(卡)的结存数量(或金额)进行核对。如有不符,再查明原因处理。

3. 账实核对

账实核对又称“财产清查”。对财产物资采取盘点的方法,确定其实存数;对债权债务等结算款项采用对账单、函询、走访等方法进行核对确定其实有数。

三、结账

结账就是会计期末对账簿所做的结束工作。通过结账,分清上下期的会计记录,结出本期损益,为编制会计报表做好准备工作。

(一) 结账前的准备工作

结账前应做好下列准备工作:

(1) 检查当期发生的经济业务是否都已编制了记账凭证并已登记入账,如有遗漏应及时补记,保证当期经济业务全部入账。不能为了调节利润提前结账,将已发生的经济业务延迟到以后记账;或将未发生的经济业务估计入账。

(2) 按照权责发生制基础进行账项调整,对有关收入、费用账户进行结转。期末,会计要根据权责发生制基础,在记账凭证上编制有关账项调整和结账分录,对收付期与归属期不一致的收入和费用进行账项调整(如对已实现的预收收入,应摊销的长期待摊费用,应确认的利息费用、税金及附加和其他应付费用,固定资产折旧等的调整);对有关收入、费用余额进行结转,并在有关账簿中进行登记。

(3) 进行对账,保证账证相符、账账相符和账实相符。

(二) 结账的方法

在确认当期发生的经济业务,账项调整及结转业务全部登记入账后,可办理结账手续,结计总分类账,现金日记账,银行存款日记账,明细分类账各账户的当期发生额、余额,并结转下期账簿记录。

结账按照其结算的时间不同，可以分为月结、季结和年结三种。

1. 月结

每月终了结账时，应在最后一笔经济业务下划一条通栏单红线，在红线下一栏结出本月借方发生额、贷方发生额合计数和月末余额，同时，在“摘要”栏内，写上“本月合计”或“本月发生额及余额”字样，在“借或贷”栏内注明账户余额的方向（如果账户余额为“0”，应在此栏内注“平”字），最后在该行下面再划一条通栏红线，表示本月记录结束。对于本月未发生数额变化的账户，不需要进行月结。

2. 季结

每季季末，对需要进行季结的账户，在当季最后 1 个月的月结行下划一条通栏单红线，在红线下一行结出本季借方发生额、贷方发生额合计数和季末余额，在“摘要”栏内，写上“本季合计”或“第×季度发生额及余额”字样，并在该行下面再划一条通栏红线，表示本季记录结束。

3. 年结

年末，在第四季度“季结”行（不需要季结的账户，在 12 月份的“月结”行）下划一条通栏单红线，在红线下一行结出本年借方发生额、贷方发生额合计数和年末余额，在“摘要”栏内，写上“本年合计”或“年度发生额及余额”字样，并在该行下划两条通栏红线，表示本年度账簿记录结束。年度终了结账时，所有总账账户都应当结出全年发生额和年末余额。

年度终了时，要将各账户的余额结转到下一会计年度。在下一会计年度新建的会计账簿第一行“余额”栏内应填写上一年转入的金额，并在摘要栏注明“上年结转”字样。

现以假设的“银行存款”总分类账户为例，说明账户的结账方法（见图表 7-22）。

图表 7-22

总 分 类 账 户

账户名称：银行存款

20××年		凭　证		摘　要	借　方	贷　方	借/贷	余　额
月	日	种类	号数					
1	1			上年结转			借	56 000
	5	（略）	（略）	（略）	300 000		借	356 000
	10				60 000		借	416 000
	19					225 000	借	191 000
1	31			本月合计	360 000	225 000	借	191 000

（续表）

20××年		凭 证		摘 要	借 方	贷 方	借/贷	余 额
月	日	种类	号数					
2	3			（略）	50 000		借	241 000
	15					120 000	借	121 000
2	29			本月合计	50 000	120 000	借	121 000
3	12			（略）		87 000	借	34 000
	18				260 000		借	294 000
	23					124 000	借	170 000
3	31			本月合计	260 000	211 000	借	170 000
				本季合计	670 000	556 000	借	170 000
				⋮				
12	31			本年合计	2 650 000	2 570 000	借	136 000

注：┈┈┈为单红线。
　　═══为双红线。

第四节 记 账 规 则

一、账簿设置规则

账簿是重要的会计档案，是处理经济数据、提供会计信息的场所。各核算单位必须依照我国《会计法》与国家统一会计制度的规定设置会计账簿，会计账簿包括总账、明细账、日记账和其他辅助性账簿。

在市场经济条件下，有些单位受“利益驱动”，不按会计制度的规定设置账簿，要么不设置账簿或账簿设置不全，要么设置“账外账”，避开国家法律的控制，造成单位内部的财务管理混乱，收支失控，分配失公，孳生腐败，同时也影响了国家的税收。因此修订后的我国《会计法》规定，“各单位必须依法设置会计账簿，并保证其真实、完整”。要求核算单位按照我国《会计法》与国家统一会计制度的规定设置完整的会计账簿，不少设账簿，也不违反我国《会计法》与国家统一会计制度的规定，在法定的会计账簿之外多设“账外账”。

在账簿设置中，总账、明细账、日记账、辅助账各司其职，不互相替代。不用总账代替明细账、日记账，也不用日记账代替总账或明细账。现金日记账和银行存款日记账必须采用订本式账簿。不得用银行对账单或者其他方法代替日记账。

二、账簿启用和交接规则

账簿是一种长期保存的经济档案。为保证账簿记录的合法性，明确记账责任，账簿在启用时应在账簿封面写明单位名称和账簿名称。在账簿的扉页上附"账簿启用及接交表"。并在该表中填写：启用日期、账簿页数、记账人员和会计机构负责人、会计主管人员姓名，并加盖名章和单位公章。记账人员或者会计机构负责人、会计主管人员调动工作时，应当在该表中注明交接日期、接办人员或者监交人员姓名，并由交接双方人员签名或者盖章。

三、账簿登记的规则

记账是会计的一项基础工作。为了保证记账工作的质量，记账必须符合一定的要求。

1. 以审核无误的会计凭证为依据，项目登记必须齐全

会计账簿记录的内容必须是真实、完整，以实际发生的经济业务以及经过审核证明该经济业务合法的会计凭证为记账依据。登记会计账簿时，应当将会计凭证日期、编号、业务内容摘要、金额和其他有关资料逐项记入账内；做到数字准确、摘要清楚、内容完整、账簿整洁、书写清楚。登记完毕后，要在记账凭证上签名或者盖章，并注明已经登账的符号，表示已经记账。

2. 正确使用书写墨水

为了保证账簿记录清晰耐久，记账要用蓝黑墨水或黑墨水书写，不能使用圆珠笔和铅笔记账。红墨水笔只限于在下列情况下使用：按照红字冲账的记账凭证，冲销错误记录；在不设借贷等栏的多栏式账页中，登记减少数；在三栏式账户的余额栏前，如未印明余额方向的，在余额栏内登记负数余额；根据国家统一会计制度的规定可以用红字登记的其他会计记录。

3. 顺序连续登记相关事项

各种账簿都应在页首注明账户名称和页次。订本式账簿启用前，应查点页数是否齐全，未印编号的，应顺序编号。活页式账簿在使用前应当根据账户编号的顺序排列编号，并用账夹固定。年终总清算后，应抽出空白账页，将账簿装订成册。装订后再按实际使用的顺序编定页码。实行会计电算化的单位，用计算机打印的会计账簿必须连续编号，经审核无误后装订成册。账簿登记应按账户页次逐页顺序登记，不得跳行、隔页。如果发生跳行、隔页，应在空行或空页中，用对角红线画线注销，并注明"此行空白""此页空白"字样。

4. 摘要书写清晰，文字和数字书写留有空白

"摘要"栏的文字应简明扼要，金额栏的数字要填写清楚，易于辨认。文字和数字的书写应占格距的1/2，以便发生差错时有改错的余地。

5. 逐页结转

每一账页登记完毕结转下页时，应当结出本页合计数及余额，写在本页最后一行内，并在该行摘要栏内注明"过次页"或"转次页"字样；同时，将本页发生额合计数及余额写入下页第一行有关栏内，在该行"摘要"栏内注明"承前页"字样。

对需要结计本月发生额的账户，结计"过次页"的本页合计数应当为自本月初起至本页末止的发生额合计数；对需要结计本年累计发生额的账户，结计"过次页"的本页合计数应当为自年初起至本页末止的累计数，对既不需要结计本月发生额也不需要结计本年累计发生额的账户，可以只将每页末的余额结转至次页。

6. 结出余额

凡需要结出余额的账户，结出余额后，应当在"借或贷"等栏内写明"借"或者"贷"等字样。没有余额的账户，应当在"借"或"贷"等栏内写"平"字，并在余额栏内用"0"表示。现金、银行存款日记账必须逐日计算余额。

问题与思考

A 同学毕业后进入 M 公司做会计，发现这家公司有几个与其他公司不一样的地方：

1. 公司的所有账簿都使用活页账，理由是这样便于改错。
2. 在记账时发生了错误允许使用涂改液，但是强调必须由责任人签字。
3. 经理要求 A 同学负责出纳工作，并兼管现金总账的登记工作。

请问：你认为 M 公司的这些做法是否存在问题？应当如何处理？

四、账簿更换与保管规则

账簿更换是指在会计年度终了时，将上年度的账簿更换为本年度新账的工作。

为了保证会计信息的连续性和会计档案的分类保管，企业应该按照会计制度的规定，对现金日记账、银行存款日记账和总分类账等重要账簿，在年度终了时进行结账，将年末余额结转下一年度。同时，在新年度开始时开设新账，转入上年余额。对于各种明细分类账簿，则可以视具体情况，或更换新账，或跨年度使用。

会计凭证、会计账簿和会计报表均是重要的经济档案，必须按照相应规定妥善保管。财政部和国家档案局颁布的《会计档案管理办法》，对会计档案的立卷、归档、保管、查阅和销毁等作出了明确的规定。

问题与思考

A 公司 2015 年年末因资不抵债进行破产清算。现清算工作已经结束，会计凭证、账簿和报表已经编制、整理完毕。然而，会计凭证、账簿和报表等会计档案存留与否却引起会计部门的争议。王会计认为，这些会计档案应该交由公司老板保存；李会计认为，公司都已经注销，会计档案也应该随之销毁；赵会计认为，会计档案应该移送档案管理部门代为保管。

请问：你认为该如何处理这些会计档案？为什么？

五、错账更正方法

账簿记录发生错误，不准涂改、挖补、刮擦或者用药水消除字迹，不准重新抄写，必须按照规定的方法进行更正。常用的更正方法有以下几种。

（一）划线更正法

划线更正法是指用划线注销原有错误记录，用正确记录更正错误的一种错账更正方法。划线更正法主要适用于日常登记账簿时，或结账前发现因笔误造成的账簿记录中个别文字或数字错误。必须注意，其依据的记账凭证没有错误，只是记账中的笔误。

更正的方法是，将错误的文字或数字划红线注销（但必须使原有字迹仍可辨认），然后在划线上方用黑笔（或蓝黑笔）填写正确的文字或者数字，并由记账人员在更正处盖章。必须注意，对于文字错误，可只划去错误的部分。而对于数字错误，应当全部划红线更正，不得只更正其中的错误数字。例如，"制造费用"账户借方某笔金额"10 340"元误记为"10 430"元，更正时的具体做法如图表 7-23 所示。

图表 7-23

制 造 费 用

20××年		凭 证		摘 要	借 方	贷 方	借/贷	余 额
月	日	种类	号数					
				耗用材料	…… 10 340 ~~10 430~~ 签章			

（二）红字更正法

红字更正法又称"赤字冲账法""红笔订正法"，是指用红字冲销或冲减原记数额，以更正或调整账簿记录错误的一种方法。红字更正法适用于下列两种情况：

（1）已经登记入账的记账凭证，在当年内发现其填写的账户借贷方向错误、会计科目错误或金额错误，以致造成账簿记录错误。

更正的方法是，先用红字填写一张与原错误记账凭证内容完全相同的记账凭证，在摘要栏注明"注销某月某日某号凭证"字样，并据以用红字登记入账，以冲销原有的账簿记录错误。同时再用蓝字或黑字重新填制一张正确的记账凭证，并据以登记入账。

【例 7-9】 某企业 2008 年 2 月末结账前发现，本月 2 日生产产品领用原材料4 500元，填制的记账凭证如下：

转账 080205：借：制造费用 4 500
贷：原材料 4 500

此记账凭证的问题为会计科目记错。生产产品领用材料应借记“生产成本”账户。更正错误的方法是：先填制一张与原记账凭证内容完全相同的汇票凭证，并据以用红笔金额登记入账，冲销错账。

借：制造费用 [4 500]
贷：原材料 [4 500]
（注销 2008 年 2 月 2 日转账凭证：转账 080205）

同时，用蓝字（或黑字）填制一张正确的记账凭证，并用相同颜色笔登记入账。

借：生产成本 4 500
贷：原材料 4 500
（订正 2008 年 2 月 2 日转账凭证：转账 080205）

（2）根据记账凭证记账后发现记账凭证上会计科目和记账方向都没有错误，只是所记金额大于应记金额，造成账簿记录有错误。

更正的方法是，将多记金额（即正确金额与错误金额之间的差额）用红字填制一张与原错误记账凭证记账方向相同，会计科目相同的记账凭证，并据以登记入账，冲减多记金额。

【例 7-10】 某企业 2008 年 2 月末结账前发现，本月 5 日用银行存款 2 230 元支付水电费，编制记账凭证时误写为 2 320 元（记账凭证编号为银付 080210）。即原始记账凭证如下：

银付 080210 借：管理费用 2 320
贷：银行存款 2 320

此记账凭证的错误为金额多记 90 元。更正方法是用红字金额 90 元填制一张记账方向、会计科目与原记账凭证相同的记账凭证，并据以用红字登记入账，冲减多记金额。

借：管理费用 [90]
贷：银行存款 [90]
（订正 2008 年 2 月 5 日付款凭证：银付 080210）

采用红字更正法进行错账更正时应注意，不得以蓝字或黑字金额填制与原错误记账凭证记账方向相反的记账凭证去冲销错误记录或原错误金额。因为这类记账凭证中的会计分录反映的可能是某些特殊经济业务，而不是错误更正内容。例如，用红字金额填写借记“制造费用”账户，贷记“原材料”账户，表示更正原有凭证编制错误；用蓝字或黑字填写借记“原材料”账户，贷记“制造费用”账户，则表示领用的材料退库的经济业务。

（三）补充登记法

补充登记法是指用蓝字增记金额，调整账簿记录错误的一种方法。补充登记法适用于记账凭证上会计科目和记账方向都没有错误，只是所记金额小于应记金额，造成的账簿记录错误更正。

更正的方法是，将少记金额用蓝字或黑字编制一张与原记账凭证会计科目、记账方向相同的记账凭证，并据以登记入账，补足账内少记金额。

【例 7-11】 某企业 2008 年 5 月末结账前发现，本月 12 日收到客户欠款合计 45 000 元。编制记账凭证如下：

银收 080508 借：银行存款	4 500	
贷：应收账款		4 500

此记账凭证的错误为金额少记 40 500 元(45 000—4 500)。更正方法是，用蓝字将少计的金额 40 500 元填制一张记账凭证，并据以登记入账，补足账内少记金额。

借：银行存款	40 500	
贷：应收账款		40 500

（订正 2008 年 5 月 12 日收款凭证：银收 080508）

小知识：错账的查找

(1) 重记或漏记账户查找。就是在登记账簿时，将记账凭证的双方重记或漏记，或者只登记一方，重记或只记另一方。其查找方法是：首先检查总账，将记账记录的账户金额分别加总与总账核对，以确定“标准账户”。然后，再与日记账进行核对。如果日记账发生重记或漏记，则其增减发生额会与总账的增减发生额不符；如果日记账发生额大于总账，说明日记账发生重记，相反则为漏记。最后，还应根据总账与日记账的差额，在账簿或记账凭证中查找与此相同的数额，如果有，即为重记或漏记数。

(2) 记反账户方向的查找的方法。记账反方向，指应该记到增加方的数字，记入减少方，或者相反。这种错账往往在登账时登错了栏次。由于记账方向的错误，就会使账户的一方合计数加大，另一方合计数减少，这就使变动前后双方都产生了差数。这个差数就是数字的“2”倍。因此，把这个差数用“2”除，所得的商就是记错方向的数字。

(3) 单纯笔误的查找方法。

① 数字错位的查找方法。数字错位,就是把数字的位数记错,错款金额能破9整除,则商为记错位的数字,然后,在账内查找此数,将商放大10倍或缩小到原来的$\frac{1}{10}$。

② 数字颠倒的查找方法。数字颠倒就是把数字中的前后两个数字书写颠倒。例如,把58写成85,必然使错数27(85—58)成为颠倒了两位数的差额,用此数除以"9",商为"3",就是记颠倒了两位数字的差额。本题数字记颠倒的是03、90,58、85这两对数。

③ 写错或写掉角、分尾数的查找方法。写错或写掉角、分尾数就是在记账过程中,把带有角、分的尾数丢掉或写错,查找方法,就是与原始凭证核对。

本章小结

1. 账簿由一定格式、相互联系的账页组成,是以会计凭证为依据,用以序时地、分类地、全面地、系统地反映和监督一个单位经济活动情况的会计簿籍。设置会计账簿是会计工作的重要环节,是进行会计核算,实行会计监督必不可少的环节。合理设置账簿具有重要的意义。

2. 账簿按其用途可分为分类账簿、序时账簿和备查账簿。账簿按其外表形式可分为订本账、活页账和卡片账。在实际工作中,比较重要的账簿如总账、现金日记账、银行存款日记账必须采用订本式账簿。

3. 账簿一般包括下列基本内容:账户名称(总账科目和明细账科目)、登账依据(凭证种类)和编号、经济业务的简要说明、金额栏及账户页次等。

4. 总分类账是按照总分类账户分类登记全部经济业务的账簿。分别每一总账科目,按照编码顺序开设,必须采用订本式。其发生额和余额是编制会计报表的依据。所有单位都要设置总分类账。

5. 明细分类账是按照明细分类账户登记某类经济业务的账簿。按照二级科目和明细科目设置,一般采用活页式或卡片式账簿。明细分类账为企业内部经营管理和编制明细报表提供数据资料。

6. 日记账是按照经济业务发生的时间先后顺序,逐日逐笔连续登记的账簿。其中,普通日记账是根据一个企业一定时间内发生的全部经济业务,在账簿中确定会计分录的账簿;特种日记账是用来序时记录某一类经济业务日记账。

7. 账簿的设置与使用必须遵守账簿设置规则、账簿启用和交接规则和账簿登记规则。

8. 对账是在会计期末结账前进行的账簿记录核对工作,包括账证核对、账账核对和账实核对。通过对账要达到账证相符、账账相符和账实相符。

9. 常用的错账更正方法有：划线更正法、红字更正法、补充登记法。划线更正法适用于因笔误造成的账簿记录中个别文字或数字发生错误的更正，红字更正法和补充登记法适用于记账凭证的错误导致的账簿记录错误的更正。

10. 为分清不同会计期间的记录，会计期末要进行结账。

关键词汇

账簿(book of accounts)
序时账簿(book of chronological entry)
分类账簿(ledger)
备查账簿(memorandum)
总分类账(general ledger)
明细分类账(subsidiary ledger)
普通日记账(general journal)
特种日记账(special journal)
划线更正法(correction by drawing a straight line)
红字更正法(correction by using red ink)
补充登记法(correction by extra recording)
结账(closing)
对账(checking)

复习思考题

1. 设置和登记账簿有哪些作用？
2. 常用的账页格式有哪些？各适用于哪些账户的登记？
3. 设置、启用和交接、登记账簿等应遵守哪些规则？
4. 结账前应做好哪些准备工作？
5. 在会计实务中，哪些账簿可以跨年使用？哪些账簿必须每年更换一次？
6. 如果试算平衡表试算不平衡，如何查错？

核算与计算题

习 题 一

1. 目的 练习三栏式现金日记账的登记。

2. 资料 某企业20××年1月31日现金日记账余额3 860元。该企业在20××年2月1日至2月4日发生下列经济业务：

(1) 1日，从银行提取现金10 000元。

(2) 1日，以现金支付工资10 000元。

(3) 1日，以现金支付业务招待费450元。

(4) 2日，职工王某暂借差旅费800元，以现金支付。

(5) 2日，以现金支付电话费160元。

(6) 2日，以银行存款缴纳上月税金1 000元。

(7) 3日，职工李某报销差旅费755元，余额245元以现金收回。

(8) 4日，开出转账支票，以银行存款支付水电费500元。

(9) 4日，以现金购买办公用品250元。

(10) 4日，以现金支付职工困难补助260元。

3. 要求

(1) 根据上述资料编制专用记账凭证。

(2) 登记三栏式现金日记账并结账。

习 题 二

1. 目的 练习三栏式银行存款日记账的登记。

2. 资料 达新工厂200×年3月1日"银行存款日记账"余额为69 200元。3月份发生的经济业务见第六章习题一。

3. 要求 开设三栏式银行存款日记账，登记期初数。并根据上述资料登记银行存款日记账，结出本期发生额和期末余额。

习 题 三

1. 目的 练习多栏式特种日记账的登记。

2. 资料 同本章习题二。

3. 要求 根据所给资料开设并登记多栏式银行存款收款日记账和银行存款付款日记账，结出本期发生额和期末余额。

习 题 四

1. 目的 掌握权责发生制和收付实现制的区别。

2. 资料 某企业20××年1月份发生下列经济业务(见图表7-24)。

图表 7-24

经济业务表

经 济 业 务	收付实现制	权责发生制
本期收入事项： (1) 预收一季度房屋租金 6 000 元 (2) 收到本月销售收入款项 10 000 元 (3) 本期销售收入 8 000 元尚未收到 (4) 上期销售收入 5 000 元，本月收到 (5) 上期预收销货款 4 000 元，本期实现		
本期支出事项： (1) 预付全年财产保险费 12 000 元 (2) 本期应负担上期已支付的报纸杂志费 300 元 (3) 支付本期固定资产经常修理费 5 000 元 (4) 缴纳上月销售税金 7 000 元 (5) 本期应负担需在下期支付的利息费用 800 元		
支 出 合 计		
本 期 净 收 入		

3. 要求 完成上表计算工作。

习 题 五

1. 目的 练习错账更正法。

2. 资料 沪光工厂 200×年 7 月 31 日对账时发现下列错误：

(1) 7 月 8 日，银付 6，开出转账支票，缴纳上季应交所得税34 000元。记账凭证如下：

借：利润分配——应交所得税 34 000

  贷：银行存款 34 000

(2) 7 月 10 日，银收 3，销售商品 29 000 元(含增值税)，收到转账支票存入银行。记账凭证如下：

借：银行存款 29 000

  贷：主营业务收入 29 000

(3) 7 月 15 日，银收 13，收到银行存款利息收入 700 元。记账凭证如下：

借：银行存款　　700
　贷：其他业务收入　　700

(4) 7月20日，银付15，购买管理部门用办公用品432元，记账凭证如下：

借：管理费用　　423
　贷：银行存款　　432

(5) 7月22日，银付20，以银行存款归还短期借款本金13 000元及利息350元。记账凭证如下：

借：短期借款　　13 350
　贷：银行存款　　13 350

(6) 7月23日，银付22，开出转账支票3 600元，偿还上月未付红星厂的材料款。记账凭证如下：

借：应付账款——红星工厂　　3 900
　贷：银行存款　　3 900

(7) 7月31日，转账12，生产车间领用消耗性材料6 500元。记账凭证如下：

借：制造费用　　6 500
　贷：原材料　　6 500

在登记账簿时，“制造费用”账户借方登记6 500元；“原材料”账户贷方登记5 600元。

3. 要求　指出上列记账凭证存在何种错误，应采用的错账更正方法，并予以更正。

第八章 财 产 清 查

本章导读

财产清查是通过对各项财产物资、货币资金、债权债务的实地盘点或核查，借以确认其账面结存数额，并查明账面结存数与实存数额是否相符的一种会计核算方法。财产清查是会计核算的一项重要工作。定期或不定期地采用各种方法对财产物资进行清查，可以及时发现财产物资在收发、使用和管理环节中存在的问题，确定企业内部控制制度执行是否有效，保证财产物资的真实和完整。通过本章学习，你应能够：

- 掌握财产清查的种类及其适用性
- 掌握存货的两种不同盘存制度
- 掌握库存现金清查的内容和清查结果的处理
- 熟练掌握银行存款余额调节表的编制方法
- 掌握存货盘点盈亏的会计处理
- 掌握固定资产盘亏的会计处理
- 了解债权债务清查结果的会计处理

第一节 财产清查概述

一、财产清查的意义

会计核算的基本要求是账证相符，账账相符，账实相符，账表相符，保证会计信息的真实、正确、完整。在会计实务中，企业对各项财产物资收发、货币资金增减、债权债务发生和结算业务，都要根据审核无误的原始凭证编制记账凭证，并在账簿中进行连续登记。从理论上讲，经济业务从发生到进行会计处理均应按照规定的程序办理，经办机构和人员之间互相协调，互相控制，会计凭证经过严格的审核，账簿记录正确。但账簿记录正确不等于账簿记录的真实可靠。在实际工作中，由于各种客观的和主观的原因，引起财产物资的账面结存数与实际结存数发生差异，造成账实不符。

（一）实物资产方面

对于库存商品、原材料、在产品、固定资产等实物资产，形成账实不符主要有自然的和管理上的两方面原因。

自然的原因：指由于商品物资的物理、化学性质变化或大气环境的变化，引起商品物资质量和体积上的自然增加和减少。

管理上的原因：实物收发过程中，由于计量、检验不注意，造成库存物资数量上、品种上或质量上的差错；由于保管时间过长或保管条件不善或保管人员工作失职，造成库存物资的残损、霉变、缺短、过时、价值减少；由于计算、登账过程中的差错，造成漏登账、重复登账或登错账等账簿记录错误；由于贪污盗窃、营私舞弊等直接侵占财产物资造成损失。

（二）货币资金方面

企业的货币资金主要包括库存现金和银行存款。造成库存现金的账实不符是现金收付过程中的差错和记账差错，或是不法分子贪污、挪用现金。银行存款的账实不符是由于记账错误和未达账项所致。

（三）债权债务方面

债权债务的账实不符是因结算中的差错、凭证传递过程中的未达账项和记账差错所造成的，但也不排除个别腐败分子篡改账簿记录，搞“飞过海”私吞国家和企业资金的行为。

由此可见，必须采用一定的方法经常性地，定期或不定期地对财产物资、货币资金和债权债务进行清查，并与账簿记录核对，保证账实相符。所谓财产清查是指通过对实物资产、现金的实地盘点和对银行存款、债权债务的查对，确定财产物资、货币资金和债权债务的实存数，并查明账存数和实存数是否相符的一种专门方法。

二、财产清查的作用

（一）保证会计资料的真实可靠

通过财产清查，确定各项财产物资、货币资金的实有数，揭示账面数与实有数之间的差异。通过一定程序调整账面记录，使之账实相符，保证会计资料的真实可靠。

（二）保护财产的安全和完整

通过财产清查，及时发现财产物资是否安全和完整，有无短缺、霉变和毁损，查明原因，及时进行处理。对于管理方面存在的问题，应建立、健全管理制度，完善岗位责任制；对于因管理人员失职而造成的损失，应追究经济责任，给予一定的处罚；对于贪污盗窃、违法乱纪的行为，应给予法律制裁。在制度上、管理上切实保证财产物资的安全与完整。

（三）挖掘财产物资潜力，加速资金周转

通过财产清查，查明各种物资的储存和利用情况。一方面及时处理超储积压和呆滞物资，腾出资金；另一方面根据库存情况及时调整采购计划，避免新的库存积压，达到充分挖掘财产物资潜力，提高物资利用效率，加速资金周转，提高获利能力的目的。

（四）保证财经纪律和结算纪律的执行

通过财产清查，查明企业执行财经纪律、结算纪律的情况，如是否及时足额地上缴国家税收；是否按期偿还银行借款；是否及时与其他企业、单位进行往来款项的结算；有无违反财政、信贷、结算纪律等情况。自觉维护和遵守财经纪律，可减少坏账损失。

三、财产清查的种类

（一）按清查的对象和范围分类

按照清查的对象和范围可分为全面清查和局部清查。

1. 全面清查

全面清查是指对所有权属于本单位的全部财产物资和债权债务进行盘点和核对。它一般包括下列各项内容：

(1) 货币资金，包括库存现金、银行存款、外汇存款等。

(2) 债权债务，包括应收款项、应付款项、应交税费等。

(3) 财产物资，包括原材料、在产品、自制半成品、产成品、库存商品、固定资产、在建工程等。

全面清查涉及的范围广、人员多、时间长，一般适用于以下几种情况：

(1) 年度终了决算前，为保证年度会计资料的真实可靠，应进行一次全面清查。

(2) 单位撤销、合并和改变隶属关系时，应进行全面清查。

(3) 中外合资、国内联营，应进行全面清查。

(4) 国家统一规定进行的清产核资，应进行全面清查。

(5) 单位主要负责人调离工作岗位时，应进行全面清查。

2. 局部清查

局部清查是指对一个单位的部分财产物资或债权债务进行的盘点和核对。局部清查涉及的范围小、人员少、时间短，有关人员可以根据需要对部分财产物资进行清查。局部清查主要包括：

(1) 单位出纳在每天业务结束时对库存现金进行盘点清查，做到日清月结。

(2) 单位出纳在每月月末，对本单位的银行存款和银行借款与开户银行进行核对。

(3) 对库存材料、在产品、产成品和商品物资，除了每年末进行清查外，有计划的按月轮流进行抽查；对贵重商品物资应该经常性的进行检查。

(4) 对债权债务等往来款项，依据客户情况和金额的大小进行清查，至少 1 年进行 1～2 次。

(5) 在财产物资遭受自然灾害或意外损失、对某项核算指标发生疑问时，对相应部分的财产物资进行清查。

（二）按清查的时间分类

按照清查的时间可分为定期清查和不定期清查两种。

1. 定期清查

定期清查是指按照管理制度的规定或预先计划安排的时间，对一个单位的财产和债权债务进行清查。定期清查的对象不定，可以是全面清查，也可以是局部清查。清查的目的是保证会计资料的真实正确。一般在年末、季末或月末结账前进行。

2. 不定期清查

不定期清查是指事前不规定时间，而是根据需要进行的临时清查。不定期清查也可以是全面清查或局部清查。清查的目的是分清责任。

不定期清查主要在如下情况下进行：

(1) 更换现金出纳或仓库保管员时，对其所保管的现金或财产进行清查。

(2) 发生自然灾害财物受损时进行清查，确定损失金额大小，以便索赔。

(3) 上级、审计、财政等部门不定期地对所属企业单位进行会计检查。

(4) 有关责任部门不定期地对现金或贵重物品抽查等。

四、财产清查的方法

财产清查是一项复杂细致的工作，特别是年终的全面清查，面广、量大、时间紧，必须有领导、有组织地进行。在清查前，通常要做好以下几项准备工作。

1. 建立清查领导小组

清查领导小组通常由财会部门牵头，在总会计师和单位主管领导下，由组织设备、生产、技术、行政等各有关部门负责人及实物负责人组成。清查领导小组的任务主要是：在财产清查前制定财产清查的计划；确定财产清查的对象、范围；安排清查的步骤；配备清查工作人员，提出清查要求等。在财产清查过程中，掌握工作进度，做好监督和协调工作，发现问题及时研究解决。清查工作结束后，撰写财产清查报告，对清查中反映出来的问题(财产物资的盘点盈亏等)提出处理意见。

2. 检查和记清账目

财会人员在财产清查前根据截至清查日止的所有原始凭证编制记账凭证，全部登记入账；结出各总分类账户、明细分类账户的本期发生额和期末余额；核对库存现金、银行存款、财产物资和债权债务的总分类账户和明细分类账户，仓库财产物资保管账和实物卡片，做到账证相符、账账相符、账卡相符，为财产清查提供依据。

3. 分类整理实物

财产物资保管员应将其所保管的物资分类整理清楚，并按规定的要求分类、分组堆放，挂上标签。标签上注明实物的编号、名称、规格、数量等。对自有的、委托加工或代管的物资应分别堆放，对完好的或陈旧过时的物资也应分别堆放。

4. 校正度量衡器

对准备清查时用的度量衡器，应进行详细的检查和校正，以保证计量的精确。

第二节　财产清查的内容和方法

财产物资的种类较多，并且各有其特点，企业应根据不同的财产物资，采用不同的清查方法。

一、库存现金的清查

库存现金的清查主要采用实地盘点的方法。清查前，出纳人员将截至清查时止的全部现金、银行存款、收款凭证和付款凭证登记入账，结出现金日记账余额。库存现金的清查，除了现金出纳每天业务终了进行清点外，有关部门还要定期或不定期地进行抽查。为明确责任，现金清查时出纳人员必须在场。

库存现金的清查包括以下内容：库存现金实有数是否与现金日记账余额一致；有无以不具备法律效力的私人借条或收据抵充现金；库存现金数是否超过规定的库存限额；是否有挪用公款的现象。

库存现金盘点后，应根据盘点结果填制"库存现金盘点表"格式（见图表8-1）。库存现金盘点表是一张重要的财产清查原始凭证。该表应由盘点人员和出纳人员共同签章方能生效。

图表8-1

库存现金盘点表

单位名称：　　　　　　　　　　年　　月　　日

实存金额	账存金额	对比结果		备注
		盘盈	盘亏	

盘点人签章：　　　　　　　　　　　　　　　　　　出纳签章：

对于库存现金溢缺必须查明原因，短缺部分由责任者赔偿，不能以溢余数抵销短缺数。库存国库券、企业债券等有价证券的清查方法与现金相同。

二、银行存款的清查

银行存款的清查采用与开户银行核对账目的方法进行。即将本单位的"银行存款日记账”与开户银行转来的“银行对账单”逐笔进行核对。在与银行对账单核对账目前，企业单位首先应将本单位的银行存款账目登记齐全，结出余额，然后进行逐笔核对。

银行存款日记账余额与银行对账单余额不相等的原因主要有记账错误和未达账项两种。

1. 记账错误

企业的记账错误表现在编制的记账凭证错误，银行日记账登记错误；银行的记账错误表现为账簿登记错误或串户。因企业单位原因造成的日记账登记错误，须运用规定的错账更正方法进行更正；如有疑问，应请银行提供证明，若发现银行的记录有错，应立即通知银行加以更正。

问题与思考

2016 年 1 月月末，B 公司会计小张在进行银行存款日记账与银行对账单核对时发现，银行对账单上有一收一付两笔相同的金额发生，该两笔记录在公司银行存款日记账中没有体现。经与银行联系查实，此款项是银行划款错误。那么，对这一收一付事项是否要在银行存款日记账上进行登记？小张认为这两笔收付是银行的失误造成，不需要登记在企业银行存款日记账上；公司老王却认为企业银行存款日记账应补登这两笔业务，以保持企业记录的完整性。

请问：你赞同谁的观点？说说你的理由。

2. 未达账项

未达账项是指企业单位与银行之间，对同一项经济业务，由于凭证传递上的时间差所形成的一方已经登记入账，而另一方因尚未收到相关凭证，尚未登记入账的事项。企业与银行之间的未达账项有：

(1) 企业已记收，银行未记收。例如，企业将收到的转账支票存入银行。企业根据经银行盖章退回的“进账单”回单联可直接登记银行存款日记账。银行则要在款项收妥后才能记账。若银行在编制对账单时尚未办妥收款手续，则对账时会出现企业已记收，银行未记收的事项。

(2) 企业已记付，银行未记付。例如，企业开出支票等付款凭证，并将付款凭证交付收款方，根据付款凭证存根联登记银行存款的减少；而银行因尚未收到相关凭证，未办妥支付或转账手续，未登记企业存款的减少，形成企业已记付，银行未记付的未达账项。

(3) 银行已记收，企业未记收。例如，银行定期支付给企业的存款利息，银行已经登记企业存款的增加，企业因尚未接到银行的转账通知还未登记银行存款增加，形成银行已记收，企业未记收的未达账项。类似的未达账项还有企业委托银行代收的款项、外地企业汇给本单位的款项等。

(4) 银行已记付，企业未记付。例如，银行代企业支付水电费、通讯费等公用事业费，银行根据收款单位的委托收款凭证代付了款项，并登记企业存款的减少，而企业因尚未拿到有关凭证,未登记银行存款减少,形成银行已记付,企业未记付的未达账项。

上述(1)、(4)两种未达账项造成企业的银行存款日记账余额大于银行对账单余额;(2)、(3)两种未达账项造成企业的银行存款日记账余额小于银行对账单余额。

银行对账单作为重要的会计凭证应装订在每月会计凭证的第一页。如果当月银行存款日记账的余额与银行对账单余额不一致(已排除双方记账错误的情况),企业要编制"银行存款余额调节表"。

3. 银行存款余额调节表

银行存款余额调节表简称"调节表",是为核对企业单位与银行之间实际存款余额而编制的列示有双方未达账项的报表。调节表编制的基本思路是,在企业银行存款日记账余额的基础上加减银行已记收付而企业未记事项,在银行对账单余额的基础上加减企业已记收付而银行未记的事项,计算调节后的余额。银行存款余额调节表的编制步骤:

(1) 按银行存款日记账登记的先后顺序逐笔与银行对账单核对,对双方都已登记的事项打"√"。

(2) 对日记账和对账单中未打"√"的项目进行检查,确认是属于记账错误,还是属于未达账项。

(3) 对查出的企业记账错误按照一定的错账更正方法进行更正,登记入账,调整银行存款日记账账面余额;对银行记账错误通知银行更正,并调整银行对账单余额。

(4) 如果期末企业存在未达账项,应编制银行存款余额调节表,将属于未达账项的事项记入调节表,计算调节后的余额。

【例 8-1】 某企业 200×年 8 月 28 日以后的银行存款日记账记录见图表 8-2,银行送交本企业的银行对账单见图表 8-3(假定 28 日之前的记录全部正确)。

图表 8-2

银行存款日记账

20××年		凭证		摘要	收入(借方)	付出(贷方)	结存
月	日	种类	号数				
8	28	(略)	(略)	……			149 470
	28			开出支票#215 支付购料款		38 500√	110 970
	28			存入转账支票(销售收款)	40 000√		150 970
	29			开出支票#216 支付修理费		456√	150 514
	30			存入转账支票(销售收款)	3 000		153 514
	30			开出支票#217 支付委托加工费		4 780	148 734

图表 8-3

银行对账单

20××年		凭证		摘要	借方	贷方	结存
月	日	种类	号数				
8	28	（略）	（略）	……			149 470
	28			支票＃215 购料款	38 500✓		110 970
	29			支票＃216 修理费	456✓		110 414
	29			进账单（销售款）		40 000✓	150 514
	30			代收外地工厂货款		20 000	170 514
	30			代付水电费	2 400		168 114
	30			结算存款利息		526	168 640

银行存款日记账与银行对账单核对时应注意，对账单记账方向与日记账记账方向正好相反。因为，企业存入银行的款项，对企业来说是资产，增加记入"银行存款"账户的借方；对银行来说是负债（应付企业的债务），增加记入"吸收存款"账户的贷方。

根据日记账记录和对账单记录发现，银行存款日记账月末账面余额与对账单账面余额不一致。双方一共存在未达账项五笔。据此，编制银行存款余额调节表如图表 8-4 所示。

图表 8-4

银行存款余额调节表

20××年 8 月 31 日

项目	金额	项目	金额
银行存款日记账余额	148 734	银行对账单余额	168 640
加：银行已记收，企业未记收		加：企业已记收，银行未记收	
（1）代收外地工厂货款	20 000	（1）存入转账支票	3 000
（2）存款利息	526		
减：银行已记付，企业未记付		减：企业已记付，银行未记付	
（1）代付水电费	2 400	（2）转账支票＃217	4 780
调节后的余额	166 860	调节后的余额	166 860

银行存款余额调节表中的"调节后余额"是企业期末实际可动用的存款余额。应该注意的是，调节后余额仅作为清查未达账项的参考，不作为编制记账凭证的依据。待下月初企业收到有关原始凭证，编制记账凭证并登记入账后，账面余额会自动调整。

问题与思考

会计小张认为既然银行存款余额调节表不作为编制记账凭证的依据，就没有编制的必要性。

请问：你认为这种想法对吗？为什么要编制银行存款余额调节表？

三、实物的清查

实物清查主要是对固定资产、原材料、在产品、产成品、包装物、低值易耗品等的清查。

（一）实物资产的盘存制度

1. 永续盘存制

永续盘存制亦称账面盘存制，即在商品存货总分类账下，按物资的具体品种、规格设置明细分类账户，在明细分类账户中逐日、逐笔连续登记存货增加数和减少数，并随时在账簿上结出各种财产的账面结存数量和结存金额的一种方法。其账面结存数量和金额的计算公式如下：

$$\text{期末存货数量(成本)}=\text{期初存货数量(成本)}+\text{本期增加数量(成本)}-\text{本期销售(耗用)数量(成本)}$$

【例 8-2】 某制造业 20××年 1 月初有甲材料 100 千克，单价 12 元。1 月份有关甲材料的收发情况如下：

(1) 1 月 3 日，购入并验收入库甲材料 100 千克，单价 12 元。

(2) 1 月 10 日，生产领用甲材料 50 千克。

(3) 1 月 18 日，购入并验收入库甲材料 80 千克，单价 12 元。

(4) 1 月 25 日，领用甲材料 70 千克。

在永续盘存制下，甲材料明细分类账户登记如图表 8-5 所示。

在永续盘存制下，要求商品存货的进出都要办理手续，填写规范的原始凭证，在账簿中逐笔、连续进行登记，随时结出账面结存数。这种方法可以从数量和金额两方面对财产物资进行控制管理，随时掌握动态资料。

在永续盘存制下，可能会发生商品存货账存数与实存数不一致的情况，因此要定期对商品存货加以清查，及时发现账实不符的情况，并查明原因。

2. 实地盘存制

实地盘存制又称“定期盘存制”“以存计耗”或“以存计销”。是指在期末通过实地盘点实物，确定财产物资的期末结存数量，并据以计算期末库存成本和已减少财产成本的一种方法。

图表 8-5

原材料明细分类账

数量单位：千克
账户名称：甲材料　　　　金额单位：元

20××年		凭证		摘要	收入			发出			结存		
月	日	种类	号数		数量	单价	金额	数量	单价	金额	数量	单价	金额
1	1			月初结存							100	12	1 200
	3	转	1	验收入库	100	12	1 200				200	12	2 400
	10	转	2	生产领用				50	12	600	150	12	1 800
	18	转	3	验收入库	80	12	960				230	12	2 760
	25	转	4	生产领用				70	12	840	160	12	1 920
1	31			本月合计	180	12	2 160	120	12	1 440	160	12	1 920

在实地盘存制下，存货发生的增减变动，平时只依据会计凭证将增加数量和金额登记在相应账簿的收入栏内，不记录存货的减少数，月末结账时，通过对存货的实地盘点，确定其结存数量和成本，倒算出本期减少的数量和成本。计算公式如下：

$$期末存货成本=\sum\left(\begin{matrix}各存货实地\\盘点数量\end{matrix}\times\begin{matrix}该项存货的\\进货单价\end{matrix}\right)$$

$$本期销售(耗用)成本=\begin{matrix}期初存\\货成本\end{matrix}+\begin{matrix}本期增\\加金额\end{matrix}-\begin{matrix}期末存\\货成本\end{matrix}$$

【例 8-3】 某大类材料包括子、丑、寅等材料。该类材料月初余额为 10 000 元，本月增加金额共计 18 000 元。期末库存材料数量及有关资料如图表 8-6 所示。

图表 8-6

材 料 盘 存 表

材料名称	计量单位	盘存数量	最后进货单价(元)	库存成本(元)
子材料	千克	600	5	3 000
丑材料	千克	150	10	1 500
寅材料	吨	20	200	4 000
⋮		⋮	⋮	⋮
合　计				16 000

本期耗用成本＝10 000＋18 000－16 000＝12 000(元)

实地盘存制下的盘点目的与永续盘存制不同，实地盘存制下盘点的目的是确定期末实际财产物资的数量，据以计算其本期减少(耗用)的金额，永续盘存制下盘点的目的是揭示账存数与实存数的差异，加强财产物资的控制和管理。

采用实地盘存制，可以简化存货明细分类账的登记工作，工作量小。但是，由于缺乏严密的领发料手续，倒轧本期减少数量将非耗用因素或非销售因素引起的存货减少，全部计入耗用成本或销售成本，削弱了会计财产物资的监督控制和管理。所以，除价值小、品种杂、损耗大、领用频繁的材料或商品等物资以外，非特殊原因，一般不采用实地盘存制。

（二）实物清查的方法

在财产清查中，对不同实物形态、体积重量和堆放方式的财产物资，可采用实地盘点、技术推算盘点等不同的清查方法。

1. 实地盘点

实地盘点是指在财产物资堆放现场进行逐一清点数量或用计量仪器确定实存数的一种方法。这种方法适用于固定资产、原材料、在产品、半成品、商品等个大或包装完整的实物财产清查。实地盘点方法要求严格，数字准确可靠，清查质量高。为提高清查的速度和质量，应事先按财产物资的实物形态进行科学的码放，如五五排列、三三制码放等。

2. 技术推算盘点

技术推算盘点是利用技术方法，如量方计尺等对财产物资的实存数进行推算的一种方法。这种方法适用于大量散装、成堆，难以逐一清点的财产物资，如煤、黄沙、石子等的盘点。

为明确经济责任，盘点时有关财产物资的实物保管人员必须在场，并参与盘点工作。盘点工作不但指清点实物数量，还包括实物质量的检查，以便及时发现和处理短缺、毁损、霉变、过时的物资。

（三）实物清查的过程

在财产清查过程中，应将盘点的情况填制在相关的凭证上，并由参加盘点的人员和实物保管员共同签字。这些凭证是会计对财产清查结果进行账务处理的重要原始凭证。财产清查中涉及的原始凭证主要有以下三种。

1. 盘存单

“盘存单”是记录盘点日期财产物资实存数量的书面证明，是财产清查的重要原始凭证之一。盘存单的格式见图表8-7。

盘存单内实物的编号、名称、计量单位和单价应与实物明细账保持一致，以便核对。

2. 账存实存对比表

“账存实存对比表”又称“盘点盈亏报告单”，是记录各种实物的账存数和实存数差异的原始凭证。格式见图表8-8。凡发现实物存在溢余或短缺的情况，都应填制账存实存对比表。此表既是调整账面记录的原始依据，也是分析差异的原因，查明经济责任的依据。

图表 8-7

盘 存 单

单位名称：　　　　　　　　　　　　盘点时间：　　　　　　　　　　　　编号：

财产类别：　　　　　　　　　　　　存放地点：

编 号	名 称	规格型号	计量单位	实存数量	单 价	金 额	备 注

盘点人签章：　　　　　　　　　　　　　　　　　　　　　　实物保管人签章：

图表 8-8

账存实存对比表

年　　月　　日

<table>
<tr><th rowspan="3">序号</th><th rowspan="3">名称</th><th rowspan="3">规格型号</th><th rowspan="3">计量单位</th><th rowspan="3">单价</th><th colspan="2">实 存</th><th colspan="2">账 存</th><th colspan="4">对比结果</th><th rowspan="3">备注</th></tr>
<tr><th rowspan="2">数量</th><th rowspan="2">金额</th><th rowspan="2">数量</th><th rowspan="2">金额</th><th colspan="2">盘 盈</th><th colspan="2">盘 亏</th></tr>
<tr><th>数量</th><th>金额</th><th>数量</th><th>金额</th></tr>
<tr><td></td><td></td><td></td><td></td><td></td><td></td><td></td><td></td><td></td><td></td><td></td><td></td><td></td><td></td></tr>
<tr><td></td><td></td><td></td><td></td><td></td><td></td><td></td><td></td><td></td><td></td><td></td><td></td><td></td><td></td></tr>
<tr><td></td><td></td><td></td><td></td><td></td><td></td><td></td><td></td><td></td><td></td><td></td><td></td><td></td><td></td></tr>
</table>

盘点人：　　　　　　　　　　　　　　　　　　　　　　　　实物保管人签章：

3. 积压变质报告单

对于清查时发现的积压或残损的物品，应另行堆放，并填制“积压变质报告单”(格式见图表 8-9，说明情况，报经审批后作出账务处理)。

图表 8-9

积压变质报告单

年　　月　　日

编号	名称	规格型号	计量单位	进货单价	实存数量	金　额	情况说明	处理意见
审批意见：								

盘点人签章：　　　　　　　　　　　　　　　　实物保管人签章：

四、往来款项的清查

各种往来款项，如应收账款、预付账款的清查，可采用函证核对法进行。清查单位检查本单位的往来账目，在确认正确无误的基础上，按每一往来单位编制"往来款项对账单"，然后通过邮寄或其他方法传送给对方单位予以核对。往来款项对账单一式两联，其中一联作为回执联。对方单位核对后，如果核对相符，在回单上注明"核对无误"，并加盖公章后退回原单位。如果核对有误，则在回单上注明不符情况，或另抄对账单退回清查单位。这就需进一步查明原因，直至相符为止。

清查单位接到对方单位退还的对账单后，如果存在余额不符情况，应编制"往来结算款项清查报告表"，分别注明产生差异的原因，并提出处理意见。"往来款项对账单"和"往来款项清查报告表"格式见图表 8-10 和图表 8-11。

图表 8-10

往来款项对账单

××单位：

你单位在 20××年 11 月 2 日，到我厂购买 A 产品 2 000 件，50 000 元货款尚未支付，请核对后将回单联寄回。

清查单位：(盖章)

20××年 12 月 25 日

往来款项对账单(回单)

××清查单位：

你单位寄来的"往来款项对账单"已收到，经核对相符无误。

××单位(盖章)

20××年 12 月 28 日

图表 8-11

往来款项清查报告表

年 月 日

编制单位：

总分类账户和明细分类账户	本企业账面结存余额	对方账面结存余额	对比结果		差异金额及原因分析				备注
			大于对方金额	小于对方金额	未达账项	银行托收	双方争议	其他原因	

单位主管： 会计主管： 制表：

第三节 财产清查结果的会计处理

财产物资盘点盈亏的调整处理，一方面要影响企业资产的真实性；另一方面要影响企业的净利润，影响企业应交的所得税。因此，企业对财产清查中发现的资产溢缺、毁损或变质、超储积压等问题，应认真核定数字，提出处理意见，按规定的审批程序报有关部门批准，及时进行账务处理。

一、财产清查会计处理的步骤

对货币资金、存货、固定资产等实物资产清查结果的会计处理基本步骤如下：

(1) 揭示差异，查明原因。清查中对账实存在差异的各种货币资金、存货和固定资产，应核准实际结存数，填列"账存实存对比表"。在"账存实存对比表"中，揭示存在差异的原因，提出调整处理的建议。

(2) 调整相关资产账面记录，做到账实相符。在核准数字、查明原因的基础上，根据"账存实存对比表"中的实存数与账存数的差异数，编制记账凭证，并据其登记相关账簿，一方面调整相关资产账面记录，另一方面将差异数记入"待处理财产损溢"账户(固定资产盘盈除外)，将处理意见报请有关部门批准。

(3) 根据有关部门批准处理的意见进行会计处理。收到有关部门批准处理的回复文件后，严格按照处理意见编制记账凭证，进行账务处理，调整收入账户、费用账户、"待处理财产损溢”账户和相关资产账户。

“待处理财产损溢”账户，用来核算企业在清查财产过程中查明的各种财产盘盈、盘亏和毁损的价值。盘盈固定资产应作为前期差错调整，不在本账户核算。账户的借方登记库存现金、原材料、库存商品等财产的盘亏净值和经批准转销的财产的盘盈净值，账户的贷方登记库存现金、原材料、库存商品等财产盘盈净值和经批准转销的财产盘亏净值。按照有关规定，企业的财产损溢，应查明原因，在期末结账前处理完毕，处理后本账户无余额。“待处理财产损溢”账户按盘盈、盘亏的资产种类和项目进行明细核算。

二、货币资金清查结果的会计处理

（一）库存现金清查结果的会计处理

在库存现金清查中，如果发现账实不符，应将其溢余或短缺的金额，编制会计分录，转入“待处理财产损溢”账户，待查明原因后，再根据不同的情况进行处理。对于库存现金的溢余，属于应支付给有关个人或单位的部分，转入“其他应付款——应付现金溢余（××个人或单位）”账户；属于无法查明原因的部分，转入“营业外收入——现金溢余”账户。对于库存现金的短缺，属于应由责任者个人赔偿的部分，由“待处理财产损溢”账户转入“其他应收款——××人”账户；属于无法查明原因的部分，经批准后转入“管理费用”账户。

【例 8-4】 A公司企业20××年12月20日现金清查发现溢余300元；因无法查明原因，经批准于12月31日，转入“营业外收入”账户。

12月20日，发现现金溢余，根据“库存现金盘点表”编制分录：

借：库存现金　　300

　贷：待处理财产损溢　　300

12月31日，对于溢余原因不明部分经批准，转入“营业外收入”账户：

借：待处理财产损溢　　300

　贷：营业外收入　　300

【例 8-5】 B公司20××年6月30日对现金清查中发现短缺400元；经查，系出纳员王某粗心所致。经相关部门讨论决定，短缺款由王某个人赔偿，从7月份开始，分两个月收回。

6月30日，发现现金短缺时：

借：待处理财产损溢　　400

　贷：库存现金　　400

6月30日，确认王某责任时：

借：其他应收款——王某　　400

　贷：待处理财产损溢　　400

7 月(8 月),收回现金时:

借:库存现金　　200
　贷:其他应收款——王某　　200

(二) 银行存款清查结果的会计处理

对银行存款清查中出现的账实不符,属于企业记账错误的,企业应运用规定的错账更正方法进行更正;属于银行记账错误的,企业应立即通知银行加以更正;由于未达账项造成的,企业应通过编制"银行存款余额调节表"进行调节,使双方余额调节相等。

三、实物资产清查结果的会计处理

(一) 存货清查结果的会计处理

存货清查结果的会计处理与现金清查基本相同,通过"待处理财产损溢"账户,清查时,将盘盈或盘亏的金额,编制会计分录,转入"待处理财产损溢"账户;期末结账前,根据查明的原因,进行会计处理。一般情况下,对于存货盘盈部分,由"待处理财产损溢"账户转入"管理费用"账户。对于存货的盘亏、毁损部分,属于自然损耗产生的定额内亏损,转入"管理费用"账户;属于超定额短缺和亏损,扣除残料价值和可收回的保险赔偿或过失人赔偿后,转入"管理费用"账户;残料价值转入"原材料"账户,可收回的保险赔偿或过失人赔偿,转入"其他应收款——应收保险赔款(应收××赔款)"账户;属于自然灾害造成的非常损失,扣除保险赔款和残值后转入"营业外支出——非常损失"账户。

【例 8-6】 C 公司 20××年 12 月 20 日材料清查中发现甲材料溢余 300 千克,价值 4 500 元。12 月 31 日,经批准,记入"管理费用"账户。

12 月 20 日,盘盈甲材料时:

借:原材料——甲材料　　4 500
　贷:待处理财产损溢　　4 500

12 月 31 日,经批准转销处理时:

借:待处理财产损溢　　4 500
　贷:管理费用　　4 500

【例 8-7】 D 公司 20××年 12 月盘亏乙材料 500 千克,价值 6 300 元。保管员李某责任所致。根据制度规定,由责任者赔偿 20%,其余部分作为管理费用处理。

20××年 12 月,乙材料盘亏时:

借:待处理财产损溢　　6 300
　贷:原材料——乙材料　　6 300

20××年12月，批准后确认盘亏损失，责任者李某赔偿20%，其余由企业负担时：

借：其他应收款——李某　　1 260
　　管理费用　　5 040
　贷：待处理财产损溢　　6 300

【例8-8】 E公司由于仓库进水材料被淹，损失10 000元。残余部分出售，收得现金700元，当即存入银行；保险公司同意赔偿8 000元，款项尚未收到；净损失作非常损失处理。

仓库进水材料被淹时：

借：待处理财产损溢　　10 000
　贷：原材料　　10 000

批准后确认损失处理时：

借：银行存款　　700
　　其他应收款——应收保险赔款　　8 000
　　营业外支出——非常损失　　1 300
　贷：待处理财产损溢　　10 000

问题与思考

20××年12月31日，兴华公司财务部门会同物资保管部门、生产部门一起组织了一次财产清查工作。通过清查发现，甲种材料溢余300千克，价值6 000元，盘亏乙种材料400千克，价值4 800元。财务部李会计根据"账存实存对比表"编制会计分录如下：

借：原材料——甲材料　　6 000
　贷：待处理财产损溢　　6 000
借：待处理财产损溢　　4 800
　贷：原材料——乙材料　　4 800

王会计认为李会计的会计处理过于繁琐，于是建议李会计进行会计处理如下：

借：原材料——甲材料　　6 000
　贷：原材料——乙材料　　4 800
　　　待处理财产损益　　1 200

请问：你认为王会计的建议是否可取？请说明理由。

（二）固定资产清查结果的会计处理

企业在固定资产清查中，对于固定资产的盘亏和毁损，在批准处理前，应将该资产的账面价值(原始价值减去累计折旧、固定资产减值准备)转入“待处理财产损溢”账户,待收到有关部门批准的处理意见后,再根据盘亏和毁损的原因和不同情况进行处理。由于自然灾害等非常原因造成的固定资产毁损,在扣除保险公司赔款和残值收入后,由“待处理财产损溢”账户转入“营业外支出”账户;其中残值收入转入“原材料”账户或“银行存款”账户;由保险公司赔款的部分,转入“其他应收款”账户;由于责任事故造成的应由责任人酌情赔偿损失部分,转入“其他应收款”账户。

对于盘盈的固定资产,不通过“待处理财产损溢”账户,而作为前期差错调整,通过“以前年度损益调整”账户进行核算。

【例 8-9】 A 公司 20××年 12 月财产清查中发现盘亏设备一台,账面原值 20 000 元,累计已提折旧 14 000 元。经保险索赔,保险公司答应赔偿 3 000 元。

20××年 12 月,设备盘亏时:

借:待处理财产损溢	6 000	
累计折旧	14 000	
贷:固定资产		20 000

确认索赔金额,差额计入营业外支出时:

借:其他应收款——应收保险赔款	3 000	
营业外支出	3 000	
贷:待处理财产损溢		6 000

问题与思考

某企业的副总李某,将企业一台设备借予其亲属使用,但未办理任何手续。年底清查人员盘点时发现盘亏了一台设备,原值 6 000 元,已提折旧 2 000 元,净值为 4 000 元。经调查得知是李某所为,于是派人向其亲属索要。但其亲属称该设备已被偷走。当问及李某对此事的处理意见时,他建议按正常报废处理。

请问:李某的建议是否正确?在这种情况下,企业应该怎样处理盘亏的设备?

四、往来结算款项清查结果的会计处理

往来款项清查告一段落后,企业应根据“往来款项清查报告表”中揭示的问题,及时进行处理。从管理角度说,对被长期拖欠但还有可能收回的应收账款应加紧催讨,尽快收回;对该偿还的账款也应尽快偿还,以树立良好的企业信誉形象。对长期未达账项应查明原因,看是否存在被贪污、挪用的情况。对因债务单位破产等原因而产生的无法收回的应收账款应报经有关部门批准予以转销,减少虚报资产、虚列负债的账实不符现象。

对财产清查中查明的确实无法收回的应收账款和无法支付的应付账款，在批准处理前不需进行账务处理，待按照有关程序报经批准后，直接编制记账凭证，登记账簿，进行转账冲销。

对因债务单位破产等原因无法收回的应收账款，应作为坏账，在确认时予以核销，冲减坏账准备和应收账款。对确实无法支付的应付状况，经批准后作营业外收入处理。

【例 8-10】 A 公司 20××年 12 月，在往来款项的清查中查明，应收 E 公司账款 4 000 元，因 E 公司破产，确实无法收回，报经有关部门批准后予以核销。

借：坏账准备	4 000	
贷：应收账款——E 公司		4 000

【例 8-11】 A 公司 20××年 12 月，在往来款项的清查中查明，应付 F 单位购货款 5 000 元，因对方企业已破产解散，确实无法支付，经批准作营业外收入处理。

借：应付账款——F 单位	5 000	
贷：营业外收入		5 000

本 章 小 结

1. 财产清查是指通过对实物资产、现金的实地盘点和对银行存款、债权债务的查对，确定财产物资、货币资金和债权债务的实存数，并查明账存数和实存数是否相符的一种专门方法。财产清查的作用是：① 保证会计资料的真实可靠。② 保护财产的安全和完整。③ 挖掘财产物资潜力，加速资金周转。④ 保证财经纪律和结算纪律的执行。

2. 永续盘存制和实地盘存制是记录商品存货的两种基本方法。永续盘存制是指在各存货总分类账下，按存货的具体品种、规格设置明细分类账户，在明细分类账户中逐日、逐笔连续登记存货增加数和减少数，并随时在账簿上结算出各种财产的账面结存数量和结存金额的一种方法。实地盘存制是指通过定期对实物的清点，来确定各项财产的期末结存数量，从而计算出发出数量和金额以及结存金额的一种方法。

3. 财产清查的方法视清查对象而异，对实物财产的清查方法主要采用实地盘点和技术推算的方法；对现金采取出纳每日清点和有关部门抽查相结合的方法；对银行存款，采用银行存款日记账与银行对账单逐笔核对，编制银行存款余额调节表的方法；对往来款项采用电话核对或对账单询证核对的方法。

4. 未达账项是指企业单位与银行之间，对同一项经济业务，由于凭证传递上的时间差所形成的一方已经登记入账，而另一方因尚未收到相关凭证，尚未登记入账的事项。如果企业因未达账项造成某月银行存款日记账余额与银行对账单余额不一致，应编制“银行存款余额调节表”进行调节，使双方余额调节相等。

5. 财产清查结果的会计处理一般分为两个步骤。第一,根据盘点结果编制记账凭证,调整财产物资账面记录,做到账实相符,将盘点盈亏差异记入"待处理财产损溢"账户;第二,根据管理当局批准处理意见编制记账凭证,将盘点盈亏差异从"待处理财产损溢"账户结转到有关收入账户和费用账户。应该注意的是,固定资产盘盈不通过"待处理财产损溢"账户核算,确实无法收回的应收账款和无法支付的应付账款处理也不通过"待处理财产损溢"账户。

关键词汇

永续盘存制(perpetual inventory system)　实地盘存制(periodic inventory system)
内部控制(internal controls)　银行对账单(bank statement)
银行余额调节表(bank reconciliation)　未达账项(deposit in transit)

复习思考题

1. 造成财产物资账存数与实存数不一致的原因主要有哪些?
2. 永续盘存制和实地盘存制有何区别?
3. 财产清查前应做好哪些准备工作?
4. 库存现金清查主要包括哪些内容?
5. 对于银行存款余额调节表中列示的未达账项,会计应如何处理?

核算与计算题

习 题 一

1. 目的　练习存货实际成本的计算。

2. 资料

(1) 某企业6月初库存乙材料的数量为3 000千克,单位成本20元。

(2) 6月份该企业发生下列有关的经济业务:

5日,购入乙材料2 400千克,单价22元。

9日,生产领用乙材料1 800千克。

18日,购入乙材料600千克,单价24元。

25 日，发出乙材料 1 500 千克。

30 日，经实地盘点，库存乙材料的数量为 2 660 千克。

3. 要求 分别采用实地盘存制和永续盘存制的方法，计算该企业 6 月份发出乙材料的实际成本和月末库存乙材料的实际成本(单价计算采用月末一次加权平均法)。

习 题 二

1. 目的 练习银行存款余额调节表的编制。

2. 资料 光明工厂 20××年 12 月份最后几天银行存款日记账与银行对账单的记录如下(假定 12 月 26 日以前的记录均为正确的)。

(1) 银行存款日记账的记录如下：

12 月 26 日，开出支票＃12356，支付购料运费 300 元。

12 月 26 日，开出支票＃12357，支付购料价款 39 360 元。

12 月 27 日，存入销货款转账支票计 40 000 元。

12 月 28 日，开出支票＃12358，支付委托外单位加工费计16 800 元。

12 月 28 日，存入销货款转账支票 28 000 元。

12 月 30 日，开出支票＃12359，支付机器修理费 376 元。

12 月 30 日，银行存款日记账结存余额 42 594 元。

(2) 银行对账单记录如下：

12 月 27 日，付支票＃12357，购料款 39 360 元。

12 月 28 日，转账收入款 40 000 元。

12 月 28 日，代付电费 3 120 元。

12 月 28 日，支票＃12356，购料运费 300 元。

12 月 29 日，存款利息计 488 元。

12 月 30 日，收到江西货款，计 11 880 元。

12 月 30 日，付支票＃12358，计 16 800 元。

12 月 30 日，银行对账单结存余额 24 218 元。

3. 要求 根据未达账项编制银行存款余额调节表。

习 题 三

1. 目的 练习财产清查结果的会计处理。

2. 资料

(1) 大明工厂 20××年 12 月进行年终财产清查，清查中发现下列问题：

① 丢失电焊机一台，账面原值 2 800 元，已提折旧 1 600 元。

② 盘盈甲材料 7 千克，每千克 7 元，系收发计量差错造成。

③ 盘亏乙材料 148 元，系收发计量差错造成。

④ 由于火灾，使车间正在加工中的产品损失 2 500 元，应收保险公司保险赔款 1 500 元。

⑤ 盘亏丙材料 300 元，系保管员工作失职造成。

⑥ 现金盘盈 78 元，原因不明。

⑦ 查明无法收回的应收账款计 1 460 元。

⑧ 查明无法支付的应付账款计 2 400 元。

(2) 上述各项盘点盈亏和坏账损失已报请有关部门批准，作如下处理：

① 固定资产盘亏，作营业外支出处理。

② 原材料计量差错造成的盘亏作增减“管理费用”处理。

③ 原材料意外损失，扣除应收保险赔款后作“营业外支出”处理。

④ 原材料因保管员责任造成的损失应责成其赔款。

⑤ 将无法查明原因的现金溢余转入营业外收入。

⑥ 采用备抵法对无法收回的应收账款进行处理。

⑦ 将无法支付的应付账款转入营业外收入。

3. 要求 根据上述资料分别编制批准转账前和批准转账后的会计分录。

第九章　财 务 报 告

本章导读

财务报告是指企业对外提供的反映其自身某一特定日期财务状况、某一会计期间经营成果和现金流量及所有者权益变动等会计信息的文件。企业对外提供的财务报告包括资产负债表、利润表、现金流量表、所有者权益变动表和有关附表、附注等。编制财务报告，是对会计核算工作的全面总结，是及时提供合法、准确、完整会计信息的重要环节。通过本章学习，你应能够：

- 了解财务报告的组成内容
- 熟练掌握资产负债表的编制方法
- 熟练掌握利润表的编制方法
- 理解现金流量表的结构和各项目的含义
- 熟悉所有者权益变动表的基本结构
- 掌握会计报表分析中相关指标的计算

第一节　财务报告概述

一、财务报告的意义

财务报告根据会计核算资料整理、汇总编制。财务报告以会计账簿记录为主要依据，按照我国《会计法》、《企业会计准则》和相关会计制度的规定，采用一定方法将日常核算中数量繁多并分散在各会计账簿中的数据加以归纳、汇总编制。为了规范企业财务会计报告的编制，保证财务会计报告的真实、完整，国务院于 2000 年 6 月颁布了《企业财务会计报告条例》，财政部于 2006 年颁布了企业会计准则，其中第 30 号具体会计准则为《财务报表列报》。

财务会计报告的真实、准确与完整，对其使用者有着重要的意义。

(1) 财务报告所反映的信息，是企业经营者了解经营情况、实施经营管理和进行经济决策不可或缺的经济信息之一。企业的经营者通过会计报表提供的资料，可以全面了解本单位的财务状况、经营成果，考核企业资金、成本和利润计划的完成情况，分析评价经营中的成绩和不足，不断总结经验，找出差距，改善经营管理，提高企业经济效益。

(2) 财务报告所反映的信息，是企业投资者和债权人迫切需要了解的信息。良好的财务状况、获利能力和优厚的投资报酬，可以获得投资者的青睐，吸引更多的投资；按时还本付息、较强的偿债能力，有利于企业债权人作出信贷或赊销的决策；对股份制企业来说，企业经营的好坏直接影响股票的市价。

(3) 企业报表所提供的信息，有利于财政、工商、税务和审计部门加强对单位的检查、监督。财政税务部门通过企业会计报表可以了解企业资金筹集和使用的情况、利润形成和分配情况、税金的计算和缴纳情况；审计部门利用会计报表，可以了解企业贯彻财经纪律、法令、政策的情况，从而为进行财务审计和经济效益审计提供必要的依据。

二、财务报表的组成

《企业会计准则第 30 号——财务报表列报》规定，财务报表至少应当包括下列组成部分：资产负债表；利润表；现金流量表；所有者权益(或"股东权益"，下同)变动表；附注。

财务报表从不同的侧面反映了某一个企业或单位的财务状况、经营成果和理财过程。附注是对资产负债表、利润表、现金流量表、所有者权益(股东权益)变动表列示项目的文字描述或明细资料，以及对未能在这些报表中列示或披露不详尽的内容所做的进一步解释说明。附注是财务报表的重要组成部分，其主要内容包括：企业的基本情况；财务报表的编制基础；遵循企业会计准则的声明；重要会计政策和会计估计；会计政策和会计估计变更以及差错更正的说明；重要报表项目的说明；其他有助于理解和分析财务报表的说明。

财务报表按照不同的标准可以进行不同的分类。

1. 按其所反映的经济内容分类

财务报表按其所反映的经济内容可分为：

(1) 反映企业一定会计期间经营成果的报表，如利润表。

(2) 反映企业在某一特定日期财务状况的报表，如资产负债表。

(3) 反映一定会计时期现金和现金等价物流入、流出和净流入的报表，如现金流量表。

(4) 反映构成所有者权益各组成部分当期增减变动情况的报表，如所有者权益变动表。

2. 按其构成的要素性质分类

财务报表按其构成的要素性质可分为动态会计报表和静态会计报表。

(1) 动态会计报表反映流量要素，显示一定会计期间内诸会计要素的增减变动情况，如利润表、现金流量表和所有者权益变动表。

(2) 静态会计报表反映存量要素，显示变动后的结果，如资产负债表。

3. 按其编报的期间分类

财务报表按其编报的期间可分为中期财务报表和年度财务报表。其中，中期财务报表以短于一个完整会计年度的报告期间为基础编制的财务报表，包括月报、季报和半年报。

4. 按其编报的主体分类

财务报表按其编报的主体看分为个别财务报表和合并财务报表。

(1) 个别财务报表是由企业在自身会计核算基础上对账簿记录进行加工而编制的财务报表，主要用以反映企业自身的财务状况、经营成果和现金流量情况。按照会计主体基本假设，每一企业都应作为独立的会计主体，编制财务报表。

(2) 合并财务报表是以母公司和子公司组成的企业集团为会计主体，根据母公司和所属子公司的财务报表，由母公司编制的综合反映企业集团财务状况、经营成果及现金流量的财务报表。当母公司拥有其被控股的子公司 50%以上股份或实质上拥有子公司控股权时，应编制合并会计报表。

三、财务报告的编制要求

为了使财务会计报告的阅读者能清楚地了解企业的经营活动的真实情况，其编制必须符合下列要求。

1. 以持续经营为列报基础

企业应当以持续经营为基础，根据实际发生的交易和事项，按照《企业会计准则——基本准则》和其他各项会计准则的规定进行确认和计量，在此基础上编制财务报表。在编制财务报表过程中，企业管理层应该对企业的持续经营能力进行评价，如果发现由于企业的外部环境或内部经营环境发生变化，影响其目前或长期的盈利能力、偿债能力、财务弹性等，持续经营基础遭到破坏，以持续经营为基础编制财务报表不再合理的，应当采用其他基础编制财务报表，并在附注中披露这一事实。

2. 按照重要性要求进行项目列报

财务报表中的项目是单独列报还是合并列报，应按照重要性的要求来进行。性质或功能不同的重要项目，在财务报表中单独列报；性质或功能类似的项目，其所属类别具有重要性的，应当按其类别在财务报表中单独列报。重要性按性质与功能分类，如果某项目按性质与功能汇总归类后看不重要，而分开看却非常重要，但在报表内未单独列报的，则应在附注中说明并单独列报。

判断项目是否重要，主要看该项目的性质和金额，从性质上说，如果该项目被省略或误报，会单独或共同影响引起使用者的误解并作出错误的判断，则该项目是重要的。从数量上讲，如果该项目的数量达到一定规模时，如单项金额占资产总额、负债总额、所有者权益总额、营业收入总额、营业成本总额、净利润等一定百分比以上，则该项目是重要的。

3. 列报一致性

按照可比性会计信息质量要求，同一企业不同期间和同一期间不同企业的财务报表应该相互可比。因此，财务报表中的列报和分类应在各个会计期间保持一致，不得随意变更。除非准则要求改变，或主体的经营性质发生重大变化，改变后的列报能够提供更可靠的、且对财务报告使用者更相关的信息，同时不损害可比信息。

4. 总额反映

单独列报资产、负债、收益、费用有利于使用者更易理解已发生的交易、事项等情况，评估会计主体未来的现金流量。因此，企业会计准则要求，财务报表项目以总额列报，资产和负债、收益和费用在列报时不能相互抵销。如应收账款不能与应付账款相互抵销。下列两种情况不属于抵销，可以以净额列示。

（1）资产项目按扣除减值准备后的净额列报，如存货减存货跌价准备。

（2）非日常活动产生的利得与损失，按处置收入扣除该资产账面金额与相关费用后的余额列报，同类交易形成的交易与损失以净额列报，如固定资产处置净损益。

5. 提供比较信息

财务报告中应列报所有金额的前期比较信息，至少应当提供所有列报项目上一可比会计期间的比较数据。例如，年度报表应提供上年比较数据，中期报表要提供上年可比期间的报表数据。财务报表项目列报发生变更的，应当对上期比较数据按照当期的列报要求进行调整，并在附注中披露调整的原因和性质，以及调整的各项目金额。对上期比较数据进行调整不切实可行的，应当在附注中披露不能调整的原因及对财务报告使用者决策带来的相关影响。

四、编制财务会计报告前的准备工作

企业在编制财务会计报告前应当做好以下工作：

（1）核对各会计账簿记录与会计凭证的内容、金额，保证账证相符。

（2）进行期末账项调整，以权责发生制为基础，正确调整本会计期的收入和费用；检查是否存在因会计差错、会计政策变更等原因需要调整前期或者本期相关项目。

（3）如果编制年度财务会计报告，则应在编制前进行全面清查，核实资产、债权债务。

（4）核对各会计账簿之间的余额，保证账账相符。

（5）结账，计算各账户的本期发生额和期末余额。

第二节 资产负债表

资产负债表是反映企业在某一特定日期财务状况的报表。资产负债表以“资产＝负债＋所有者权益”会计等式为依据，将企业一定日期的资产、负债和所有者权益项目，按照一

定的分类标准和排列顺序编制而成。

一、资产负债表的作用

资产负债表能为不同的报表使用者提供丰富的会计信息。资产负债表的作用主要表现在以下四方面：

(1) 资产负债表提供了企业的经济资源总额及其构成，据此可以分析企业的资产分布是否合理，资金的运作有无困难。

(2) 资产负债表总括反映了企业资金的来源渠道及构成情况，据此可以分析企业的资本结构是否合理，是否面临财务风险。

(3) 通过对资产负债表中的有关项目进行重新排列、组合、计算、分析，能够了解企业的财务实力、短期偿债能力、长期偿债能力，投资者和债权人能据此作出相应的决策。

(4) 将前后若干会计期的资产负债表项目数据对比分析，可以了解企业财务状况的变化情况及发展趋势。

二、资产负债表的结构

资产负债表的主表结构有账户式和报告式两种。我国资产负债表采用账户式结构。账户式资产负债表分为左右两方，左方列示资产各项目，反映全部资产的分布及存在情况；右方列示负债和所有者权益各项目，反映全部负债和所有者权益的内容及构成情况。依照“资产＝负债＋所有者权益”的会计等式，左方资产项目金额的总计数等于右方负债和所有者权益项目金额的总计数。

资产负债表的资产方项目按流动性大小(变现速度快慢)排列，流动性越大排在越前面。其排列顺序为流动资产和非流动资产。负债方按偿债时间的长短排列，偿还时间越短的排在越前面。其排列顺序为流动负债和非流动负债。所有者权益方项目按其永久性大小排列，永久性越大，排在越前面。其排列顺序为实收资本(股本)、资本公积、盈余公积和未分配利润。为了使使用者通过比较不同时点资产负债表的数据，掌握企业财务的变动情况及发展趋势，企业编制的比较资产负债表金额栏分为“期末余额”和“年初余额”两栏。

三、资产负债表的编制

1. 资产负债表的填列规则

(1) “年初余额”栏的填列。资产负债表“年初余额”栏各项目金额根据上年末资产负债表的“期末余额”栏项目所列金额填列。如果上年末资产负债表规定的各个项目名称和内容与本年度报表不一致，应对上年末资产负债表项目名称和数字按本年度的规定作相应调整，然后填入本年度资产负债表的“年初余额”栏。

(2) “期末余额”栏的填列。资产负债表的“期末余额”栏各项目金额数字，一般根据资产、负债和所有者权益账户期末余额填列。由于资产负债表的具体项目与会计科目的设置不完全相同,部分资产负债表项目金额数字需要根据有关总分类账户余额和明细分类账户余额数计算后填列。主要填列方法如下:

根据总分类账户余额直接填列,如"长期股权投资""投资性房地产""短期借款""应付职工薪酬""实收资本""资本公积""盈余公积"等项目。

根据有关总分类账户和明细分类账户的期末余额加减计算后填列。本处介绍以下几个项目。

① "货币资金"项目:反映企业报告期末货币资金的实有数额。根据"库存现金""银行存款"和"其他货币资金"账户的余额合计数填列。

② "应收票据及应收账款"项目:反映资产负债表日以摊余成本计量的、企业因销售商品、提供服务等经营活动应收取的款项以及收到的商业汇票(包括银行承兑汇票和商业承兑汇票)。根据"应收票据"账户的期末余额加上"应收账款""预收账款"两个总账账户所属明细分类账户的期末借方余额之和,减去"坏账准备"账户中相关坏账准备期末贷方余额后的金额填列。

"应收账款""预收账款"两个总账账户所属明细分类账户的期末贷方方余额之和在资产负债表"预收款项"项目中填列。

③ "存货"项目:反映企业期末结存的在库、在途和正在加工中的各项存货的实际成本。根据"在途物资""原材料""生产成本"和"库存商品"等总分类账户的余额合计数减去"存货跌价准备"账户的余额后填列。

④ "其他应收款"项目:根据"应收利息""应收股利"和"其他应收款"账户的期末余额合计数,减去"坏账准备"账户中相关坏账准备期末余额后的金额填列。

⑤ "固定资产"项目:反映资产负债表日企业固定资产的期末账面价值和企业尚未清理完毕的固定资产清理净损益。根据"固定资产"账户期末余额,减去"累计折旧"和"固定资产减值准备"账户的期末贷方余额,加上"固定资产清理"账户期末借方余额(减去贷方余额)后的金额填列。

⑥ "应付票据及应付账款"项目,反映资产负债表日企业因购买材料、商品和接受服务等经营活动应支付的款项,以及开出、承兑的商业汇票(包括银行承兑汇票和商业承兑汇票)。根据"应付票据"账户的期末余额,以及"应付账款"和"预付账款"账户所属的相关明细账户的期末贷方余额合计数填列。

"应付账款"和"预付账款"账户所属的相关明细账户的期末借方余额合计数在资产负债表预付款项项目中填列。

⑦ "其他应付款"项目:根据"应付利息""应付股利"和"其他应付款"账户的期末余额合计数填列。

⑧ "未分配利润"项目:反映企业尚未分配的利润数额。根据"本年利润"账户余额和

“利润分配”账户余额计算填列，贷方余额用“＋”号表示，借方余额用“－”号表示。如果“所得税费用”账户各月发生数在年末一并转入“本年利润”账户，则“未分配利润”项目金额还应在上述计算的基础上，减去“所得税费用”账户的期末余额。

按上述填列方法将资产负债表中各项目数字填列齐全后，应分别加计“流动资产”“非流动资产”“流动负债”“非流动负债”“所有者权益”等合计数。最后，加计资产总计、负债和所有者权益总计，双方总计数应该平衡。

2. 资产负债表填列举例

【例 9-1】 天山工厂 20×1 年 12 月 31 日有关总分类账户和明细分类账户余额如图表 9-1 所示。根据各总分类账户和明细分类账户余额编制的“资产负债表”（表中的“年初余额”栏数字根据该工厂上年度“资产负债表”的“期末余额”栏金额直接填列）。

图表 9-1

天山工厂 20×1 年 12 月 31 日有关总分类账户和明细分类账户余额

单位：元

总账科目	明细账科目	借方金额	贷方金额	总账科目	明细账科目	借方金额	贷方金额
库存现金		2 834		累计折旧			144 520
银行存款		80 000		短期借款			
交易性金融资产		1 650		应付账款			8 000
应收票据		48 400			A 公司		5 600
应收账款					B 公司	5 000	
	甲工厂	30 000			C 公司		7 400
	乙工厂	46 000		预收账款			5 000
	丙工厂		2 000		D 公司		8 000
预付账款					E 公司	3 000	
	子工厂	6 000		应付票据			43 000
	丑工厂		4 000	应付职工薪酬			18 710
其他应收款		1 300		应交税费			16 460
原材料		50 300		应付利润			35 000
生产成本		98 000		长期借款			150 000
库存商品		27 756		实收资本			800 000
持有至到期投资		47 000		盈余公积			51 990
长期股权投资		84 000		利润分配			25 760
固定资产		781 200					

图表 9-2

资产负债表

编制单位：天山工厂　　　　20×1 年 12 月 31 日　　　　单位：元

资　　产	期末余额	年初余额	负债和所有者权益	期末余额	年初余额
流动资产			流动负债		
货币资金	82 834	36 624	短期借款		20 000
以公允价值计量且其变动计入当期损益的金融资产	1 650	2 200	以公允价值计量且其变动计入当期损益的金融负债		
应收票据及应收账款	127 400	46 270	应付票据及应付账款	60 000	79 500
预付账款	11 000	36 000	预收账款	10 000	
其他应收款	1 300	1 300	应付职工薪酬	18 710	12 600
存货	176 056	117 606	应交税费	16 460	13 900
持有待售资产			其他应付款	35 000	
一年内到期的非流动资产			持有待售负债		
其他流动资产			一年内到期的非流动负债		
流动资产合计	400 240	240 000	其他流动负债		
非流动资产			流动负债合计	140 170	126 000
可供出售金融资产			非流动负债		
持有至到期投资	47 000		长期借款	150 000	50 000
长期应收款			应付债券		
长期股权投资	84 000		长期应付款		
投资性房地产			递延收益		
固定资产	636 680	476 000	预计负债		
在建工程			递延所得税负债		
生产性生物资产			其他非流动负债		
油气资产			非流动负债合计	150 000	50 000
无形资产			负债合计	290 170	176 000

（续表）

资　　产	期末余额	年初余额	负债和所有者权益	期末余额	年初余额
开发支出			所有者权益（或股东权益）		
商誉			实收资本（或股本）	800 000	500 000
长期待摊费用			资本公积		
递延所得税资产			减：库存股		
其他非流动资产			其他综合收益		
非流动资产合计	767 680	476 000	盈余公积	51 990	36 800
			未分配利润	25 760	3 200
			所有者权益（或股东权益）合计	877 750	540 000
资　产　总　计	1 167 920	716 000	负债和所有者权益（或股东权益）总计	1 167 920	716 000

资产负债表因为是静态财务报表，反映的是时点数。不论是年度财务报表还是中期财务报表，其金额栏一定是“期末余额”栏和“年初余额”栏。

第三节　利　润　表

利润表又称“收益表”“损益表”，是反映企业在　定会计期间（如年度、半年度、季度和月度）经营成果的报表，属于动态会计报表。

一、利润表的作用

利润表是反映企业在一定会计期间经营成果的报表。利润表提供的信息包括：

（1）企业在一定会计期间内取得的全部收入和收益，如营业收入、投资收益和营业外收入等。

（2）企业在一定时间内发生的全部费用和支出，如营业成本、税金及附加、销售费用、管理费用、财务费用、营业外支出和所得税费用等。

（3）企业的税前利润和税后净利润。通过利润表，信息使用者可以了解一定会计期间内净利润的实现情况，了解影响企业净收益增减的各个要素；分析影响净利润增减的主要原因和重要项目，据以判断企业的资本保值、增值能力，寻求增加净利润的最佳途径；分析、考核企业利润计划的执行情况，提高管理水平；了解和评估企业的获利能力，预测企业未来一定时间内的盈利趋势。同时，将利润表的信息与资产负债表信息结合，信息使用者还可以了解企业的资金周转能力（如应收账款周转率、存货周转率、总资产周转率）和获利能力（如总资产收益率、净资产收益率、资本收益率等）。

二、利润表的结构

利润表由表头、主表及表尾三部分组成。表头部分包括报表名称、编制单位名称、编表日期和金额计量单位等；主表部分反映净利润的计算过程；表尾部分为补充说明、有关人员签章等。为便于报表使用者通过利润表了解不同期间利润的实现情况，判断企业经营成果的未来发展趋势，利润表要提供比较数据，各项目再分别“本期金额”和“上期金额”进行填列。

常见的利润表结构主要有单步式和多步式两种。在我国，企业利润表一般采用多步式结构。即将构成净利润的诸要素根据其重要程度，按利润形成的主要环节列示中间性利润指标，分步计算当期净利润。多步式的利润表反映以下几个方面的内容：

（1）营业收入和营业成本。其中：营业收入由主营业务收入和其他业务收入组成，营业成本由主营业务成本和其他业务成本组成。

（2）营业利润。营业利润是指企业从事生产经营活动中取得的利润，是企业利润的主要来源。

营业利润由营业收入减去营业成本、税金及附加、销售费用、管理费用、研发费用、财务费用、资产减值损失，加上其他收益、投资收益、公允价值变动收益和资产处置收益后得到。

（3）利润总额。在营业利润的基础上加上营业外收入，减去营业外支出得到。

（4）净利润。利润总额减去所得税费用得到。

（5）其他综合收益。由“不能重分类进损益的其他综合收益项目”和“将重分类进损益的其他综合收益项目”两部分构成（扣除相关所得税影响）。

（6）综合收益总额。净利润加上其他综合收益税后净额得到。

（7）每股收益。每股收益包括基本每股收益和稀释每股收益。

普通股和潜在普通股已经公开交易的企业，以及正处于公开发行普通股过程中的企业，需要提供每股收益的信息。每股收益的计算见《财务会计》教材。

三、利润表的编制

1. 利润表的填列规则

（1）“上期金额”栏的填列。利润表“上期金额”栏内各项目数字，根据上年该期利润表“本期金额”栏所列数字填列。如果上年度该期利润表的项目名称和内容同本期不一致，应对上年度该期利润表的项目名称和数字按本期的规定进行调整，然后填入本期利润表的“上期金额"栏内。

(2)"本期金额"栏的填列。利润表"本期金额"栏内各项目数字除"营业收入"和"营业成本"外,根据各损益类账户的本期实际发生数分析填列。

"营业收入"项目,反映企业经营主要业务和其他业务所取得的收入总额。根据"主营业务收入"和"其他业务收入"账户的发生额分析填列。

"营业成本"项目,反映企业经营主要业务和其他业务发生的实际成本。根据"主营业务成本"和"其他业务成本"账户的发生额分析填列。

"营业利润""利润总额"和"净利润"项目,根据上述各项目金额的关系,按照相关计算公式计算得到。

"其他综合收益"和"综合收益总额"填列将在后续教材中介绍。

2. 利润表填列举例

【例 9-2】 天山工厂 20×1 年有关损益类账户发生额和上年"利润表"有关数字如图表 9-3 所示。

图表 9-3

天山工厂 20×1 年有关损益类账户发生额及上年数

单位:元

项　　目	20×1 年 1～12 月	上 年 度
主营业务收入	1 860 000	1 400 000
其他业务收入	6 350	3 500
主营业务成本	1 708 000	1 273 000
其他业务成本	2 400	2 000
税金及附加	17 860	13 240
销售费用	38 000	28 700
管理费用	24 970	30 370
财务费用	19 320	13 640
资产减值损失	4 000	5 000
投资收益	25 000	15 000
营业外收入	26 200	13 790
营业外支出	6 000	8 540
所得税费用	24 250	14 450
净利润	72 750	43 350

根据图表 9-3 编制的天山工厂 20×1 年度利润表如图表 9-4 所示。

图表 9-4

利润表

编制单位：天山工厂　　20×1年　　单位：元

项目	本期金额	上期金额
一、营业收入	1 866 350	1 403 500
减：营业成本	1 710 400	1 275 000
税金及附加	17 860	13 240
销售费用	38 000	28 700
管理费用	24 970	30 370
研发费用		
财务费用	19 320	13 640
其中：利息费用		
利息收入		
资产减值损失	4 000	5 000
加:其他收益		
投资收益	25 000	15 000
其中:对联营企业和合营企业的投资收益		
公允价值变动收益(损失以“—”填列)		
资产处置收益		
二、营业利润	76 800	52 500
加:营业外收入	26 200	13 790
减:营业外支出	6 000	8 540
三、利润总额(亏损总额以“—”填列)	97 000	57 500
减:所得税费用	24 250	14 450
四、净利润(净亏损以“—”填列)	72 750	43 350
(一) 持续经营净利润(净亏损以“—”填列)		
(二) 终止经营净利润(净亏损以“—”填列)		
五、其他综合收益的税后净额		
(一) 不能重分类进损益的其他综合收益		
(二) 将重分类进损益的其他综合收益		
六、综合收益总额	72 750	43 350
七、每股收益		
(一) 基本每股收益		
(二) 稀释每股收益		

企业行政领导　　总会计师　　会计主管人员　　制表人

3. 中期利润表的填列规则

中期利润表的格式和内容与年度财务报表一致。无论中期利润表是月度、季度,还是半年度,其计量基础为年初至本期末,其比较的基础为上年度相同会计期间。为提供便于信息使用者理解的信息,企业会计准则规定,企业应提供本中期的利润表、年初至本中期末的利润表,以及上年度可比期间的利润表。

【例 9-3】 某企业按照要求需要提供季度财务报表。该企业在 2016 年各季末应分别提供的利润表及金额栏如图表 9-5 所示。

图表 9-5

中期利润表		本期金额	上期金额
2016 年第一季度		2016 年 1 月 1 日至 3 月 31 日	2015 年 1 月 1 日至 3 月 31 日
2016 年第二季度	本中期	2016 年 4 月 1 日至 6 月 30 日	2015 年 4 月 1 日至 6 月 30 日
	年初至本中期	2016 年 1 月 1 日至 6 月 30 日	2015 年 1 月 1 日至 6 月 30 日
2016 年第三季度	本中期	2016 年 7 月 1 日至 9 月 30 日	2015 年 7 月 1 日至 9 月 30 日
	年初至本中期	2016 年 1 月 1 日至 9 月 30 日	2015 年 1 月 1 日至 9 月 30 日

第四节 现金流量表

现金流量表是以现金为基础编制的财务状况变动表。现金流量表反映企业一定会计期间内有关现金及现金等价物的流入和流出,表明企业获得现金和现金等价物的能力。

一、现金流量表的编制基础

现金流量表以现金为基础编制。现金流量表中的现金是指企业的库存现金、可以随时用于支付的存款以及现金等价物。具体包括以下内容:

(1) 库存现金:指企业持有的可以随时用于支付的现金限额。其内容与会计核算中"库存现金"账户所包含的内容一致。

(2) 银行存款:指企业存在金融企业随时可以用于支付的存款,其内容与会计核算中"银行存款"账户所包括的内容基本一致。区别在于:存在金融企业的不能随时用于支付的定期存款,不作为现金流量表中的现金;提前通知金融企业便可支取的定期存款,包括在现金流量表中的现金范围内。

(3) 其他货币资金:指企业存在金融企业的具有特定用途的资金,包括外埠存款、银行汇票存款、银行本票存款、信用证保证金存款、信用卡存款。其内容与会计核算中"其他货币资金"账户所包括的内容一致。

(4) 现金等价物:指企业持有的期限短、流动性高、易于转换为已知金额现金、价值变动风险很小的短期投资。现金等价物的特点是持有期限短,从购入日起必须在3个月或更短时间内到期;流动性强,可以随时在证券市场兑现;价值变动风险很小,易于转换为已知现金金额,即到期值固定。一般指3个月内到期的短期债券投资。

在企业实务中,现金等价物的范围,不同企业确认的标准可能有所不同。在以短期、流动性强的投资为主要经营活动的企业,会将所有项目的短期投资都视作投资,而不是现金等价物;而在非经营投资的企业,往往将3个月内到期的短期债券投资视为现金等价物。企业应将确定现金等价物的标准、范围,在会计报表附注中加以披露,并遵循一贯性,保持这种确认标准。

二、现金流量的分类

企业现金流入有各种途径,有销售商品、提供劳务而获得的,有接受投资者投资或债权人贷款而获得的。企业现金流出有各种用途,如购买存货、固定资产、对外投资、支付工资费用等。现金流量表要为会计报表使用者提供企业一定会计期间内有关现金的流入、流出信息,首先要对企业各项经营业务产生或运用的现金流量进行合理的分类。按照现行《企业会计准则第31号——现金流量表》的规定,现金流量分为经营活动产生的现金流量、投资活动产生的现金流量和筹资活动产生的现金流量三类。

1. 经营活动产生的现金流量

经营活动是指企业投资活动和筹资活动以外的所有交易和事项,包括销售商品或提供劳务、经营性租赁、购买货物、接受劳务、制造产品、广告宣传、推销产品、缴纳税款等。经营活动产生的现金流入项目主要有:销售商品、提供劳务收到的现金,收到的税费返还,收到其他与经营活动有关的现金;经营活动产生的现金流出项目主要有:购买商品、接受劳务支付的现金,支付给职工以及为职工支付的现金,支付的各项税费,支付其他与经营活动有关的现金。经营活动产生的现金流量是企业通过运作其拥有的资产所创造的现金流量。

2. 投资活动产生的现金流量

投资活动是指企业长期资产的购建和不包括在现金等价物范围内的投资及其处置活动。其中,长期资产是指固定资产、无形资产、在建工程、其他资产等持有期限在1年或一个营业周期以上的资产。投资活动产生的现金流入项目主要有:收回投资收到的现金,取得投资收益收到的现金,处置固定资产、无形资产和其他长期资产收回的现金净额,收到的其他与投资活动有关的现金;投资活动产生的现金流出项目主要有:购建固定资产、无形资产和其他长期资产支付的现金,投资支付的现金,支付其他与投资活动有关的现金。

3. 筹资活动产生的现金流量

筹资活动是指导致企业资本及债务规模和构成发生变化的活动,包括吸收投资、发行股票、分配利润等。其中,资本包括实收资本(股本)和资本溢价(股本溢价);债务包括向银行借款、发行债券以及偿还债务等。应付账款、应付票据等商业应付款等属于经营活动，不属于筹资活动。筹资活动产生的现金流入项目主要有：吸收投资收到的现金，取得借款收到的现金，收到其他与筹资活动有关的现金；筹资活动产生的现金流出项目主要有：偿还债务支付的现金，分配股利、利润或偿付利息支付的现金，支付其他与筹资活动有关的现金。

对于企业日常活动之外的、不经常发生的特殊项目，如自然灾害损失、保险赔款、捐赠等，应当在现金流量表中归并到相关类别中，并单独反映。

三、现金流量表的结构

我国现金流量表的结构包括基本报表和补充资料两部分。

基本报表内容分为五个部分，包括经营活动所产生的现金流量、投资活动产生的现金流量、筹资活动产生的现金流量、汇率变动对现金的影响和现金及现金等价物净增加额。补充资料分为三个部分，包括将净利润调节为经营活动产生的现金流量、不涉及现金收支的投资和筹资活动和现金及现金等价物净增加情况。现金流量表的具体结构见图表 9-6。

图表 9-6

现 金 流 量 表

年度　　　　单位：元

项　　目	本期金额	上期金额
一、经营活动产生的现金流量		
销售商品、提供劳务收到的现金		
收到的税费返还		
收到其他与经营活动有关的现金		
经营活动现金流入小计		
购买商品、接受劳务支付的现金		
支付给职工以及为职工支付的现金		
支付的各项税费		
支付其他与经营活动有关的现金		
经营活动现金流出小计		
经营活动产生的现金流量净额		
二、投资活动产生的现金流量		
收回投资收到的现金		
取得投资收益收到的现金		
处置固定资产、无形资产和其他长期资产收回的现金净额		
处置子公司及其他营业单位收到的现金净额		
收到其他与投资活动有关的现金		
投资活动现金流入小计		

（续表）

项　　　　　目	本期金额	上期金额
购建固定资产、无形资产和其他长期资产支付的现金		
投资支付的现金		
取得子公司及其他营业单位支付的现金净额		
支付其他与投资活动有关的现金		
投资活动现金流出小计		
投资活动产生的现金流量净额		
三、筹资活动产生的现金流量		
吸收投资收到的现金		
取得借款收到的现金		
收到其他与筹资活动有关的现金		
筹资活动现金流入小计		
偿还债务支付的现金		
分配股利、利润及利息支付的现金		
支付其他与筹资活动有关的现金		
筹资活动现金流出小计		
筹资活动产生的现金流量净额		
四、汇率变动对现金及现金等价物的影响		
五、现金及现金等价物净增加额		
加：期初现金及现金等价物余额		
六、期末现金及现金等价物余额		
补　　充　　资　　料	本期金额	上期金额
1. 将净利润调节为经营活动现金流量：		
净利润		
加：资产减值准备		
固定资产折旧、油气资产折耗、生产性生物资产折旧		
无形资产摊销		
长期待摊费用摊销		
处置固定资产、无形资产和其他长期资产的损失（收益以“－”号填列）		
固定资产报废损失（收益以“－”号填列）		
公允价值变动损失（收益以“－”号填列）		
财务费用（收益以“－”号填列）		
投资损失（收益以“－”号填列）		

（续表）

补　　充　　资　　料	本期金额	上期金额
递延所得税资产减少（增加以“－”号填列）		
递延所得税负债增加（减少以“－”号填列）		
存货的减少（增加以“－”号填列）		
经营性应收项目的减少（增加以“－”号填列）		
经营性应付项目的增加（减少以“－”号填列）		
其他		
经营活动产生的现金流量净额		
2. 不涉及现金收支的重大投资和筹资活动：		
债务转为资本		
一年内到期的可转换公司债券		
融资租入固定资产		
3. 现金及现金等价物净增加情况：		
现金的期末余额		
减：现金的期初余额		
加：现金等价物的期末余额		
减：现金等价物的期初余额		
现金及现金等价物的净增加额		

第五节　所有者权益变动表

所有者权益变动表是反映构成所有者权益的各组成部分当期增减变动情况的报表。所有者权益变动表根据“实收资本（股本）”“资本公积”“盈余公积”“利润分配”等账户的本期发生额明细数及期初、期末余额分析填列。

一、所有者权益变动表的作用

所有者权益变动表可以为信息使用者提供引起会计主体使用者权益变动的全部事项。这些信息，既包括了由企业收入、费用相抵后计入的净利润，又包括了不构成净利润直接计入所有者权益的利得和损失，还揭示了其他所有影响所有者权益增减变动的事项。所有者权益变动表作为综合收益的报表，可以更全面地展示整体获利能力。所有者权益变动表的作用包括：

(1) 提供企业当期实现的净利润，以及由于会计政策的变更和前期会计差错更正对当期净利润的影响。使信息使用者既能了解当前净利润的实现情况，又能了解前期会计核算结果对当期未分配利润的影响，对企业的经营成果变动情况有一个完整的理解。

(2) 提供企业直接计入所有者权益的利得和损失项目及其总额。按照企业会计准则的规定，企业发生的利得和损失，一部分计入当期损益，如资产减值损失，公允价值变动损益，固定资产、无形资产处置损益、债务重组损益、非货币性资产交换损益等；一部分则直接计入当期的所有者权益，如可供出售金融资产公允价值变动净额、计入所有者权益的所得税等。前者在利润表中反映，后者则直接在所有者权益变动表中反映。因此，可以在财务报表中全面反映企业发生的利得和损失的全部内容。

(3) 提供接受企业所有者投资和向所有者分配利润的信息。

(4) 提供影响企业所有者权益内部结构变动的信息。所有者权益变动表还反映了所有者权益内部项目之间的变化，如提取盈余公积、资本公积转增资本、盈余公积弥补亏损等。这种在其他报表中无法体现的内部结构变化信息，对于报表使用人来说是非常重要的。

(5) 提供所有者权益各项目期初和期末余额信息。

二、所有者权益变动表的结构

为了清晰表明所有者权益的各组成部分当期的增减变动情况，所有者权益变动表采用矩阵的形式，反映导致所有者权益变动的所有交易或者事项。一方面分栏列示构成所有者权益的各组成部分——实收资本(股本)、资本公积、盈余公积、未分配利润；另一方面分行列示所有能引起所有者权益各项目变动的交易或者事项。为比较不同会计期间所有者权益变动情况，所有者权益变动表还需要就各项目再分为“本年金额”和“上年金额”两栏分别填列。

三、所有者权益变动表的编制

1. 所有者权益变动表的填列规则

所有者权益变动表各项目根据“实收资本”“资本公积”“盈余公积”和“利润分配”总分类账户和相关明细分类账户明细数填列。列入相关账户贷方的金额在报表中列入加项，列入相关账户借方的金额在报表中列入减项，必须注意的是，提取盈余公积金事项，对于“未分配利润”项目为减项，对于“盈余公积”项目为加项，只影响所有者权益各项目的数量增减变化，不影响所有者权益总额的变化。类似的事项还有盈余公积转赠资本和资本公积转增资本等所有者权益相互转账事项。

2. 所有者权益变动表填列举例

【例 9-4】 沿用[例 9-1][例 9-2]的资料，天山工厂 20×1 年其他相关资料有：接受投资者货币资金投资 300 000 元，提取盈余公积15 190 元，向投资者分配利润 35 000 元。

根据上述资料，天山工厂编制 20×1 年度的所有者权益变动表如图表 9-7 所示(上年金额略)。

图表 9-7

所有者权益

编制单位：天山工厂 20×1

项目	本年			
	实收资本	资本公积	减:库存股	盈余公积
一、上年年末余额	500 000			36 800
加：会计政策变更				
前期差错更正				
二、本年年初余额	500 000			36 800
三、本年增减变动金额(减少以"－"号填列)				
(一) 净利润				
(二) 直接计入所有者权益的利得和损失				
1. 可供出售金融资产公允价值变动金额				
2. 权益法下被投资单位其他所有者权益变动的影响				
3. 与计入所有者权益项目相关的所得税影响				
4. 其他				
上述(一)和(二)小计				
(三) 所有者投入资本	300 000			
1. 所有者投入资本				
2. 股份支付计入所有者权益的金额				
3. 其他				
(四) 利润分配				
1. 提取盈余公积				15 190
2. 对所有者(或股东)的分配				
3. 其他				
(五) 所有者权益内部结转				
1. 资本公积转增资本(或股本)				
2. 盈余公积转增资本(或股本)				
3. 盈余公积弥补亏损				
4. 其他				
四、本年年末余额	800 000			51 990

变动表

年 计量单位：元

金额		上年金额					
未分配利润	所有者权益合计	实收资本	资本公积	减:库存股	盈余公积	未分配利润	所有者权益合计
3 200	540 000	（略）					
3 200	540 000						
72 750	72 750						
72 750	72 750						
	300 000						
−15 190	0						
−35 000	−35 000						
25 760	877 750						

第六节　财务报表分析

一、财务报表分析的作用

财务报表分析是以财务报表提供的信息为主要依据，结合统计资料和其他有关资料，采用专门的方法，对企业单位的经济活动和财务收支情况进行全面、系统的分析，借以对企业的经营活动现状及发展趋势，计划预算完成情况等，进行评价。财务报表分析包括以下内容。

(1) 分析企业的盈利水平，了解引起企业利润变动的诸因素及程度，借以评价企业的获利能力，预测未来的变动趋势。

(2) 分析企业资产的分布情况和资金来源的构成情况，借以评价企业资产的质量，偿债能力及财务业绩。

(3) 分析企业资产的使用效果，借以评价企业的资产营运能力。

(4) 分析企业成本计划、财务计划和利润计划的完成情况，借以考核各职能部门经营管理的水平。

(5) 将企业的有关指标与同行业的先进指标相比，寻找差距，提出改进措施，改善企业的经营管理，提高企业经济效益。

财务报表分析属于事后分析，常用的分析方法有：比较分析法、因素分析法和比率分析法。此处介绍比较分析法和比率分析法。

二、财务报表的分析方法之一——比较分析法

比较分析法是通过将两个或两个以上相关的经济指标进行对比，从数量上确定差异的一种分析方法。比较分析法能说明差异的性质、形成差异的原因和差异程度。比较分析法在会计实务中的运用主要表现在：

(1) 实际数与计划数、预算数、定额数进行比较，借以考核计划、预算或定额的实际完成情况。

(2) 对同一个企业的两期或连续几个会计期的财务报表进行比较，借以分析该企业财务指标变化发展趋势，寻找、探索其变化规律。

(3) 实际数与国内或国际同行业先进水平比较，寻找差距，借以提高企业的经营管理水平和经济效益。

比较分析法通常采用绝对数比较和相对数比较两个方面来分析报表中各项目增减变动和变动百分比。

假定：将需要比较的数据称为实际指标，将被比较的数据称为基期指标（计划指标、前期实际指标、同行业先进指标都可以作为基期指标）。则：

$$实际指标较基期指标增减金额（绝对数）=实际指标-基期指标$$

$$实际指标较基期指标增减（\%）（相对数）=\frac{实际指标-基期指标}{基期指标}$$

【例 9-5】 将天山工厂 20×1 年损益情况与上年度进行比较，分析其发展趋势，进行评价（资料来源：图表 9-4）。

天山工厂比较利润表如图表 9-8 所示。

图表 9-8

天山工厂比较利润表

单位：元

项　　目	20×1 年	20×0 年	增　减	
			金 额	百分比（%）
一、营业收入	1 866 350	1 403 500	462 850	32.98
减：营业成本	1 710 400	1 275 000	435 400	34.15
税金及附加	17 860	13 240	4 620	34.89
销售费用	38 000	28 700	9 300	32.40
管理费用	24 970	30 370	−5 400	−17.78
财务费用	19 320	13 640	5 680	41.64
资产减值损失	4 000	5 000	−1 000	−20.00
加：公允价值变动净损益				
投资收益	25 000	15 000	10 000	66.67
其中：对联营企业和合营企业的投资收益				
二、营业利润	76 800	52 550	24 250	46.15
加：营业外收入	26 200	13 790	12 410	89.99
减：营业外支出	6 000	8 540	−2 540	−29.74
其中：非流动资产处置损失				
三、利润总额（亏损总额以“−”号填列）	97 000	57 800	39 200	67.82
减：所得税费用	24 250	14 450	9 800	67.82
四、净利润（净亏损总额以“−”号填列）	72 750	43 350	29 400	67.82

从图表 9-8 可以看到，天山工厂 20××年的获利情况好于上年，不论是营业利润还是利润总额，都有提高。主要原因是产品销售情况比上年有很大进步，增加了 32.98%，虽然财务费用和销售费用都有所增加，但因其绝对增加额较小，再加上管理费用的降低，企业营业外收入等的增加，使得利润总额比上年增加 67.82%，大于营业利润的增长，与上年相比，20××年的趋势是好的。

三、财务报表的分析方法之二——比率分析法

比率分析法是在两个金额之间计算其相对比率关系的一种分析方法。会计上运用比率分析法计算反映财务报表中的不同项目之间、不同类别之间的比率，考核与评价企业的财务状况和经营成果。

目前，我国考核和评价企业财务状况和经营成果的财务比率主要有：反映企业短期偿债能力的比率、反映企业长期偿债能力的比率、资金周转能力比率、收益比率等。通过这些比率，能判断企业的短期偿债能力、长期偿债能力、资产经营效率和获利能力。

（一）反映企业短期偿债能力的比率

1. 流动比率

流动比率是指流动资产和流动负债的比率。表示每 1 元流动负债可由多少流动资产作为偿债保证。其计算公式如下：

$$流动比率=\frac{流动资产}{流动负债}$$

企业流动资产和流动负债的数据可以直接从资产负债表中获得。流动比率反映企业的短期偿债能力。企业的流动比率较高，表明对债权人的保障程度越好。但过高的流动比率则说明企业的资金尚未有效利用。通常认为，流动资产为流动负债的比率为2:1为好。目前，有些西方国家的企业也在追求 1:1 的流动比率，目的是尽可能地节约流动资金。具体比率是否恰当，应视企业的经营性质和行业平均水平而定。

2. 速动比率

速动比率又称酸性测试比率，是指速动资产与流动负债的比率，表示每 1 元流动负债可以多少速动资产来作为偿债保证。其计算公式如下：

$$速动资产=\frac{速动资产}{流动负债}$$

其中：

$$速动资产=流动资产-存货-预付短期费用$$

通常认为，速动比率以 1:1 为好，但具体比率是否恰当，也应与流动比率一样，视企业的经营性质、行业平均水平和具体情况而定。

（二）反映企业长期偿债能力的比率

1. 资产负债率

资产负债率又称负债比率、举债经营比率，是指负债总额与总资产净额的比率。资产负债率反映债权人提供的资金占全部资产净额的比重，表明债权人提供信贷资金所得的保障程度。其计算公式如下：

$$资产负债率=\frac{负债总额}{总资产(净额)}\times100\%$$

以上公式中的负债总额为流动负债与长期负债之和。总资产净额是指扣除累计折旧、坏账准备以及其他资产抵减项目后的净额。

对债权人来说，资产负债率越低，其贷款的保障程度越好。当然希望企业的资产负债率低一点。而企业的投资者则认为，只要投资利润率高于借款利率，则举借债务可以增加企业的自有资金的收益率。

2. 长期资本负债率

长期资本负债率是指非流动负债占长期资本的百分比，其计算公式如下：

$$长期资本负债率=\frac{非流动负债}{非流动负债+股东权益}\times100\%$$

长期资本负债率反映企业长期资本的结构。由于流动负债的数额经常变化。资本结构管理大多使用长期资本结构。

（三）周转比率

1. 应收款项周转率

应收款项周转率是指企业赊销净额与应收款全年平均余额的比率。应收账款周转率反映企业在某一会计期间收回赊销账款的能力。其计算公式如下：

$$应收账款周转率=\frac{赊销收入净额}{应收账款全年平均余额}$$

其中：

$$赊销收入净额=销售收入-现销收入$$

$$应收款项全年平均余额=(年初应收账款+年末应收账款)\div2$$

以上公式中，若无法确认赊销净额时，也可以销售收入代替。

由于应收账款项周转率缺乏直观性，故而人们往往将应收款项周转率换算成应收账款周转天数代替。其计算公式如下：

$$应收账款周转天数=\frac{360}{应收账款周转率}$$

应收账款周转率和应收账款周转天数说明年度内应收账款转为货币资金的平均次数和平均天数。反映企业应收账款质量的好坏。弥补了流动比率和速动比率两个指标的不足。

如果一个企业的流动比率和速动比率很高，但应收账款周转次数很少，表明企业应收账款的质量不行，很多可能是过期账款。而如果流动比率和速动比率很高，同时应收账款周转次数也多，则表明该企业的收账速度快、坏账损失少、偿债能力强。不过，过分高的周转率则可能是企业过紧的信用政策所致。过紧的信用政策会使企业丧失销售机会，减少获利机会。所以，企业应根据具体情况，确定合理的信用政策。

2. 存货周转率

存货周转率是指在某一会计期间内企业销货成本与存货全年平均余额的比率。存货周转率和应收账款周转率一样，是对流动比率和速动比率指标的补充。其计算公式如下：

$$存货周转率=\frac{销货成本}{存货全年平均余额}$$

其中：

$$存货全年平均余额=(年初存货+年末存货)\div 2$$

存货周转率也可以存货周转天数表示，计算公式如下：

$$存货周转天数=\frac{360}{存货周转率}$$

存货周转率的快慢，受企业经营方式、存货管理制度等各方面的影响。一般来说，存货周转率越高越好。高速度的存货周转率表明企业的存货管理效率高，资金利用好。但是，与应收账款周转率一样，过高的存货周转率也可能引起存货的供应不足，影响企业的产品销售，减少企业的获利机会，增加企业的机会成本。因此，对存货周转率的评价也应考虑不同行业，不同经营方式。

3. 总资产周转率

总资产周转率是销售收入净额与平均资产总额的比值。其计算公式如下：

$$总资产周转率=销售收入净额\div 平均资产总额$$

其中：

$$平均资产总额=(年初资产总额+年末资产总额)\div 2$$

总资产周转率反映资产总额的周转速度。周转越快，反映企业的销售能力越强。企业可以通过薄利多销的办法，加速资产的周转，带来利润绝对额的增加。

各项资产的周转指标可以反映企业管理资产的效率，同时衡量企业运用资产赚取收入的能力，这些指标往往与反映盈利能力的指标结合在一起使用，可以全面评价企业的盈利能力。

（四）收益比率

1. 资本收益率

资本收益率是指企业实现的净利润与资本总额的比率。资本收益率反映投资者投入资本金的获利能力。当然是越高越好。其计算公式如下：

$$资本利润率=\frac{净利润}{资本金总额}\times 100\%$$

资产负债表中“实收资本”项目金额即为投资者投入的资本金，当年内企业的资本金有所变动时，计算公式中的“资本金总额”应改用平均数。

2. 净资产收益率

净资产收益率是指企业实现的净利润与所有者权益总额的比率。净资产收益率反映每100元净资产可获得的净利润。净资产收益率越大，表明其获利能力越强。其计算公式如下：

$$净资产收益率=\frac{净利润}{平均所有者权益}\times 100\%$$

3. 资本保值增值率

资本保值增值率是指所有者权益的期末总额与期初总额的比率。资本保值增值率应大于100%。其计算公式如下：

$$资本保值增值率=\frac{期末所有者权益总额}{期初所有者权益总额}\times 100\%$$

下面以本章天山工厂20×1年年末的利润表、资产负债表为例，说明有关财务指标的计算。

(1) 流动比率＝400 240÷140 170＝2.86(倍)

(2) 速动比率＝(400 240－176 056)÷140 170＝1.6(倍)

(3) 资产负债率＝290 170÷1 167 920×100%＝24.85%

(4) 应收账款周转率$=\frac{1\ 866\ 350}{(35\ 000+79\ 000)\div 2}=33$(次)

应收账款周转天数＝360÷33＝11(天)

(5) 存货周转率$=\frac{1\ 710\ 400}{(117\ 606+176\ 056)\div 2}=12$(次)

存货周转天数＝360÷12＝30(天)

(6) 总资产周转率$=\frac{1\ 866\ 350}{(716\ 000+1\ 167\ 920)\div 2}=1.98$(次)

(7) 销售利润率＝72 750÷1 866 350×100%＝3.9%

(8) 资本收益率$=\frac{72\ 750}{(500\ 000+800\ 000)\div 2}\times 100\%=11.19\%$

(9) 净资产收益率$=\frac{72\ 750}{(540\ 000+877\ 750)\div 2}\times 100\%=10.26\%$

(10) 资本保值增值率＝877 750÷540 000×100%＝162.55%

从上述比率分析的结果可以发现，天山工厂20×1年资金充裕，负债比率较低，短期偿债能力和长期偿债能力强(流动比率2.86倍，速动比率1.6倍，资产负债率24.85%)。较高的资金周转率(应收账款周转率33次，存货周转率12次，总资产周转率1.98次)，迅速增长的销售收入，弥补了企业产品成本率较高的缺陷，资本收益率、净资产收益率均保持在较好的水平。该企业较强的经营能力给予投资者信心，资本投入增加，为企业增添了发展后劲。

案例

请从《上海证券报》或其他财经期刊以及因特网检索一家上市公司的近期财务报告，并仔细阅读后完成下列任务。

1. 计算下列指标：流动比率、资产负债率、应收账款周转率、存货周转率、净资产收益率。
2. 回答下列问题：

(1) 该公司的利润表中是净利润还是净亏损？

(2) 企业利润构成中，哪一部分贡献最大？

(3) 该企业的运行是否健康？

(4) 请说明企业资产负债表和利润表之间的关系。

本 章 小 结

1. 财务报告是指企业对外提供的反映企业某一特定日期财务状况和某一会计期间经营成果和现金流量的文件。财务报告由财务报表和其他应当在财务报告中披露的相关信息和资料组成。其中，财务报表由资产负债表、利润表、现金流量表、所有者权益(股东权益)变动表及其附注等组成。这些会计报表分别从不同的侧面反映了某一个企业单位的财务状况、经营成果和理财过程。

2. 财务报表的编制必须符合相关制度的要求。

3. 财务会计报告编制前必须做好账项调整、对账、结账等有关工作，保证账证相符、账账相符和账实相符。

4. 资产负债表是反映企业在某一特定日期财务状况的报表。利润表是反映企业在一定会计期间经营成果的会计报表。现金流量表是反映企业一定会计期间内有关现金及现金等价物的流入和流出，表明企业获得现金和现金等价物能力的报表。所有者权益变动表是反映构成所有者权益的各个组成部分当期增减变动的报表。

5. 财务报表分析方法主要有比较分析法、因素分析法和比率分析法。目前，我国考核和评价企业财务状况和经营成果常用的财务比率指标有流动比率、速动比率、应收账款周转率、存货周转率、总资产周转率、资产负债率、长期资本负债率和资本利润率、净资产收益率、资本保值增值率等。

关 键 词 汇

资产负债表(balance sheet)　　利润表(income statement)

现金流量表(cash flow statement)
资产负债率(debt ratio)
流动比率(current ratio)
速动比率(acid-test ratio)
应收账款周转率(accounts receivable turnover)
存货周转率(inventory turnover)
资产周转率(asset turnover)

复习思考题

1. 财务会计报告包括哪些基本内容？
2. 财务报表编制应遵循哪些基本要求？
3. 如何编制利润表？描述多步式利润表的计算步骤。
4. 简述资产负债表的基本结构。
5. 资产负债表填列应符合哪些基本要求？如何编制资产负债表？
6. 简述现金流量表中"现金"的含义。
7. 如何区分经营活动、投资活动和筹资活动的现金流量？
8. 会计报表分析包括哪些内容？简述会计报表分析的作用。
9. 考核和评价企业财务状况和经营成果的财务比率指标有哪些？如何计算？

核算与计算题

习 题 一

1. 目的 练习财务报表的编制。

2. 资料

(1) 大中工厂20××年1月份至3月份利润表本年累计数情况如图表9-9所示。

图表9-9

累 计 数 据 表

单位：元

① 营业收入	253 920	⑥ 财务费用	2 000
② 营业成本	165 100	⑦ 投资收益	30 000
③ 销售费用	8 850	⑧ 营业外收入	4 650
④ 税金及附加	12 700	⑨ 营业外支出	15 700
⑤ 管理费用	24 600		

(2) 该工厂20××年4月29日各账户余额如图表9-10所示。

图表9-10

20××年4月29日各账户余额表

单位：元

会计科目	借方金额	会计科目	贷方金额
库存现金	149	累计折旧	140 350
银行存款	48 590	交易性金融负债	36 000
短期投资	25 000	应付账款——A公司	50 000
应收账款——甲工厂	40 000	——B公司	−770
——乙工厂	30 000	实收资本	532 000
——丙工厂	−400	本年利润	59 620
原材料	62 290	盈余公积	35 970
库存商品	31 600	主营业务收入	84 640
固定资产	580 000	投资收益	2 000
生产成本	83 296	营业外收入	990
制造费用	1 300		
管理费用	1 400		
销售费用	2 490		
营业外支出	1 620		
所得税费用	19 675		
利润分配	14 990		
合计	942 000	合计	942 000

(3) 该厂在20××年4月30日发生下列经济业务：

① 管理部门领用办公用原材料500元。

② 机器设备修理费领用修理用配件400元。

③ 计提固定资产折旧2 800元，其中车间负担2 000元，厂部负担800元。

④ 将本月发生的制造费用转入“生产成本”账户。

⑤ 结转本月完工产品的实际生产成本48 360元。

⑥ 结转本月主营业务成本56 988元。

⑦ 本月应交税金及附加4 232元。

⑧ 将本月各收入、费用账户的余额结转“本年利润”账户(所得税除外)。

⑨ 按照本月实现利润的25%计算应交所得税。

3. 要求

(1) 根据4月30日发生的经济业务编制会计分录。

(2) 编制4月30日经济业务发生后的试算平衡表。

(3) 根据有关资料为该厂编制4月份的资产负债表和利润表。

习 题 二

1. 目的 练习财务比率指标的计算。

2. 资料

(1) 新中华公司20××年年末的资产负债表如图表9-11所示。

图表9-11

资产负债表(简表)

20××年12月31日

编制单位:新中华公司　　　　单位:元

资 产	本期金额	负债和所有者权益	本期金额
流动资产		流动负债	
货币资金	107 000	流动负债合计	310 000
交易性金融资产	150 000	非流动负债合计	300 000
应收账款	85 000	负债合计	610 000
存货	269 500	所有者权益	
其他应收款	2 500	实收资本	1 000 000
流动资产合计	614 000	资本公积	160 000
固定资产	1 385 600	盈余公积	232 000
无形资产	20 400	未分配利润	18 000
		所有者权益合计	1 410 000
资 产 总 计	2 020 000	负债和所有者权益总计	2 020 000

(2) 新中华公司20××年的其他财务资料如下:

① 该公司年初有关资料:应收账款50 000元;存货150 500元;流动资产450 000元;流动负债375 000元;实收资本1 000 000元;净资产1 230 000元。

② 20××年度主营业务收入为2 887 500元;主营业务成本为2 310 000元;利润总额为231 000元。

③ 本年实现净利润为84 770元。

3. 要求 根据上述资料计算下列各项财务比率:

流动比率、速动比率、应收账款周转率、存货周转率、总资产周转率、资产负债率、销售利润率、资本收益率、净资产收益率、资本保值增值率。

第十章　会计核算形式

本章导读

在每一个会计核算期间，企业需要根据取得或填制的证明各项经济业务发生或完成情况的原始凭证编制记账凭证，根据记账凭证登记总分类账和相关明细分类账，期末，根据账簿信息编制资产负债表等财务报表和报告。会计核算形式就是探讨如何将各种凭证、账簿、会计报表加以科学地组织，使之构成一个有机的整体。通过本章学习，你应能够：

◆ 了解会计核算形式的意义
◆ 掌握记账凭证会计核算形式的特点和流程
◆ 掌握科目汇总表会计核算形式的特点、流程及其适用范围
◆ 熟悉汇总记账凭证会计核算形式的特点、流程及其适用范围
◆ 熟悉多栏式日记账会计核算形式的特点、流程及其适用范围
◆ 了解不同会计核算形式的区别

第一节　会计核算形式的意义

一、会计核算形式的内容

会计核算形式亦称“账务处理程序”“会计核算组织程序”等，是指记账和产生会计信息的步骤和方法。其基本内容包括凭证组织与处理程序、账簿组织及账务处理程序。其中，凭证组织与处理程序包括各种原始凭证的取得、整理和汇总，记账凭证的填制和汇总，会计凭证的审核、传递、装订和保管等；账簿组织指根据企业具体需要，合理设置各种账簿，确定各种账簿的账页格式，规定各种账簿之间有关金额的相互关系；账务处理程序是指从填制审核原始凭证开始到编制会计报表为止整个核算步骤和方法。将凭证组织与处理程序，账簿组

织与账务处理程序有机结合起来就组成了各种会计核算形式。

二、合理组织会计核算形式的要求

合理组织会计核算形式，按照规定设置会计凭证、账簿和报表的种类和格式，确定凭证、账簿和报表数据之间的勾稽关系，确定凭证、账簿和会计报表的填制方法和登记顺序，有利于提高会计工作的质量和效率，及时满足各信息使用者的需要。

合适的会计核算形式应符合下列三个要求：

(1) 要适合本企业经营管理活动的特点、企业规模的大小和经济业务的繁简，有利于会计工作的分工协作和内部控制。

(2) 要满足国家宏观经济管理、企业微观经济管理和各方面信息使用者了解信息的需要。正确、及时、完整地提供反映本单位经济活动情况的会计核算资料。

(3) 要在保证会计信息质量的前提下，尽可能简化会计核算手续，提高会计工作效率，均衡会计期间的工作量，节约核算费用。

目前我国企业、单位常用的会计核算形式有：记账凭证会计核算形式；科目汇总表会计核算形式；汇总记账凭证会计核算形式；多栏式日记账会计核算形式。各单位也可以根据本身的需要，设计合适的会计核算形式。

各种会计核算形式在凭证组织、账簿设置和登记方法等方面有相同点，也有不同点。各种会计核算形式的主要区别是登记总分类账的依据和方法不同。

第二节 记账凭证会计核算形式

一、记账凭证会计核算形式的特点

记账凭证会计核算形式是一种基本的会计核算形式，其他各种会计核算形式均在此基础上发展和演变而成。记账凭证会计核算形式的特点是：直接根据记账凭证逐笔登记总分类账。

二、记账凭证会计核算形式下的凭证和账簿设置

(一) 凭证设置

在记账凭证会计核算形式下，可设置通用记账凭证，也可根据所要反映的经济业务分别采用收款凭证、付款凭证和转账凭证。记账凭证是登记总分类账的依据。

(二) 账簿设置

采用记账凭证会计核算形式时，需要设置现金日记账、银行存款日记账、总分类账和明

细分类账。

现金日记账和银行存款日记账采用订本式账簿，逐笔登记现金、银行存款的收、付、存情况，账页格式一般采用三栏式，具体见第七章。

总分类账采用订本式账簿，账页格式采用三栏式，按每一总分类账户开设。格式见第七章。

明细分类账采用活页式或卡片式账簿，账页格式可依据账户所要反映的经济业务具体内容和管理需要，采用三栏式、多栏式或数量金额式等。具体格式见第七章。

三、记账凭证会计核算形式的账务处理程序

(1) 根据部分原始凭证编制原始凭证汇总表。

(2) 根据原始凭证、原始凭证汇总表编制记账凭证，包括收款凭证、付款凭证和转账凭证。

(3) 根据收款凭证、付款凭证逐笔登记现金日记账和银行存款日记账。

(4) 根据原始凭证、原始凭证汇总表及有关记账凭证逐笔登记各种明细分类账。

(5) 根据记账凭证逐笔登记总分类账。

(6) 期末，将现金日记账、银行存款日记账余额及各明细分类账户余额合计数分别与相关的总分类账余额核对相符。

(7) 期末，根据核对无误的总分类账及各明细分类账的记录编制会计报表。

记账凭证会计核算形式的账务处理程序如图表 10-1 所示。

问题与思考

小明说："根据记账凭证登记总分类账多麻烦，反正总分类账不需要记录得很详细，根据明细分类账登记总分类账不是很方便吗？"

请问：你认为这种想法对吗？为什么？

四、记账凭证会计核算形式的优缺点及适用范围

记账凭证会计核算形式简单明了，易于理解，总分类账能详细反映各类经济业务的发生和完成情况；有利于会计核算的分工协作，方便会计记账与查账。另外，有利于会计凭证的装订和保管，便于凭证与账簿的核对。其不足之处是如果一个单位规模大、记账凭证多，直接根据记账凭证逐笔登记总分类账的工作量较大。所以，这种会计核算形式适用于规模较小，经济业务较简单的手工记账单位，或者采用电脑记账的单位。

图表 10-1

记账凭证会计核算形式的账务处理程序

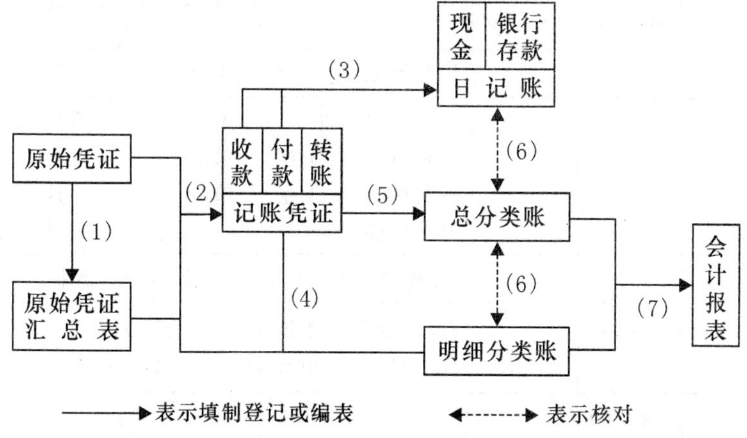

五、记账凭证会计核算形式举例

现以金鑫公司20××年4月份发生的经济业务为例，说明记账凭证会计核算形式的账务处理程序。

（一）金鑫公司总分类账户及明细账户情况

金鑫公司20××年3月31日各总分类账户和有关明细分类账户余额见图表10-2所示。

（二）编制记账凭证

下列记录的是金鑫公司20××年4月发生的经济业务及以此编制的记账凭证（假设记账凭证以会计分录代替，只反映记账凭证的类别及编号；原材料采用实际成本法核算，验收入库分录于月末汇总编制）。

图表 10-2

总分类账户及有关明细分类账户余额

账户名称	总分类账户		明细账户记录
	借　方	贷　方	
库存现金	3 000		
银行存款	177 926		
应收账款	51 824		
应收票据	11 600		
其他应收款	2 000		车间主任李某出差暂借款

（续表）

账户名称	总分类账户		明细账户记录
	借方	贷方	
在途物资	8 000		甲材料 20 吨　单价 400　合计 8 000
原材料	77 200		甲材料 130 吨　单价 400　合计 52 000 乙材料 5 500 千克　单价 1.50　合计 8 250 丙材料 1 800 千克　单价 4.00　合计 7 200 其他材料　合计 9 750
生产成本	19 640		A:料 12 400　工 5 840　费 1 400　合计 19 640
库存商品	47 780		A：50 吨　单价 820　合计 41 000 B：10 吨　单价 678　合计 6 780
固定资产	41 700		
累计折旧		85 600	
长期待摊费用	25 000		租入固定资产，月摊销 1 000 元
短期借款		100 000	
应付账款		18 252	益民工厂 18 252
应付票据		19 800	
应付职工薪酬		8 700	
应交税费		56 308	
实收资本		450 000	
盈余公积		37 160	
本年利润		87 000	1～3 月份营业收入 552 320，营业成本 343 990，税金及附加 3 756，销售费用 29 300，管理费用 27 808，财务费用 4 330
所得税费用	21 750		
合　计	862 820	862 820	

（1）2 日，向先锋工厂购入甲材料 70 吨，每吨 400 元，货款28 000元和增值税进项税额4 480元均以银行存款支付。材料已验收入库。

银付 1：借：在途物资——甲材料　28 000

　　　　　　应交税费——应交增值税（进项税额）　4 480

　　　　贷：银行存款　32 480

(2) 5 日,销售 A 商品 50 吨,每吨售价 1 360 元,货款 68 000 元与销项税额 10 880 元已收到存入银行存款户。

银收 1：借：银行存款　　78 880
　　　　贷：主营业务收入——A 商品　　68 000
　　　　　　应交税费——应交增值税(销项税额)　　10 880

(3) 8 日,为销售商品,领用包装材料 1 700 元。

转账 1：借：销售费用　　1 700
　　　　贷：原材料　　1 700

(4) 8 日,销售给本地永丰工厂 A 商品 40 吨,每吨售价 1 360 元,计价款 54 400 元,销项税额 8 704 元。商品已发出,但货款及增值税销项税额尚未收到。

转账 2：借：应收账款——永丰厂　　63 104
　　　　贷：主营业务收入——A 商品　　54 400
　　　　　　应交税费——应交增值税(销项税额)　　8 704

(5) 8 日,以银行存款缴纳上月应交增值税 56 308 元。

银付 2：借：应交税费——应交增值税　　56 308
　　　　贷：银行存款　　56 308

(6) 9 日,向红星工厂购入乙材料 4 000 千克,每千克 1.50 元,货款 6 000 元和增值税进项税额 960 元尚未支付。材料已验收入库。

转账 3：借：在途物资——乙材料　　6 000
　　　　　　应交税费——应交增值税(进项税额)　　960
　　　　贷：应付账款——红星工厂　　6 960

(7) 9 日,购入甲材料 60 吨,每吨 400 元,货款 24 000 元和增值税进项税额 3 840 元均以银行存款支付。材料已验收入库。

银付 3：借：在途物资——甲材料　　24 000
　　　　　　应交税费——应交增值税(进项税额)　　3 840
　　　　贷：银行存款　　27 840

(8) 9 日,收到永丰工厂货款 63 104 元。

银收 2：借：银行存款　　63 104
　　　　贷：应收账款——永丰厂　　63 104

(9) 11 日,向益民工厂购入甲材料 40 吨,每吨 400 元,货款16 000 元和增值税进项税额 2 560 元尚未支付。材料已验收入库。

转账 4：借：在途物资——甲材料　16 000
　　应交税费——应交增值税(进项税额)　2 560
　贷：应付账款——益民工厂　18 560

(10) 11 日，以银行存款支付上月欠益民工厂货款18 252元。

银付 4：借：应付账款——益民工厂　18 252
　贷：银行存款　18 252

(11) 12 日，销售给伟民工厂 B 商品 20 吨，每吨售价 1 000 元，货款 20 000 元，销项税额 3 200 元。商品已发出，货款尚未收到。

转账 5：借：应收账款——伟民工厂　23 200
　贷：主营业务收入——B 商品　20 000
　　应交税费——应交增值税(销项税额)　3 200

(12) 15 日，开出现金支票向银行提取现金 60 000 元，准备发放工资。

银付 5：借：库存现金　60 000
　贷：银行存款　60 000

(13) 15 日，以现金支付工资 60 000 元。

现付 1：借：应付职工薪酬　60 000
　贷：库存现金　60 000

(14) 15 日，购入乙材料 3 千克，每千克 1.50 元，货款4 500元和增值税进项税额 720 元均以银行存款支付。材料也已验收入库。

银付 6：借：在途物资——乙材料　4 500
　　应交税费——应交增值税(进项税额)　720
　贷：银行存款　5 220

(15) 18 日，为销售商品，领用包装材料 500 元。

转账 6：借：销售费用　500
　贷：原材料　500

(16) 18 日，销售 B 商品 30 吨，每吨售价 1 000 元，货款30 000元，销项税额 4 800 元。商品已发出，货款收到存入银行。

银收 3：借：银行存款　34 800
　贷：主营业务收入——B 商品　30 000
　　应交税费——应交增值税(销项税额)　4 800

(17) 18 日，以银行存款支付欠红星工厂货款 6 960 元。

银付 7：借：应付账款——红星工厂 6 960

贷：银行存款 6 960

（18）22 日，以银行存款支付水电费 1 680 元，其中，车间负担1 000元，管理部门负担 680 元。

银付 8：借：制造费用 1 000

管理费用 680

贷：银行存款 1 680

（19）23 日，以现金购买零星办公用品 532 元。

现付 2：借：管理费用 532

贷：库存现金 532

（20）25 日，以银行存款支付广告费 6 000 元。

银付 9：借：销售费用 6 000

贷：银行存款 6 000

（21）30 日，计算结转已验收入库材料的实际采购成本。其中，甲材料 190 吨（包括上月 20 吨），计 76 000 元。乙材料 7 000 千克，计10 500元。

转账 7：借：原材料——甲材料 76 000

——乙材料 10 500

贷：在途物资——甲材料 76 000

——乙材料 10 500

（22）30 日，4 月份根据领料单编制的“材料耗用汇总表”如图表 10-3 所示。

图表 10-3

材料耗用汇总表

数量单位：吨

20××年 4 月份 金额单位：元

种类 / 数量	甲材料		乙材料		丙材料		合计
	数量	金额	数量	金额	数量	金额	
一、产品耗用							
A产品	140	56 000	6 250	9 375	60	240	65 615
B产品	80	32 000	2 400	3 600	580	2 320	37 920
二、车间耗用					700	2 800	2 800
三、管理部门耗用					150	600	600
合计	220	88 000	8 650	12 975	1 490	5 960	106 935

转账 8：借：生产成本——A 商品　　65 615
——B 商品　　37 920
制造费用　　2 800
管理费用　　600
贷：原材料——甲材料　　88 000
——乙材料　　12 975
——丙材料　　5 960

(23) 30 日，4 月份根据工时和考勤记录，计算出应付职工工资如下：

制造 A 产品直接生产工人　　30 000
制造 B 产品直接生产工人　　180 00
车间管理、技术人员　　7 200
厂部管理、技术人员　　4 800
合　计　　60 000

转账 9：借：生产成本——A 产品　　30 000
——B 产品　　18 000
制造费用　　7 200
管理费用　　4 800
贷：应付职工薪酬——工资　　60 000

(24) 30 日，分别按工资总额的 36％和 2％计算提取社会保险费和工会经费如图表 10-4 所示(其中社会保险费的具体内容有：医疗保险基金 12％、养老保险基金 22％、失业保险基金 2％)。

图表 10-4

提取社会保险费和工会经费

项　　目	工　资	社会保险费			工会经费	合　计
		医疗保险	养老保险	失业保险		
制造 A 产品直接生产工人	30 000	3 600	6 600	600	600	11 400
制造 B 产品直接生产工人	18 000	2 160	3 960	360	360	6 840
车间管理、技术人员	7 200	864	1 584	144	144	2 736
厂部管理、技术人员	4 800	576	1 056	96	96	1 824
合　　计	60 000	7 200	13 200	1 200	1 200	22 800

转账 10：借：生产成本——A 产品　　11 400
——B 产品　　6 840
制造费用　　2 736
管理费用　　1 824
贷：应付职工薪酬——社会保险费　　21 600
——工会经费　　1 200

(25) 30 日,计提固定资产折旧 1 600 元,其中,车间负担折旧费1 280元,厂部负担折旧费 320 元。

转账 11:借:制造费用　　1 280
　　　　　管理费用　　320
　　　　贷:累计折旧　　1 600

(26) 30 日,以现金购买车间用消耗物料 1 188 元。

现付 3:借:制造费用　　1 188
　　　　贷:库存现金　　1 188

(27) 30 日,车间主任李某出差归来报销差旅费 2 000 元,原暂借款 2 000 元注销。

转账 12:借:制造费用　　2 000
　　　　贷:其他应收款　　2 000

(28) 30 日,开出转账支票,偿还银行短期借款 100 000 元和利息1 500元。

银付 10:借:短期借款　　100 000
　　　　　财务费用　　1 500
　　　　贷:银行存款　　101 500

(29) 30 日,销售给本地永丰工厂 A 产品 30 吨,每吨售价1 360元,计价款 40 800 元,销项税额 6 528 元。商品已发出,收到永丰工厂开出的不带息、3 个月期的商业汇票,金额为47 328元。

转账 13:借:应收票据——永丰厂　　47 328
　　　　贷:主营业务收入——A 产品　　40 800
　　　　　　应交税费——应交增值税(销项税额)　　6 528

(30) 30 日,摊销应由本月负担的租入固定资产的租金1 000元。

转账 14:借:制造费用　　1 000
　　　　贷:长期待摊费用　　1 000

(31) 30 日,以银行存款支付各种制造费用 956 元,管理费用 1 444 元。

银付 11:借:制造费用　　956
　　　　　管理费用　　1 444
　　　　贷:银行存款　　2 400

(32) 30 日,本月发生制造费用 20 160 元,按 A、B 两种产品的生产工人工资比例分配。其中 A 产品应分配额为 12 600 元,B 产品应分配额为 7 560 元。

转账15：借：生产成本——A产品 12 600

——B产品 7 560

贷：制造费用 20 160

(33) 30日，A产品完工130吨，总成本106 600元(其中：料：59 800元，工：36 400元，费：10 400元)；B商品完工70吨，总成本48 020元(其中：料：26 040元，工：16 520元，费：5 460元)。结转完工产品成本。

转账16：借：库存商品——A商品 106 600

——B产品 48 020

贷：生产成本——A产品 106 600

——B产品 48 020

(34) 30日，结转已销产品销售成本，其中：本月出售A产品120吨，单位成本820元，合计成本98 400元；出售B产品50吨，单位成本685元，合计成本34 250元。

转账17：借：主营业务成本——A产品 98 400

——B产品 34 250

贷：库存商品——A产品 98 400

——B产品 34 250

(35) 30日，以银行存款支付各项销售费用计2 300元。

银付12：借：销售费用 2 300

贷：银行存款 2 300

(36) 30日，本月应交城市维护建设税等附加税费合计2 214元。

转账18：借：税金及附加 2 214

贷：应交税费 2 214

(37) 30日，将本月"主营业务收入"账户余额213 200元结转至"本年利润"账户。

转账19：借：主营业务收入 213 200

贷：本年利润 213 200

(38) 30日，将本月"主营业务成本"账户余额132 650元，"税金及附加"账户余额2 214元，"销售费用"账户余额10 500元，"管理费用"账户余额10 200元，"财务费用"账户余额1 500元，结转至"本年利润"账户。①

---

① 本案例所得税费用采用年末结转法。

转账 20：借：本年利润　　157 064
　　贷：主营业务成本　　132 650
　　　　税金及附加　　2 214
　　　　销售费用　　10 500
　　　　管理费用　　10 200
　　　　财务费用　　1 500

(39) 30 日，按照本月利润总额的 25%，计算本月应交所得税14 034元。

本月应交所得税＝(213 200－157 064)×25%＝14 034(元)

转账 21：借：所得税费用　　14 034
　　贷：应交税费　　14 034

(三) 登记现金及银行存款日记账

根据记账凭证登记现金日记账和银行存款日记账如图表10-5所示。

图表 10-5

现金日记账和银行存款日记账

现金日记账

20××年		凭证编号	摘要	收入	支出	结存
月	日					
4	1		月初余额			3 000
	15	银付 5	提取现金	60 000		63 000
	15	现付 1	支付工资		60 000	3 000
	23	现付 2	购买办公用品		532	2 468
	30	现付 3	购买物料		1 188	1 280
4	30		合计	60 000	61 720	1 280

银行存款日记账

20××年		凭证编号	摘要	收入	支出	结存
月	日					
4	1		月初余额			177 926
	2	银付 1	购入甲材料		32 480	145 446
	5	银收 1	销售 A 产品	78 880		224 326
	8	银付 2	缴纳上月税金		56 308	168 018

（续表）

20××年		凭证编号	摘　　要	收　入	支　出	结　存
月	日					
4	9	银付 3	购入甲材料		27 840	140 178
	9	银收 2	收到永丰厂货款	63 104		203 282
	11	银付 4	支付欠益民厂款		18 252	185 030
	15	银付 5	提取现金		60 000	125 030
	15	银付 6	购入乙材料		5 220	119 810
	18	银收 3	销售 B 产品	34 800		154 610
	18	银付 7	支付红星厂款		6 960	147 650
	22	银付 8	支付水电费		1 680	145 970
	25	银付 9	支付广告费		6 000	139 970
	30	银付 10	偿还借款及利息		101 500	38 470
	30	银付 11	支付费用		2 400	36 070
	30	银付 12	支付销售费用		2 300	33 770
4	30		合　　计	176 784	320 940	33 770

（四）登记总分类账

在记账凭证会计核算形式下，总分类账户根据每一张记账凭证逐笔登记如图表 10-6 所示（部分账户略）。

图表 10-6

账户名称：原材料

20××年		凭证编号	摘　　要	借　方	贷　方	借/贷	结　存
月	日						
4	1		月初余额			借	77 200
	8	转账 1	领用包装材料		1 700	借	75 500
	18	转账 6	领用包装材料		500	借	75 000
	30	转账 7	结转入库材料成本	86 500		借	161 500
	30	转账 8	生产领用材料		106 935	借	54 565
4	30		合　　计	86 500	109 135	借	54 565

账户名称：应付账款

20××年		凭证编号	摘　　要	借　方	贷　方	借/贷	结　存
月	日						
4	1		月初余额			贷	18 252
	9	转账 3	购入乙材料		6 960	贷	25 212
	11	转账 4	购入甲材料		18 560	贷	43 772
	11	银付 4	支付上月欠款	18 252		贷	25 520
	18	银付 7	支付欠红星厂款	6 960		贷	18 560
4	30		合　　计	25 212	25 520	贷	18 560

账户名称：本年利润

20××年		凭证编号	摘　　要	借　方	贷　方	借/贷	结　存
月	日						
4	1		月初余额			贷	87 000
	30	转账 19	结转主营业务收入		213 200	贷	300 200
		转账 20	结转主营业务成本	132 650		贷	167 550
		转账 20	结转营业费用	10 500		贷	157 050
		转账 20	结转税金及附加	2 214		贷	154 836
		转账 20	结转管理费用	10 200		贷	144 636
		转账 20	结转财务费用	1 500		贷	143 136
4	30		合　　计	157 064	213 200	贷	143 136

账户名称：主营业务收入

20××年		凭证编号	摘　　要	借　方	贷　方	借/贷	结　存
月	日						
4	5	银收 1	销售 A 产品		68 000	贷	68 000
	8	转账 2	销售 A 产品		54 400	贷	122 400
	12	转账 5	销售 B 产品		20 000	贷	142 400
	18	银收 3	销售 B 产品		30 000	贷	172 400
		转账 13	销售 A 产品		40 800	贷	213 200
	30	转账 19	结转“本年利润”	213 200		平	0
4	30		合　　计	213 200	213 200	平	0

账户名称：主营业务成本

20××年		凭证编号	摘　要	借　方	贷　方	借/贷	结　存
月	日						
4	30	转账 17	结转已销产品成本	132 650		借	132 650
		转账 20	结转“本年利润”		132 650	平	0
4	30		合　计	132 650	132 650	平	0

账户名称：管理费用

20××年		凭证编号	摘　要	借　方	贷　方	借/贷	结　存
月	日						
4	22	银付 8	支付水电费	680		借	680
	23	现付 2	购买办公用品	532		借	1 212
	30	转账 8	领用材料	600		借	1 812
		转账 9	应付工资	4 800		借	6 612
		转账 10	应付社会保险费等	1 824		借	8 436
		转账 11	计提折旧	320		借	8 756
		银付 11	支付费用	1 444			10 200
		转账 20	结转“本年利润”		10 200	平	0
4	30		合　计	10 200	10 200	平	0

（五）登记明细分类账

明细分类账见图表 10-7、图表 10-8、图表 10-9。

图表 10-7

原材料明细分类核算

计量单位：吨

账户名称：甲材料　　　　金额单位：元

20××年		凭证号数	摘　要	收　入			发　出			结　存		
月	日			数量	单价	金 额	数量	单价	金 额	数量	单价	金 额
4	1		期初余额							130	400	52 000
	30	转账 7	验收入库	190	400	76 000				320	400	128 000
		转账 8	领用材料				220	400	88 000	100	400	40 000
4	30		合　计	190	400	76 000	220	400	88 000	100	400	40 000

计量单位：吨

账户名称：乙材料　　　　　　　　　　　　　　　　　　　　金额单位：元

20××年		凭证号数	摘　要	收　入			发　出			结　存		
月	日			数量	单价	金额	数量	单价	金额	数量	单价	金额
4	1		期初余额							5 500	1.5	8 250
	30	转账 7	验收入库	7 000	1.5	10 500				12 500	1.5	18 750
		转账 8	领用材料				8 650	1.5	12 975	3 850	1.5	5 775
4	30		合　计	7 000	1.5	10 500	8 650	1.5	12 975	3 850	1.5	5 775

计量单位：吨

账户名称：丙材料　　　　　　　　　　　　　　　　　　　　金额单位：元

20××年		凭证号数	摘　要	收　入			发　出			结　存		
月	日			数量	单价	金额	数量	单价	金额	数量	单价	金额
4	1		期初余额							1 800	4	7 200
	30	转账 8	领用材料				1 490	4	5 960	310	4	1 240
4	30		合　计				1 490	4	5 960	310	4	1 240

其他材料略。

图表 10-8

生产成本明细分类账

户名：A 产品　　　　　　　　　　　　　　　　　　　　金额单位：元

20××年		凭证号数	摘　要	原材料	职工薪酬	制造费用	合　计
月	日						
4	1		月初在产品成本	12 400	5 840	1 400	19 640
	30	转账 8	领用材料	65 615			65 615
	30	转账 9	生产工人工资		30 000		30 000
	30	转账 10	社会保险费等		11 400		11 400
	30	转账 15	分配制造费用			12 600	12 600
	30		全部生产费用	78 015	47 240	14 000	139 255
	30	转账 16	完工产品成本(130 吨)	−59 800	−36 400	−10 400	−106 600
	30		月末在产品成本	18 215	10 840	3 600	32 655
4	30		完工产品单位成本(130 吨)	460	280	80	820

户名：B产品　　　　金额单位：元

20××年		凭证号数	摘　要	原材料	职工薪酬	制造费用	合　计
月	日						
4	30	转账 8	领用材料	37 920			37 920
	30	转账 9	生产工人工资		18 000		18 000
	30	转账 10	社会保险费等		6 840		6 840
	30	转账 15	分配制造费用			7 560	7 560
	30		全部生产费用	37 920	24 840	7 560	70 320
	30	转账 16	完工产品成本(70 吨)	－26 040	－16 520	－5 460	－48 020
	30		月末在产品成本	11 880	8 320	2 100	22 300
4	30		完工产品单位成本(70 吨)	372	236	78	686

图表 10-9

库存商品明细分类账

计量单位：吨
金额单位：元

户名：A产品

20××年		凭证号数	摘　要	收入			发出			结存		
月	日			数量	单价	金额	数量	单价	金额	数量	单价	金额
4	1		月初余额							50	820	41 000
			完工产品成本	130	820	106 600				180	820	147 600
			已销产品成本				120	820	98 400	60	820	49 200
4	30		本月发生额及月末余额	130	820	106 600	120	820	98 400	60	820	49 200

计量单位：吨
金额单位：元

户名：B商品

20××年		凭证号数	摘　要	收入			发出			结存		
月	日			数量	单价	金额	数量	单价	金额	数量	单价	金额
4	1		月初余额							10	678	6 780
			完工产品成本	70	686	48 020				80	685	54 800
			已销产品成本				50	685	34 250	30	685	20 550
4	30		本月发生额及月末余额	70	686	48 020	50	685	34 250	30	685	20 550

（六）总分类账户试算平衡表

总分类账户试算平衡表如图表 10-10 所示。

图表 10-10

金鑫公司总分类账户试算平衡表

20××年 4 月 30 日　　　　单位：元

账户名称	期初余额		本期发生额		期末余额	
	借　方	贷　方	借　方	贷　方	借　方	贷　方
库存现金	3 000		60 000	61 720	1 280	
银行存款	177 926		176 784	320 940	33 770	
应收账款	51 824		86 304	63 104	75 024	
应收票据	11 600		47 328		58 928	
其他应收款	2 000			2 000		
在途物资	8 000		78 500	86 500		
原材料	77 200		86 500	109 135	54 565	
生产成本	19 640		189 935	154 620	54 955	
制造费用			20 160	20 160		
库存商品	47 780		154 620	132 650	69 750	
固定资产	417 100				417 100	
累计折旧		85 600		1 600		87 200
长期待摊费用	25 000			1 000	24 000	
短期借款		100 000	100 000			
应付账款		18 252	25 212	25 520		18 560
应付票据		19 800				19 800
应付职工薪酬		8 700	60 000	82 800		31 500
应交税费		56 308	68 868	50 360		37 800
实收资本		450 000				450 000
盈余公积		37 160				37 160
本年利润		87 000	157 064	213 200		143 136
主营业务收入			213 200	213 200		

（续表）

账户名称	期初余额		本期发生额		期末余额	
	借　方	贷　方	借　方	贷　方	借　方	贷　方
主营业务成本			132 650	132 650		
销售费用			10 500	10 500		
税金及附加			2 214	2 214		
管理费用			10 200	10 200		
财务费用			1 500	1 500		
所得税费用	21 750		14 034		35 784	
合　　计	862 820	862 820	1 695 573	1 695 573	825 156	825 156

（七）编制会计报表

会计报表如图表 10-11 和图表 10-12 所示。

图表 10-11

金鑫公司资产负债表

编制单位：　　　　20××年 4 月 30 日　　　　单位：元

资　　产	期末余额	年初余额	负债和所有者权益	期末余额	年初余额
流动资产：		（略）	流动负债：		（略）
货币资金	35 050		短期借款		
交易性金融资产			交易性金融负债		
应收票据及应收账款	133 952		应付票据及应付账款	38 360	
预付款项			预收款项		
应收利息			应付职工薪酬	31 500	
应收股利			应交税费	37 800	
其他应收款			应付利息		
存货	179 270		应付股利		
一年内到期的非流动资产			其他应付款		
其他流动资产			一年内到期的非流动负债		
流动资产合计	348 272		其他流动负债		

（续表）

资　　产	期末余额	年初余额	负债和所有者权益	期末余额	年初余额
非流动资产：			流动负债合计	109 167	
可供出售金融资产			非流动负债：		
持有至到期投资			长期借款		
长期应收款			应付债券		
长期股权投资			长期应付款		
投资性房地产			专项应付款		
固定资产	329 900		预计负债		
在建工程			递延所得税负债		
生产性生物资产			其他非流动负债		
油气资产			非流动负债合计		
无形资产			负　债　合　计	107 660	
开发支出			所有者权益：		
商誉			实收资本	450 000	
长期待摊费用	24 000		资本公积		
递延所得税资产			减:库存股		
其他非流动资产			盈余公积	37 160	
非流动资产合计	353 900		未分配利润	107 352	
			所有者权益合计	594 512	
资　产　总　计	702 172		负债和所有者权益总计	702 172	

图表 10-12

金鑫公司利润表

编制单位：金鑫公司　　　　20××年 4 月

项　　　　目	本期金额	本年累计金额
一、营业收入	213 200	552 320
减：营业成本	132 650	343 990

（续表）

项　　　目	本期金额	本年累计金额
税金及附加	2 214	3 756
销售费用	10 500	29 300
管理费用	10 200	27 808
研发费用		
财务费用	1 500	4 330
其中：利息费用	1 500	
利息收入		
资产减值损失		
加：其他收益		
投资收益		
其中：对联营企业和合营企业的投资收益		
公允价值变动收益（损失以“－”填列）		
资产处置收益		
二、营业利润	56 136	143 136
加：营业外收入		
减：营业外支出		
三、利润总额（亏损总额以“－”填列）	56 136	143 136
减：所得税费用	14 034	35 784
四、净利润（净亏损以“－”填列）	42 102	107 352
（一）持续经营净利润（净亏损以“－”填列）		
（二）终止经营净利润（净亏损以“－”填列）		
五、其他综合收益的税后净额		
（一）不能重分类进损益的其他综合收益		
（二）将重分类进损益的其他综合收益		
六、综合收益总额		
七、每股收益		
（一）基本每股收益		
（二）稀释每股收益		

企业行政领导　　　　总会计师　　　　会计主管人员　　　　制表人

第三节　科目汇总表会计核算形式

一、科目汇总表会计核算形式的特点

科目汇总表会计核算形式的特点是：定期（每天、每旬或 10 天）根据记账凭证编制科目汇总表（又称记账凭证汇总表），然后再根据科目汇总表登记总分类账。

二、科目汇总表会计核算形式下的凭证和账簿设置

在科目汇总表会计核算形式下，与记账凭证会计核算形式一样，设置收款凭证、付款凭证和转账凭证等记账凭证；设置三栏式现金日记账和银行存款日记账；根据需要设置三栏式、多栏式或数量金额式明细分类账。与记账凭证会计核算形式不同的是总分类账的账页格式。在科目汇总表会计核算形式下，总分类账户中不设对应科目栏，摘要栏只能登记经济业务发生的时间。

三、科目汇总表会计核算形式的账务处理程序

（1）根据部分原始凭证编制原始凭证汇总表。

（2）根据原始凭证和原始凭证汇总表编制记账凭证，包括收款凭证、付款凭证和转账凭证。

（3）根据收款凭证、付款凭证逐笔登记现金日记账、银行存款日记账。

（4）根据原始凭证、原始凭证汇总表及有关记账凭证逐笔登记各明细分类账。

（5）根据记账凭证定期汇总编制科日汇总表。

（6）根据科目汇总表登记总分类账。

（7）期末将现金日记账、银行存款日记账余额及各明细分类账户余额合计数分别与有关的总分类账户余额核对相符。

（8）期末根据核对无误的总分类账户及各明细分类账户的记录编制会计报表。

科目汇总表会计核算形式的账务处理程序如图表 10-13 所示。

四、科目汇总表的编制方法

科目汇总表根据一定时期内（天、旬、月等）的全部记账凭证，按照相同的会计科目汇总编制。科目汇总表的编制方法是，将一定时间内的全部记账凭证，分别每一账户计算借方发生额合计数和贷方发生额合计数，填入科目汇总表的相应栏内，然后分别加计科目汇总表的借方金额栏和贷方金额栏。按照“有借必有贷、借贷必相等”的记账规则，科目汇总表中的借方金额合计数和贷方金额合计数相等。

图表 10-13

科目汇总表会计核算形式的账务处理程序

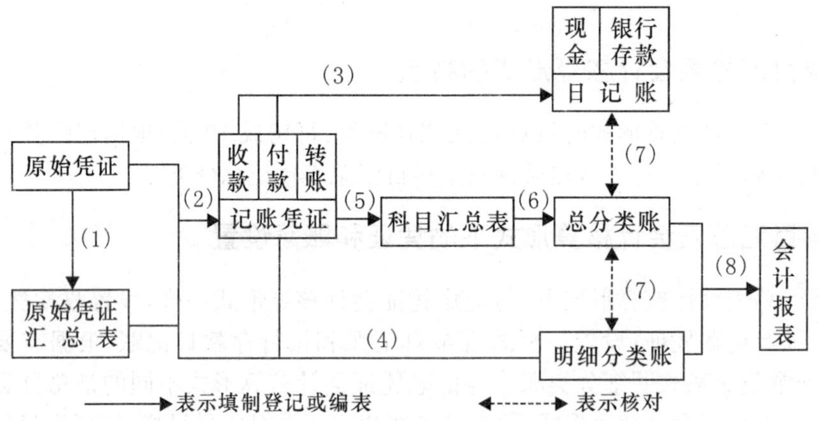

现以金鑫公司 20××年 4 月份发生的有关经济业务为例，说明如何根据记账凭证编制科目汇总表。

假定，金鑫公司采用科目汇总表会计核算形式。该工厂每 15 天编制一张科目汇总表。其编制结果如图表 10-14 所示。

图表 10-14

金鑫公司科目汇总表

20××年 4 月 1 日至 4 月 15 日　　科汇第 1 号

账 户 名 称	借 方	贷 方	备 注
库存现金	60 000	60 000	记账凭证起讫号数
银行存款	141 984	200 100	现付 1
应收账款	86 304	63 104	银收 1～2
应收票据			银付 1～6
其他应收款			转账 1～5
在途物资	78 500		
原材料		1 700	
应付账款	18 252	25 520	
应付票据			
应付职工薪酬	60 000		
应交税费	68 868	22 784	
主营业务收入		142 400	
销售费用	1 700		
合 计	515 608	515 608	

金鑫公司科目汇总表

20××年4月16日至4月30日　　　　科汇第2号

账户名称	借方	贷方	备注
库存现金		1 720	记账凭证起讫号数
银行存款	34 800	120 840	现付2～3
应收票据	47 328		
其他应收款		2 000	
在途物资		86 500	银收3
原材料	86 500	107 435	银付7～11
生产成本	189 935	154 620	转账6～26
制造费用	20 160	20 160	
库存商品	154 620	132 650	
长期待摊费用		1 000	
累计折旧		1 600	
短期借款	100 000		
应付账款	6 960		
应付职工薪酬		82 800	
应交税费		27 576	
本年利润	157 064	213 200	
主营业务收入	213 200	70 800	
主营业务成本	132 650	132 650	
销售费用	8 800	10 500	
税金及附加	2 214	2 214	
管理费用	10 200	10 200	
财务费用	1 500	1 500	
所得税费用	14 034		
合计	1 179 965	1 179 965	

按照科目汇总表登记分类账，登记的次数多少由汇总表的编制次数而定。根据金鑫公司科目汇总表登记的银行存款总分类账户如图表10-15所示。

图表 10-15

科目汇总表会计核算形式下总分类账户的登记

科目汇总表

200×年4月1~15日　科汇1号

会计科目	借方金额	贷方金额
库存现金	60 000	60 000
银行存款	141 984	200 100
……	⋮	⋮
总　计	515 608	515 608

科目汇总表

200×年4月16~30日　科汇2号

会计科目	借方金额	贷方金额
库存现金		1 720
银行存款	34 800	120 840
……	⋮	⋮
总　计	1 179 965	1 179 965

总分类账

银行存款

日期	凭证编号	摘　要	借　方	贷　方	借/贷	余　额
4.1		月初余额			借	177 926
4.15	科汇1	1~15日	141 984	200 100	借	119 810
4.30	科汇2	16~30日	34 800	120 840	借	33 770
4.30	合　计		176 784	320 940	借	33 770

编制科目汇总表和根据科目汇总表登记总分类账户，必须注意以下几点：

(1) 为便于科目汇总表的编制，记账凭证中所涉及的账户最好保持一借一贷的账户对应关系。一借一贷的记账凭证也可一式二联，一联用于借方账户汇总，一联用于贷方账户汇总。

(2) 科目汇总表上会计科目的排列应按照总分类账上账户的排列顺序固定排列，以避免漏登总分类账。科目汇总表备注栏必须详细注明其编制依据，即记账凭证的起讫号数。

(3) 科目汇总表的汇总间隔时间根据需要确定，但不宜过长，以便及时对发生额进行试算平衡，了解经济业务的发生情况及各账户的余额。

(4) 根据科目汇总表登记总分类账，总分类账户中不必登记经济业务的摘要和对应账户(也无法登记)，但每次登记完毕后，应结出账户余额。

五、优缺点及适用范围

与记账凭证会计核算形式相比，科目汇总表会计核算形式大大简化了总分类账的登记工作；科目汇总表编制方便，且可进行试算平衡。但是，科目汇总表和以此为登记依据的总分类账只能起到金额数字的归纳和汇总作用，不能反映经济业务的内容和由此引起的资金运动的来龙去脉，不能反映账户的对应关系。因此，不便于通过总分类账对经济活动进行分析和检查。该种会计核算形式适用于经济业务繁杂的单位。

第四节　汇总记账凭证会计核算形式

一、汇总记账凭证会计核算形式的特点

汇总记账凭证会计核算形式的特点是：定期(5 天或 10 天)根据记账凭证编制汇总记账凭证，然后根据汇总记账凭证登记总分类账。

二、汇总记账凭证会计核算形式的凭证和账簿设置

在汇总记账凭证会计核算形式下，需要设置收款凭证、付款凭证和转账凭证等记账凭证；设置汇总收款凭证、汇总付款凭证和汇总转账凭证等汇总记账凭证；设置三栏式的现金日记账和银行存款日记账；设置有对应关系的总分类账；根据需要设置三栏式、多栏式或数量金额式的明细分类账。

三、汇总记账凭证会计核算形式的账务处理程序

汇总记账凭证会计核算形式的账务处理程序与科目汇总表会计核算形式的账务处理程序基本相同，只是将登记总分类账的依据由科目汇总表改为汇总记账凭证。汇总记账凭证会计核算形式的账务处理程序如下：

(1) 根据部分原始凭证编制原始凭证汇总表。

(2) 根据原始凭证、原始凭证汇总表编制记账凭证，包括收款凭证、付款凭证和转账凭证。

(3) 根据收款凭证，付款凭证逐笔登记现金日记账、银行存款日记账。

(4) 根据原始凭证、原始凭证汇总表有关记账凭证逐笔登记各明细分类账。

(5) 根据记账凭证定期编制汇总记账凭证。

(6) 根据汇总记账凭证登记总分类账。

(7) 期末，将现金日记账、银行存款日记账余额及各明细分类账户余额合计数分别与相关的总分类账户余额核对相符。

(8) 期末，根据总分类账户和各明细分类账户的有关资料编制会计报表。

汇总记账凭证会计核算形式的账务处理程序如图表 10-16 所示。

图表 10-16

汇总记账凭证会计核算形式账务处理程序

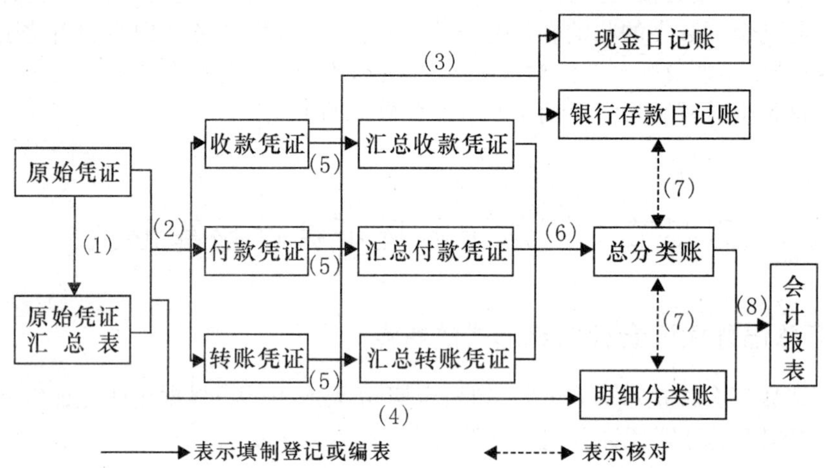

四、汇总记账凭证的编制方法

汇总记账凭证根据记账凭证汇总填制，在汇总记账凭证会计核算形式下，汇总记账凭证是登记分类账的依据。汇总记账凭证通常包括以下内容：

(1) 汇总记账凭证的名称。

(2) 填制凭证的日期和编号。

(3) 汇总记账凭证设置的对应账户名称。

(4) 相对应的汇总账户名称及金额。

(5) 所附记账凭证的张数。

(6) 过入总分类账的页数。

汇总记账凭证按其汇总方式分为汇总收款凭证、汇总付款凭证和汇总转账凭证。

编制汇总记账凭证时，首先将记账凭证按收款、付款和转账业务分为三类；然后收款凭证再按借方账户分为若干个小类，付款凭证、转账凭证再按贷方账户分为若干个小类；最后对各小类记账凭证进行汇总，编制汇总记账凭证，每一小类编制一张。

（一）汇总收款凭证的编制

汇总收款凭证是指按照“库存现金”“银行存款”等货币资金账户借方设置的一种汇总记账凭证。汇总收款凭证的编制方法是：将已分成小类需要汇总的收款凭证，按与其相对应的贷方账户汇总，计算出合计数，填入汇总收款凭证内。每5天或10天汇总一次，每月汇总一张，月末，加总每一贷方账户的合计数，登记总分类账。

（二）汇总付款凭证的编制

汇总付款凭证是指按照“库存现金”“银行存款”等货币资金账户贷方设置的一种汇总记账凭证。汇总付款凭证的编制方法是：将已分成小类需要汇总的付款凭证，按与其相对应的借方账户汇总，计算出合计数，填入汇总付款凭证内。每5天或10天汇总一次，每月汇总一张，月末，加总每一借方账户的合计数，登记总分类账。

（三）汇总转账凭证的编制

汇总转账凭证是指按照每一贷方账户分别设置，按与其相对应的借方账户归类汇总的汇总记账凭证。汇总转账凭证的编制方法是：将已按贷方账户分成小类，需要汇总的转账凭证，按与其相对应的借方账户汇总，计算出合计数，填入汇总转账凭证内。每5天或10天汇总一次，每月汇总一张，月末，加总每一借方账户的合计数，登记总分类账。

图表10-17、图表10-18、图表10-19列示的是根据金鑫工厂20××年4月份发生的有关经济业务编制的汇总收款凭证（以“银行存款”账户为例）、汇总付款凭证（以“银行存款”账户为例）和汇总转账凭证（以“原材料”账户为例）。

为了便于汇总记账凭证的编制，在平时编制记账凭证时，收款凭证应尽量避免多借一贷或多借多贷的账户对应关系。付款凭证和转账凭证应尽量避免一借多贷或多借多贷的账户对应关系。否则，会给汇总记账凭证的编制带来不便。

图表10-17

汇总收款凭证

借方账户：银行存款　　　　汇收字第1号

贷方账户	金额				总账账页	
	1～10日	11～20日	21～31日	合计	借方	贷方
主营业务收入	68 000	30 000		98 000		
应交税费	10 880	4 800		15 680		
应收账款	63 104			63 104		

图表 10-18

汇总付款凭证

贷方账户：银行存款　　　　汇付字第 1 号

借方账户	金	额			总账账页	
	1～10 日	11～20 日	21～31 日	合计	借方	贷方
在途物资	52 000	4 500		56 500		
应交税费	64 628	720		65 348		
应付账款		25 212		25 212		
库存现金		60 000		60 000		
短期借款			100 000	100 000		
财务费用			1 500	1 500		
制造费用			1 956	1 956		
管理费用			2 124	2 124		
销售费用			8 300	8 300		

图表 10-19

汇总转账凭证

贷方账户：原材料　　　　汇转字第 1 号

借方账户	金	额			总账账页	
	1～10 日	11～20 日	21～31 日	合计	借方	贷方
销售费用	1 700	500		2 200		
生产成本			103 535	103 535		
制造费用			2 800	2 800		
管理费用			600	600		

五、汇总记账凭证会计核算形式下总分类账户的登记

在汇总记账凭证会计核算形式下，总分类账户于月末根据汇总记账凭证合计数分别填列。其登记方法是：根据汇总收款凭证的合计数，记入“库存现金”“银行存款”或有关货币资金账户的借方，以及与其相对应的账户的贷方；根据汇总付款凭证的合计数，记入“库存现金”“银行存款”或有关货币资金账户的贷方，以及与其相对应的账户的借方；根据汇总转账凭证的合计数，记入相关账户的借方和贷方。汇总记账凭证会计核算形式下总分类账户登记如图表 10-20 所示。

图表 10-20

汇总记账凭证会计核算形式下总分类账户的登记

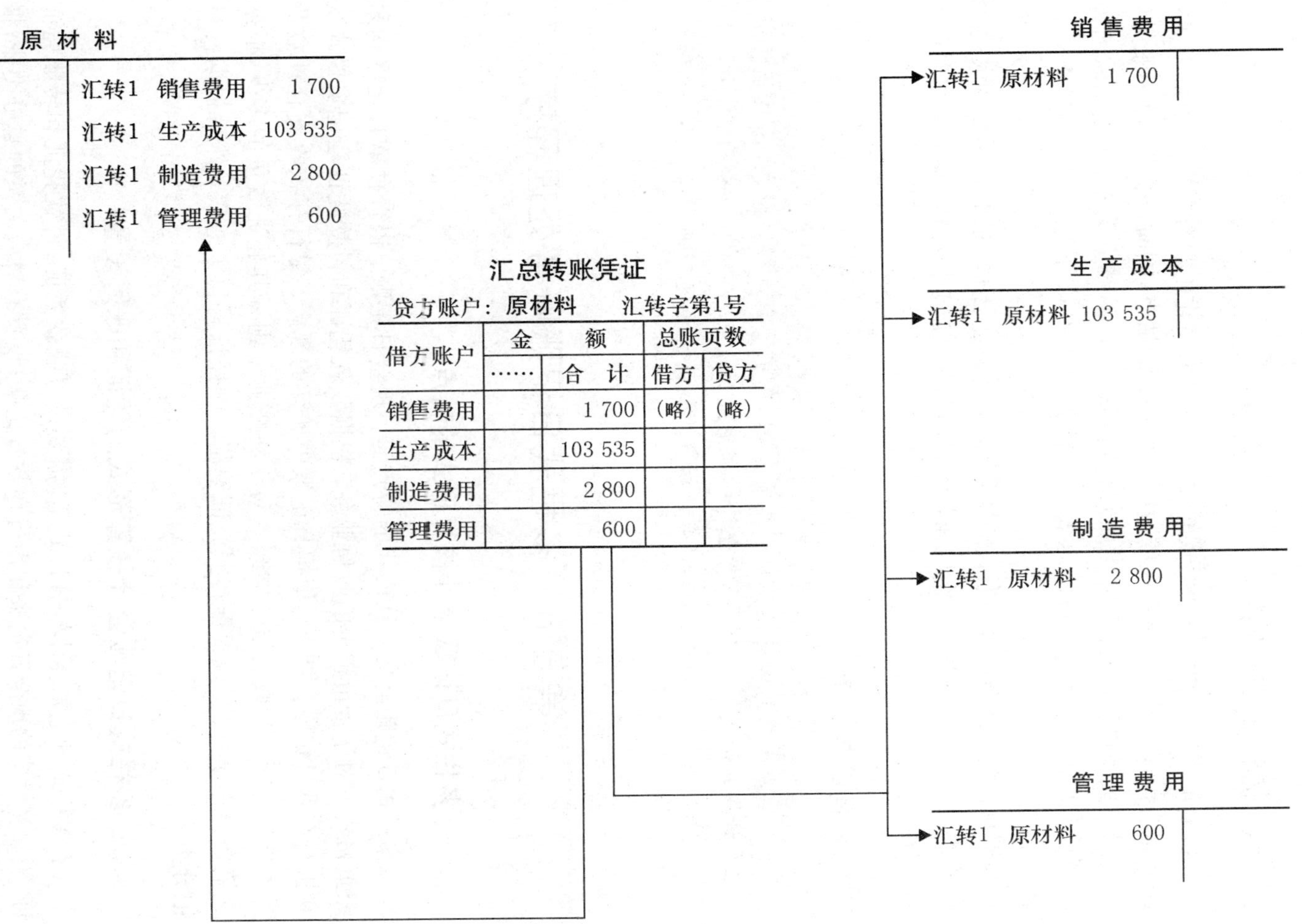

汇总转账凭证

贷方账户：原材料　　汇转字第1号

借方账户	金额		总账页数	
	……	合计	借方	贷方
销售费用		1 700	（略）	（略）
生产成本		103 535		
制造费用		2 800		
管理费用		600		

六、优缺点及适用范围

汇总记账凭证会计核算形式的优点是：大大简化了总分类账的登记工作，避免了记账凭证会计核算形式中所存在的过账工作量大的缺点；同时，由于汇总记账凭证是按照账户的对应关系进行汇总，总分类账户仍可通过账户的对应关系，明确反映所发生的各类经济业务内容，克服了科目汇总表会计核算形式中总分类账不能反映账户对应关系的缺点。

汇总记账凭证会计核算形式的缺点是：编制汇总记账凭证的工作量较大，且编制汇总记账凭证和登记总分类账的工作均在月末进行，工作量过于集中。这种方法适用于规模较大且经济业务繁多的单位。

问题与思考

小王是某大学会计系本科一年级学生，在学习会计核算形式时，总是将汇总记账凭证会计核算形式与科目汇总表会计核算形式混淆。

请问：你能告诉小王这两种会计核算形式的主要区别吗？

第五节　多栏式日记账账务处理程序

一、多栏式日记账会计核算形式的特点

多栏式日记账会计核算形式的特点是：现金日记账、银行存款日记账均采用多栏式账页格式。对于货币资金的收付业务，根据收款凭证和付款凭证登记多栏式现金日记账和银行存款日记账。期末，根据日记账中加计的现金、银行存款收支合计数及各对应账户本期发生额合计数登记分类账。对于转账业务则视其凭证数量的多少，根据转账凭证逐笔登记总分类账，或根据转账凭证编制转账凭证科目汇总表，然后根据科目汇总表登记分类账。

二、多栏式日记账会计核算形式的凭证和账簿设置

在多栏式日记账会计核算形式下，需要设置收款凭证、付款凭证和转账凭证等记账凭证；设置多栏式的现金日记账和银行存款日记账；设置有对应关系的总分类账；根据需要设置三栏式、多栏式或数量金额式的明细分类账。

三、多栏式日记账会计核算形式账务处理程序

(1) 根据部分原始凭证编制原始凭证汇总表。

(2) 根据原始凭证、原始凭证汇总表编制收款凭证、付款凭证和转账凭证。

(3) 根据收款凭证、付款凭证逐笔登记多栏式现金日记账和银行存款日记账。

(4) 根据原始凭证、原始凭证汇总表及有关记账凭证逐笔登记各明细分类账。

(5) 期末,根据转账凭证编制转账凭证科目汇总表。

(6) 期末,根据多栏式现金日记账、银行存款日记账的发生额合计数及转账凭证科目汇总表登记总分类账。

(7) 期末,将各明细分类账的余额合计数分别与相关的总分类账余额数核对相等。

(8) 期末,根据总分类账和各明细分类账的有关资料编制会计报表。

多栏式日记账会计核算形式、核算流程如图表 10-21 所示。

图表 10-21

多栏式日记账会计核算形式

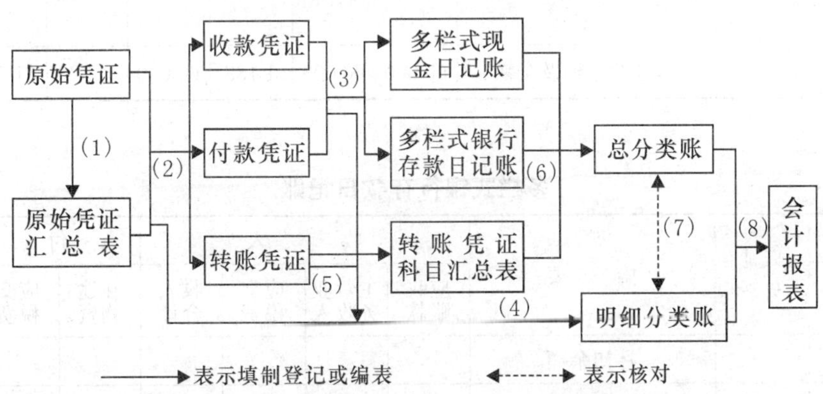

四、多栏式日记账会计核算形式下总分类账的登记

在多栏式日记账会计核算形式下,现金、银行存款日记账收、付方栏都按其对应账户设置专栏。多栏式日记账实际起到了汇总收款凭证和汇总付款凭证的作用。

多栏式日记账会计核算形式下总分类账的登记:

(1) “库存现金”“银行存款”总分类账的登记。“库存现金”总分类账分别根据多栏式现金日记账“收入合计栏”与“支出合计栏”的本月合计数登记借方与贷方,并计算该账户的本期发生额和期末余额。“银行存款”总分类账的登记方法与“库存现金”相同。

(2) 其他总分类账的登记。根据与多栏式现金日记账、银行存款日记账支出方相对应的借方账户栏本月合计数,及转账凭证科目汇总表的借方发生数登记账户的借方;根据

与多栏式现金日记账、银行存款日记账收入方相对应的贷方账户栏本月合计数，及转账凭证科目汇总表的贷方发生数登记账户的贷方，分别计算各总分类账户的本期发生额和期末余额。

下面举例说明多栏式日记账会计核算形式下总分类账的登记。

(1) 资料：

金鑫公司20××年4月多栏式现金日记账、银行存款日记账以及转账凭证科目汇总表如图表10-22、图表10-23、图表10-24所示。

图表10-22

多栏式现金日记账

20××年		凭证号数	摘要	收入		付出				余额
月	日			银行存款	收入合计	制造费用	应付职工薪酬	管理费用	付出合计	
4	1		月初余额 ⋮							3 000
4	30		本月发生额及余额	60 000	60 000	1 188	60 000	532	61 720	1 280

图表10-23

多栏式银行存款日记账

20××年		凭证号数	摘要	收入				付出		
月	日			应收账款	主营业务收入	应交税费	收入合计	在途物资	应交税费	应付账款
4	1		月初余额							
			⋮							
4	30		本期发生额及余额	63 104	98 000	15 680	176 784	56 500	65 348	25 212

20××年		付出							余额
月	日	销售费用	制造费用	管理费用	财务费用	短期借款	库存现金	付出合计	
4	1								177 926
4	30	8 300	1 956	2 124	1 500	100 000	60 000	320 940	33 770

图表 10-24

转账凭证科目汇总表

20××年 4 月 1 日至 30 日

会 计 科 目	借方金额	贷方金额	备 注
应收账款	86 304		（略）
应收票据	47 328		
其他应收款		2 000	
在途物资	22 000	86 500	
原材料	86 500	109 135	
库存商品	154 620	132 650	
长期待摊费用		1 000	
累计折旧		1 600	
应付账款		25 740	
应付职工薪酬		82 800	
应交税费	3 740	34 680	
本年利润	157 064	213 200	
生产成本	189 935	154 620	
制造费用	17 016	20 160	
主营业务收入	213 200	115 200	
主营业务成本	132 650	132 650	
销售费用	2 200	10 500	
税金及附加	2 214	2 214	
管理费用	7 544	10 200	
财务费用		1 500	
所得税费用	14 034		
合 计	1 136 349	1 136 349	

（2）根据所给资料登记“库存现金”“管理费用”总分类账户如图表 10-25 所示。其余账户略。

图表 10-25

总 分 类 账

库 存 现 金

20××年		凭证编号	摘　　要	借 方	贷 方	借/贷	余 额
月	日						
4	1		月初余额			借	3 000
	30	现日	现金日记账过入	60 000	61 720	借	1 280
4	30		合　　计	60 000	61 720	借	1 280

管 理 费 用

20××年		凭证编号	摘　　要	借 方	贷 方	借/贷	余 额
月	日						
4	30	现日	现金日记账过入	532		借	532
		银日	银行存款日记账过入	2 124		借	2 656
		转科汇表	转账凭证科目汇总表过入	7 544	10 200	平	0
4	30		本月发生额及余额	10 200	10 200	平	0

五、优缺点及适用性

多栏式日记账会计核算形式的优点是:多栏式日记账按账户的对应关系设置专栏,起到了汇总收款凭证和汇总付款凭证的作用;根据多栏式日记账和转账凭证科目汇总表登记总分类账,可以大大减轻总分类账的登记工作。其缺点是:若企业经济业务繁杂,涉及账户过多,则会造成日记账专栏过多,账页庞大,不便于登记和阅读。因此,这种会计核算形式适用于规模大,涉及货币资金的业务量多但涉及会计科目较少的单位。

直接根据多栏式现金、银行存款日记账登记总分类账,对于货币资金核算缺少必要的内部控制。因此,必须加强对现金、银行存款收、付款凭证的审核,确保原始数据正确无误;加强会计凭证传递程序、传递时间的内部控制,保护货币资金的安全。

本 章 小 结

1. 会计核算形式是指记账和产生会计信息的步骤和方法。其基本内容包括凭证组织与处理程序、账簿组织和账务处理程序。目前我国企业、单位常用的会计核算形式有:记账凭证会计核算形式;科目汇总表会计核算形式;汇总记账凭证会计核算形式;多栏式日记账会计核算形式等。

各种会计核算形式的主要区别是登记总分类账的依据和方法不同。

2. 作为合理、适用的会计核算形式必须符合以下几个要求:

(1) 要适合本企业经营管理活动的特点。

(2) 满足各方面信息使用者的需要,正确、及时、完整地提供会计信息。

(3) 在保证会计信息质量的前提下,简化会计核算手续,节约核算费用。

3. 记账凭证会计核算形式的特点是根据记账凭证直接登记总分类账。记账凭证会计核算形式是一种基本的会计核算形式,其他各种会计核算形式均在此基础上发展和演变而成。

4. 科目汇总表会计核算形式的特点是:定期根据记账凭证编制科目汇总表,然后根据科目汇总表登记总分类账。与记账凭证会计核算形式相比,科目汇总表会计核算形式大大简化了总分类账的登记工作。

5. 汇总记账凭证会计核算形式的特点是:定期根据记账凭证编制汇总记账凭证,然后根据汇总记账凭证登记总分类账。汇总记账凭证按账户的对应关系进行汇总,分别编制汇总收款凭证、汇总付款凭证和汇总转账凭证,弥补了科目汇总表的缺陷,总分类账能反映账户的对应关系。

6. 多栏式日记账会计核算形式的特点是:设置多栏式现金日记账和银行存款日记账。视经济业务的具体内容,分别根据多栏式现金日记账、银行存款日记账或转账凭证科目汇总表登记总分类账。

关键词汇

会计核算形式(bookkeeping procedures)

记账凭证会计核算形式(bookkeeping procedure using vouchers)

科目汇总表会计核算形式(bookkeeping procedure using categorized account summary)

汇总记账凭证会计核算形式(bookkeeping procedure using summary vouchers)

多栏式日记账会计核算形式(bookkeeping procedure using columnar journal)

科目汇总表(categorized account summary)

汇总记账凭证(summary vouchers)

复习思考题

1. 什么是会计核算形式?简述会计核算形式包括的基本内容。

2. 合理、适用的会计核算形式必须符合哪些基本要求？
3. 简述记账凭证会计核算形式的特点、核算流程、优缺点和适用性。
4. 如何编制科目汇总表？
5. 简述科目汇总会计核算形式的特点、核算流程、优缺点和适用性。
6. 如何编制汇总收款凭证、汇总付款凭证和汇总转账凭证？
7. 简述汇总记账凭证会计核算形式的特点、核算流程、优缺点和适用性。
8. 比较科目汇总表与汇总记账凭证的联系和区别。
9. 简述多栏式日记账会计核算形式的特点、核算流程、优缺点和适用性。
10. 简述各种会计核算形式的主要区别。

核算与计算题

习 题 一

1. 目的 练习记账凭证会计核算形式。

2. 资料

(1) 七一工厂20××年4月30日有关账户余额如图表10-26所示。

图表10-26

七一工厂20××年4月30日有关账户余额表

单位：元

账户名称	金额(借方)	账户名称	金额(贷方)
库存现金	540	短期借款	70 000
银行存款	40 060	应付账款	3 100
应收账款	1 350	应交税费	6 000
原材料	91 240	累计折旧	50 000
生产成本	58 000	实收资本	300 000
库存商品	61 810	盈余公积	20 300
固定资产	200 000	本年利润	40 000
所得税费用	13 200		
利润分配	23 200		
合计	489 400	合计	489 400

(2) 该工厂 5 月份发生如下经济业务：

5 月 1 日，向大华工厂购入材料一批，货款 5 400 元，增值税进项税额 864 元。材料已验收入库，款项尚未支付。

5 月 2 日，以现金支付职工张斌探亲旅费借款 2 000 元。

5 月 3 日，采购员报销市内交通费 15 元，以现金支付。

5 月 4 日，收到新安工厂归还的前欠账款 1 350 元，存入银行存款户。

5 月 5 日，向银行借入短期借款 10 000 元。

5 月 5 日，以现金购入管理部门用办公用品 58 元。

5 月 7 日，以银行存款缴纳上月城市维护建设税 1 500 元，所得税4 500元。

5 月 8 日，售给大明工厂 A 商品 50 件，每件售价 500 元，货款25 000 元和增值税销项税额 4 000 元尚未收到。

5 月 9 日，开出转账支票归还前欠大华工厂账款 6 318 元。

5 月 10 日，开出转账支票，发放本月份职工工资 12 000 元。

5 月 13 日，生产产品领用原材料 22 000 元。

5 月 15 日，车间核算员报销职工市内交通费 32 元，以现金支付。

5 月 18 日，大明工厂还来货款 29 250 元，收到转账支票存入银行。

5 月 18 日，职工张斌探亲回来，实报差旅费 186 元，退还多余现金 140 元。

5 月 20 日，开出转账支票支付本月水费 1 200 元，其中车间生产耗用 1 000 元，管理部门耗用 200 元。

5 月 21 日，购入原材料一批，计买价 6 400 元，增值税进项税额1 024 元，运费 100 元，材料已验收入库，货款、增值税进项税额及运费均以银行存款付讫。

5 月 22 日，售出 A 商品 120 件，每件售价 500 元。货款60 000元和增值税销项税额9 600元均收到转账支票存入银行。

5 月 23 日，收到其他单位投资转入的全新设备一台，买价10 000元，增值税进项税额1 600元。

5 月 24 日，收到其他单位投入货币资金 100 000 元，存入银行。

5 月 25 日，开出转账支票购入新机器一台，价值 15 000 元，增值税进项税额 2 400 元。

5 月 28 日，以银行存款支付本月电费 1 700 元，其中车间负担1 200元，管理部门负担 500 元。

5 月 30 日，开出转账支票，支付本月电话费 241 元。

5 月 30 日，对本月购入并已验收入库的材料，按实际采购成本转账。

5 月 31 日，分配本月份工资 13 680 元，其中生产工人工资9 690 元；车间技术管理人员工资 2 850 元；企业行政管理人员工资1 140元。

5 月 31 日，计提固定资产折旧 1 100 元，其中车间固定资产折旧 840 元，管理部门固定资产折旧 260 元。

5月31日，以银行存款支付银行借款利息580元。

5月31日，将本月发生的制造费用如数转入“生产成本”账户。

5月31日，结转本月完工产品生产成本34 600元。

5月31日，本月出售的A商品170件，按每件320元计算并结转销售成本。

5月31日，计提本月应缴城市维护建设税1 410元。

5月31日，将本月各项收入、支出结转至“本年利润”账户。

5月31日，本月应缴纳所得税6 240元。

3. 要求

(1) 根据该企业5月份发生的经济业务编制专用记账凭证。

(2) 开设并登记现金和银行存款日记款总分类账户，结出各账户的本期发生额及期末余额(采用三栏式账页格式)。

(3) 编制六栏式总分类账户(现金和银行存款日记账与总分类账核对)。

(4) 编制试算平衡表。

(5) 为七一工厂编制20××年5月31日的资产负债表和5月份利润表。

习 题 二

1. 目的 练习科目汇总表的编制。

2. 资料 某企业20××年3月1～10日根据发生的经济业务编制记账凭证如图表10-27所示(以会计分录代替)。

图表10-27

记 账 凭 证(以会计分录代替)

单位：元

凭证编号	借方会计科目	金 额	贷方会计科目	金 额
银收1	银行存款	50 000	短期借款	50 000
转账1	生产成本	6 500	原材料	6 500
银付1	库存现金	15 000	银行存款	15 000
银付1	应付职工薪酬	15 000	库存现金	15 000
银收2	银行存款	9 000	应收账款	9 000
银付2	库存现金	800	银行存款	800
银付2	其他应收款	250	库存现金	250
银付3	应付账款	4 300	银行存款	4 300
转账2	固定资产	100 000	实收资本	100 000
转账3	盈余公积	5 000	实收资本	5 000

3. 要求　根据上述会计凭证为该企业编制3月1～10日的科目汇总表。

习　题　三

1. 目的　练习科目汇总表会计核算形式。

2. 资料　本章习题一编制的记账凭证。

3. 要求　假定七一工厂采用科目汇总表会计核算形式。科目汇总表每10天编制一次。

(1) 为该厂编制200×年5月份上、中、下旬的科目汇总表。

(2) 根据科目汇总表登记“库存现金”“生产成本”总分类账户，并将登记结果与习题一核对比较(其余账户略)。

第十一章　会计工作组织

本章导读

会计工作的进行，需要设置合理的会计机构，任用合格的会计人员，对会计资料进行妥善保管。科学合理地组织会计工作，可以保证会计工作的有效、顺利进行。对此，我国制定了一系列的会计法律法规和规章制度，要求企业严格执行。通过本章学习，你应能够：

- 了解会计法律和规章制度
- 熟悉企业会计准则体系
- 熟悉会计人员应遵循的职业道德
- 了解会计人员的任职要求
- 了解会计档案的保管要求
- 了解会计信息系统的内容

第一节　会计法律法规

会计法律法规制度是组织和从事会计工作必须遵循的规范。会计法律法规具体规定会计工作应遵循的规则、方法和程序。为了使会计工作有组织、有秩序地进行，为了实现为决策者提供有用的信息和帮助管理者报告其受托责任的会计目标，必须有一套完善的会计法规制度。各个国家都有完整的会计法律法规。

一、会计法律法规体系

我国现行的会计法律法规体系由会计法律、会计法规、会计规章制度三个部分组成。

会计法律是指由全国人民代表大会及其常务委员会经过一定立法程序制定和颁布的有关会计工作的法律。《中华人民共和国会计法》(以下简称《会计法》)是指导我国经济生活中会计关系的总规范，是制定其他一切会计法规、制度的法律依据，是会计工作的最高准则。1985 年 5 月 1 日，我国第一部《会计法》正式问世，至今已经历了 1993 年、1999 年和 2017 年的多次修改，目前实施的是 2017 年修订并于 2017 年 11 月 4 日正式实施的《会计法》。

会计法规依据我国《会计法》规定，由国务院制定发布或国务院有关部门拟定经国务院批准发布、调整经济生活中某些方面会计关系的法律规范，如《总会计师条例》《企业财务会计报告条例》等。

会计规章制度是由国务院财政部门根据会计法制定的关于会计核算、会计监督、会计机构和会计人员以及会计工作管理的制度。会计规章制度由一系列规范构成。如《企业会计准则》《企业会计制度》《金融企业会计制度》《民间非营利组织会计制度》《小企业会计制度》《会计基础工作规范》《内部会计控制规范》《会计档案管理办法》《会计专业职务试行条例》《会计从业资格管理办法》等。

二、会计法律法规的主要内容

（一）会计法

现行《中华人民共和国会计法》以“规范会计行为，保证会计资料真实、完整，加强经济管理和财务管理，提高经济效益，维护社会主义市场经济秩序”为立法宗旨。《会计法》的内容包括总则、会计核算、公司和企业会计核算的特别规定、会计监督、会计机构和会计人员、法律责任、附则等共 7 章 52 条。其基本内容包括以下几个方面。

1. 总则

此部分规定国家机关、社会团体、公司、企业、事业单位和其他组织必须依照《会计法》办理会计事务，设置账簿，进行会计核算，实行会计监督。单位负责人对本单位的会计工作和会计资料的真实性、完整性负责。

2. 会计核算

此部分明确规定各单位必须根据实际发生的经济业务事项进行会计核算，填制会计凭证，登记会计账簿，编制财务会计报告。任何单位不得以虚假的经济业务事项或者资料进行会计核算。此部分详细阐述了会计核算的基本内容、会计报告的时间范围、记账文字和记账本位币，以及会计凭证、会计账簿和财务会计报告编制、登记应遵循的规范等。

3. 公司和企业会计核算的特别规定

此部分规定公司、企业必须根据实际发生的经济业务事项，按照国家统一的会计制度的规定确认、计量和记录资产、负债、所有者权益、收入、费用、成本和利润。在进行会计核算时，不得随意改变资产、负债和所有者权益的确认标准或者计量方法，虚列、多列、不列或者少列资产、负债和所有者权益；不得虚列或者隐瞒收入，推迟或者提前确认收入；不得随意改变费用、成本的确认标准或者计量方法，虚列、多列、不列或者少列费用、成本；不得随意调整利润的计算、分配方法，编造虚假利润或者隐瞒利润；不得违反国家统一的会计制度规定等行为。

4. 会计监督

此部分确定了由单位内部会计监督、国家会计监督和社会会计监督等组成的三位一体的会计监督体系。单位内部应该建立会计监督制度，记账人员与经济业务事项和会计事项的审批人员、经办人员、财物保管人员的职责权限明确，相互分离、相互制约；重大对外投资、资产处置、资金调度和其他重要经济业务事项的决策和执行的相互监督、相互制约程序明确；财产清查的范围、期限和组织程序明确；对会计资料定期进行内部审计的办法和程序。财政、审计、税务、人民银行、证券监管、保险监管等部门应当依照有关法律、行政法规规定的职责，对有关单位的会计资料实施监督检查。须经注册会计师进行审计的单位，应委托注册会计师进行审计，并配合注册会计师的工作，如实提供会计凭证、会计账簿、会计报表和其他会计资料以及有关情况，不得拒绝、隐匿、谎报，不得示意注册会计师出具不当的审计报告。

5. 会计机构和会计人员

此部分对会计机构设置、总会计师设置、会计人员配备、会计人员从业能力和会计交接手续的办理作出规定。对会计机构和会计人员的基本职责作出规定。

6. 法律责任

此部分对违反《会计法》的行为进行界定，并规定了相应的法律责任。这些行为包括：① 不依法进行会计核算和监督；② 伪造、变造会计凭证、会计账簿，编制虚假财务会计报告；③ 隐匿或者故意销毁依法应当保存的会计资料；④ 授意、指使、强令会计机构、会计人员及其他人员伪造、变造、隐匿、故意销毁会计资料；⑤ 单位负责人对依法履行职责的会计人员实行打击报复；⑥ 财政部门及有关行政部门的工作人员在实施监督管理中滥用职权、玩忽职守、徇私舞弊或者泄露国家秘密、商业秘密，构成犯罪的等。

7. 附则

（二）企业会计准则

会计准则是会计理论的具体化，是指导会计核算工作的规范。会计准则由财政部根据《中华人民共和国会计法》的规定制定。自 1992 年 11 月 30 日财政部颁布我国第一个《企业会计准则——基本准则》以来，我国一直积极推进会计政策和会计制度的建设。2006 年 2 月 15 日，财政部在对原有《企业会计准则——基本准则》和具体准则修订、调整、补充的基础上，颁布了企业会计准则体系。该准则体系于 2007 年 1 月 1 日率先在上市公司中执行，之后逐步扩展到所有大中型企业。2014 年后，财政部多次修订和新增了多项会计准则，不断健全完善企业会计准则体系。

目前，中国的企业会计准则体系由基本准则、具体准则、应用指南及解释四部分组成。这里简单介绍基本准则。

基本准则是企业会计准则体系的概念基础，是具体准则、应用指南和解释等的制定依据。我国的基本准则规范了以下内容：

(1) 财务报告目标。基本准则明确了我国财务报告的目标是向财务报告使用者提供决策有用的信息,并反映企业管理者受托责任的履行情况。

(2) 会计核算的基本前提。强调了企业会计确认、计量和报告以会计主体、持续经营、会计分期和货币计量为基本前提。强调会计核算应当以企业发生的各项经济业务为对象,记录和反映企业本身的各项生产经营活动;以企业持续、正常的生产经营活动为前提;划分会计期间,分期结算账目和编制会计报表,会计期间分为年度、季度和月份,其起讫日期采用公历日期;会计核算以人民币为记账本位币。

(3) 会计记账基础。要求企业会计确认、计量和报告应当以权责发生制为基础,正确区分不同会计期发生的收入和费用。

(4) 会计信息质量要求。规定财务报告中提供的会计信息应当满足可靠性原则、相关性原则、可理解性原则、可比性原则、实质重于形式、重要性原则、谨慎性原则和及时性原则等会计信息质量要求。

(5) 会计要素分类及其确认,计量。会计要素是构成会计所要核算与监督的会计对象的具体内容。会计要素分为资产、负债、所有者权益、收入、费用和利润六个部分。会计要素在计量时,以历史成本为基础,可供选择的计量属性包括历史成本、重置成本、可变现净值、现值和公允价值等。

(6) 财务报告体系。企业对外的财务报告体系应包括资产负债表、利润表、现金流量表等报表及报表附注,符合会计信息质量的基本要求。

(三)《企业内部会计控制基本规范》

《企业内部控制基本规范》2008 年 6 月 28 日由财政部、证监会、审计署、银监会和保监会联合发布,自 2009 年 7 月 1 日起首先在上市公司范围内施行,鼓励非上市的大中型企业执行。基本规范共七章五十条,包括总则、内部环境、风险评估、控制活动、信息与沟通、内部监督和附则。其主要内容包括以下几个方面：

(1) 内部控制的内涵。内部控制是由企业董事会、监事会、经理层和全体员工实施的、旨在实现控制目标的过程,有利于树立全面、全员、全过程控制的理念。

(2) 内部控制的目标。实施内部控制,要求企业在保证经营管理合法合规、资产安全、财务报告及相关信息真实完整、提高经营效率和效果的基础上,着力促进企业实现可持续发展战略。

(3) 内部控制的原则。企业在建立和实施内部控制全过程中应贯彻全面性原则、重要性原则、制衡性原则、适应性原则和成本效益原则。

(4) 内部控制框架。《企业内部控制基础规范》构建了以内部环境为重要基础、以风险评估为重要环节、以控制活动为重要手段、以信息与沟通为重要条件、以内部监督为重要保证,相互联系、相互促进的五要素内部控制框架。

（5）内部控制实施和监督机制。企业内部控制的实施以企业为主体、以政府监管为促进、以中介机构审计为重要组成部分。企业应实行内部控制自我评价制度，并将各责任单位和全体员工实施内部控制的情况纳入绩效考评体系。国务院有关监管部门有权对企业建立并实施内部控制的情况进行监督检查。企业可以依法委托会计师事务所对本企业内部控制的有效性进行审计，出具审计报告。

第二节　会 计 机 构

会计机构是处理会计业务工作的专职机构。会计机构的主要职能是制定和执行党和国家的方针政策，制定和执行会计制度，处理日常会计工作。

一、会计机构的设置

各单位是否设置会计机构，是根据各单位会计业务的需要、经营业务规模的大小、会计业务的复杂程度、机构人员的设置要求、办公自动化程度等来决定的。《会计法》规定，各单位应当根据会计业务的需要，设置会计机构，或者在有关机构中设置会计人员并指定会计主管人员；不具备设置条件的，应当委托经批准设立从事会计代理记账业务的中介机构代理记账。

会计机构的设置和会计人员的配置主要有三种情况。其一，实行独立核算的大中型企业，实行企业化管理的事业单位，以及财务收支数额较大、会计业务较多的机关团体和其他组织，必须设置由本单位领导人直接领导的财务会计机构，并配备必要的会计人员；其二，财务收支数额不大、业务形式比较简单、会计核算不太复杂的单位，可以不设专门的会计机构，只要在有关机构中设置专职会计人员处理会计事务即可；其三，不具备配备专职会计人员条件的小型经济组织可以委托专门从事会计代理记账业务的中介代理机构代理记账。

会计机构的名称没有统一的规定，各单位根据自己的具体情况确定，如会计（或财务）处、科、股、组等。

二、会计岗位的设置

为保证会计工作的顺利开展，会计机构内部应建立岗位责任制，明确会计人员各自的岗位及其职责范围，实行定员、定岗和定职的管理，以提高会计工作效率。

会计工作岗位设置必须遵守下列原则：

（1）满足本单位会计业务的需要。各单位应根据本单位的规模、业务内容、管理要求等实际情况设置会计岗位，满足会计业务的需要。

（2）符合内部会计牵制制度的要求。会计人员可以一人多岗或多人一岗，但必须符合内部会计牵制制度的要求。出纳人员不得兼任稽核、会计档案保管和收入、支出、费用、债权和债务账目的登记工作。

(3) 有利于会计人员全面熟悉业务。在可能的情况下，会计人员的岗位应进行定期的或不定期的轮换。一方面有利于促进会计人员的自身学习，全面熟悉业务，以适应不同岗位的需求，另一方面也有利于会计监督，防止会计人员出现违法乱纪行为。

会计人员的工作岗位一般有会计主管、出纳、财产物资核算、工资核算、成本费用核算、收入成本利润核算、资金核算、往来核算、总账报表、稽核、会计档案保管等。会计工作的岗位分工根据需要确定，可以一人一岗、一人多岗或多人一岗。规模大业务多的企业，会计机构内部可以按经济业务类别设置若干职能组。

三、会计工作的组织方式

企业会计工作的组织方式有集中核算和分散核算两种。

1. 集中核算

集中核算组织形式是指企业的会计核算工作，包括总分类核算和明细分类核算、会计报表编制和分析等，全部集中在会计机构总部进行。其他职能部门、车间、仓库的专职或兼职会计人员，只负责部分原始凭证填制和原始记录的登记，并定期将原始凭证和原始凭证汇总表送交会计机构总部，为会计机构总部的会计核算工作提供资料。采用集中核算组织形式，可以减少核算层次，节约核算费用，但不利于各职能部门及时运用会计资料对经济活动进行分析与考核。

2. 分散核算

分散核算(又称非集中核算)组织形式是指企业的会计核算工作分散在会计机构总部及各个职能部门中进行。即日常业务的凭证整理、明细核算、内部会计报表的编制和分析等工作，分散在直接从事该项业务的车间、部门进行；总分类核算、对外会计报表的编制和分析工作，现金往来、物资购销、债权和债务结算等明细分类核算工作，集中在会计机构总部进行。实行分散核算有利于各部门及时掌握会计信息，利用会计资料进行经济活动的分析和考核。一个单位的会计工作组织是采用集中核算还是分散核算，取决于经济管理的要求。

第三节　会计人员

会计人员是指从事会计工作、处理会计业务、完成会计任务的人员。设置会计机构的单位，应当配备一定数量符合会计从业资格的会计人员。不设专门会计机构的单位，应当在有关机构中配备若干办理会计事务的专职和兼职会计人员。明确会计人员的职责权限，提高会计人员的政治素质和业务水平，是保证会计工作质量的关键。

一、会计人员的职责

1. 进行会计核算

会计人员要做好会计核算工作，如实反映经济活动情况。按照国家会计制度的规定记账、算账、报账，做到手续完备，内容真实，数据准确，账目清楚，日清月结，按时编制会计报表和上报。

2. 实行会计监督

会计人员必须按照国家有关规定，对本单位的经济活动实行监督。对违反《会计法》和国家统一会计制度规定的会计事项，应拒绝办理或按照职权予以纠正。会计监督的具体内容包括：

(1) 审核和监督原始凭证。对不真实、不合法的原始凭证不予受理。

(2) 监督实物和款项的收付和结存，建立并严格执行财产清查制度。发现账簿记录与实物、款项不符时，应查明原因，按照有关规定进行处理。无权自行处理的，应向相关领导报告，请求查明原因。

(3) 制止和纠正伪造、变造、故意毁灭会计账簿，指使、强令编造、篡改财务报告，或者账外设账等行为。制止和纠正无效的，应当向上级主管单位报告，请求作出处理。

(4) 监督企业单位的财务收支。

(5) 制止和纠正违反单位内部会计管理制度的经济活动；制止和纠正无效的，向单位领导人报告，请求处理。

(6) 监督单位制定的预算、财务计划、经济计划、业务计划的执行情况。

各单位必须依照法律和国家有关规定接受财政、审计、税务等机关的监督，如实提供会计凭证、会计账簿、会计报表和其他会计资料以及有关情况，不得拒绝、隐匿、谎报。

3. 参与制定企业的财务计划和预算，并考核和分析其执行情况

会计人员按照经济核算的原则，编制并执行财务计划、预算；定期分析计划、预算的执行情况，挖掘增收节支的潜力，考核资金使用效果；参与本单位的预测、决策过程；为编制下期计划和预算提供有关的会计资料，做好信息反馈工作。

4. 做好其他会计工作

拟订本单位的会计事务管理办法，如材料收发保管制度，固定资产使用、保管制度等；按照会计制度的规定，妥善保管凭证、账簿、报表等档案资料。

二、会计人员的职业道德

会计人员的职业道德包括以下几方面的内容。

1. 爱岗敬业，忠于职守

爱岗敬业是会计人员干好本职工作的基础和条件，是其应具备的基本道德素质。会

计人员热爱会计工作，忠实地履行自己的职责，刻苦钻研业务，不断提高技能，树立干一行、专一行、爱一行的良好职业荣誉感和责任感，勤勤恳恳，兢兢业业，以高度的事业心做好本职工作。

2. 熟悉法规，依法办事

在市场经济中，任何单位的经济业务都要直接或间接地受到有关法律、法规的制约。国家的许多法律、法规，尤其是财经方面的法律、法规的贯彻执行；都要通过会计工作来体现。会计人员要认真学习和熟悉掌握财经法律、法规和国家统一的会计制度，做到在处理各项经济业务时知法依法，严格按照国家的有关法律、法规和政策制度办理有关业务，维护规章制度的严肃性、科学性和完整性。

3. 实事求是，客观公正

实事求是是每个会计人员应该具备的职业品质。客观公正是会计工作和会计人员追求的目标。会计资料是各单位进行经营管理和业务管理的依据，也是信息使用者作出正确决策的依据。如果会计数据失真，那会计核算就毫无意义。因此，会计人员在办理会计事务中，必须以实事求是的精神和客观公正的态度，完整、准确、如实地反映各项经济活动情况，正确理解、把握并严格执行会计准则、制度，消除非客观、非公正因素的影响，做到最大限度的客观公正。

4. 遵纪守法，廉洁奉公

法律和道德是维护社会秩序、规范人们思想和行为的重要手段，它们相互联系、相互补充。会计法律制度是会计职业道德的最低要求，廉洁奉公，不谋私利是会计职业道德的重要特征。会计工作天天要与“钱”和“物”打交道，如果没有廉洁奉公的品质和良好的职业道德，就可能经不住“金钱”的诱惑，还可能走上犯罪的道路。因此，会计人员必须严格地遵守《会计法》和各项会计准则、会计制度及其他有关的财经法规和制度，以遵纪守法、廉洁奉公作为自己的行为准则。

5. 精通业务，自强不息

会计工作是一项专业性、技术性很强的工作，要求会计人员必须具备必要的专业知识和专业技能。会计学是一门社会科学，其内涵十分丰富，知识面也相当宽广，而且随着社会主义市场经济体制的建立，改革开放的不断深入，经济生活中提出了许多过去不曾遇到的新问题，会计也面临着许多全新的课题，会计理论、会计知识都以前所未有的速度更新。因此，会计人员必须在实践中不断地学习，认真钻研业务技能，精通现代科学技术，熟练掌握会计电算化管理技术，以适应会计工作发展的需要。

6. 改革创新，搞好服务

会计工作是经济管理工作的一部分，会计人员熟悉本单位的生产经营和业务管理情况，这一优势决定了会计人员能够通过其工作，参与企业的经营管理，决定了做好会计工作对所在单位的经营管理的重要意义。因此，会计人员应该解放思想，开拓创新，在做好本职工作

的同时，积极为领导出谋划策，参与单位的预测和决策，并运用自己所掌握的会计信息和会计方法，为改善单位内部管理，提高经济效益服务。

问题与思考

由于销路受限，公司财务部预测公司本年度将发生 800 万元亏损。刚刚上任的公司总经理责成总会计师千方百计实现当年盈利目标，说："实在不行，可以对会计报表做一些会计技术处理。"

请问：你认为根据会计人员的职责和职业道德规范，总会计师应该如何处理？

三、会计人员的任职要求

会计是利用货币计量，通过一系列专门方法为人们提供所需经济信息的信息系统。会计工作具有很强的政策性和专业性。因此，国家颁布了一系列行政规章，根据会计工作实际岗位的复杂难易程度的不同、所负责任的不同，对不同层次会计人员提出了具体的任职要求。具体内容归纳如下。

（一）对从事会计工作人员的任职要求

从事会计工作的人员，必须具备从事会计工作所需的专业能力，遵守职业道德。担任单位会计机构负责人（会计主管人员）的，还应当具备会计师以上专业技术职务资格或者从事会计工作 3 年以上经历。从事会计工作的人员按其所掌握专业知识和专业技能的熟练程度及在单位会计工作中所承担的责任，考试合格，经有关部门批准，获得相应的专业技术职务。国家规定的会计专业技术职务名称有：高级会计师、会计师、助理会计师和会计员。

1. 会计员

会计员的任职条件是，初步掌握财务会计知识和技能；熟悉并遵照执行有关会计法规和财务会计制度；能担负一个岗位的财务会计工作；大学专科或中等专业学校毕业，在财务会计工作岗位上见习 1 年期满，并通过会计员专业技术职务资格考试。

会计员的基本职责是，负责具体审核和办理财务收支，编制记账凭证，登记会计账簿，编制会计报表和办理其他会计事务。

2. 助理会计师

助理会计师的任职条件是，掌握一般的财务会计基础理论和专业知识；熟悉并能正确执行有关方针、政策和财务会计法规、制度；能担负一个方面重要岗位的财务会计工作；取得硕士学位，或取得第二学士学位或研究生班结业证书，具备履行助理会计师职责的能力；大学本科毕业，在财务会计工作岗位上见习 1 年期满；大学专科毕业并担任会计员职务 2 年以上；或中等专业学校毕业并担任会计员职务 4 年以上，并通过助理会计师专业技术职务资格考试。

助理会计师的基本职责是，负责草拟一般的财务会计制度、规定、办法，解释、解答财务会

计法规、制度中的一般规定；分析检查某一方面或某些项目的财务收支和预算的执行情况。

3. 会计师

会计师的任职条件是，较系统地掌握财务会计基础理论和专业知识；掌握并能正确贯彻有关的财经方针、政策和财务会计法规制度；具有一定会计工作经验，能担负一个单位或者管理一个地区、一个部门、一个系统某个方面的财务会计工作；取得博士学位，并具有履行会计师职责的能力；取得硕士学位并担任助理会计师职务 2 年左右；取得第二学士学位或研究生班结业证书，并担任助理会计师职务 2～3 年；大学本科或大学专科毕业并担任助理会计师职务 4 年以上；掌握一门外语，并通过会计师专业技术职务资格考试。

会计师的基本职责是，负责草拟比较重要的财务会计制度、规定、办法；解释、解答财务会计法规、制度中的重要问题；分析检查财务收支和预算的执行情况；培养初级会计人才。

4. 高级会计师

高级会计师的任职条件是，较系统地掌握经济、财务会计理论和专业知识；具有较高的政策水平和丰富的财务会计工作经验，能担任一个地区、一个部门或一个系统的财务会计管理工作；取得博士学位，并担任会计师职务 2～3 年；取得硕士学位、第二学士学位或研究生班结业证书，或大学本科毕业并担任会计师职务 5 年以上；较熟练地掌握一门外语。

高级会计师的基本职责是，负责草拟和解释、解答在一个地区、一个部门、一个系统或在全国施行的财务会计法规、制度、办法；组织和指导一个地区或一个部门、一个系统的经济核算和财务会计工作；培养中级以上会计人才。

对各级专业职务的学历和从事财务会计工作年限的要求，一般都应具备；但对确有真才实学、成绩显著、贡献突出、符合任职条件的，在确定其相应专业职务时，可以不受规定的学历和工作年限的限制。

（二）对总会计师的任职要求

按照我国《会计法》的规定，国有的和国有资产占控股地位或者主导地位的大、中型企业必须设置总会计师。总会计师由具有会计师以上专业技术资格的人员担任。

总会计师是在单位负责人领导下，主管经济核算和财务会计工作的负责人。总会计师组织领导本单位的财务管理、成本管理、预算管理、会计核算和会计监督等方面的工作，参与本单位的重要经济问题的分析和决策。总会计师应坚持社会主义经营方向，积极为社会主义建设和改革开放服务；坚持原则、廉洁奉公；熟悉本行业的基本业务知识和行业生产、技术、经营等情况，有组织领导能力；有较高的理论政策水平，熟悉国家的财经法律、法规、方针、政策和制度；在经济管理、会计、财务、审计、金融等方面具有扎实的专业技术知识；具有会计师以上专业技术职称，主管一个单位或单位内部重要方面的财务工作 3 年以上；身体健康，能胜任本职工作。

1. 总会计师的基本职责

（1）编制和执行预算、财务收支计划、信贷计划，拟订资金筹措和使用方案，开辟财源，

有效地使用资金。

（2）进行成本费用预测、计划、控制、核算、分析和考核，督促本单位有关部门降低消耗、节约费用、提高经济效益。

（3）建立、健全经济核算制度，利用财务会计资料进行经济活动分析。

（4）承办单位主要行政领导人交办的其他工作。

2. 总会计师的主要权限

（1）制止或者纠正对违反国家财经法律、法规、方针、政策、制度和有可能在经济上造成损失、浪费的行为。制止或者纠正无效时，提请单位主要行政领导人处理。

（2）组织本单位各职能部门、直属基层组织的经济核算、财务会计和成本管理方面的工作。

（3）主管审批财务收支工作。

（4）签署预算、财务收支计划、成本和费用计划、信贷计划、财务专题报告、会计决算报表等。涉及财务收支的重大业务计划、经济合同、经济协议等，在单位内部须经总会计师会签。

（5）会计人员的任用、晋升、调动、奖惩，应当事先征求总会计师的意见。财会机构负责人或者会计主管人员的人选，应当由总会计师进行业务考核，依照有关规定审批。

企业的总会计师由本单位主要行政领导人提名，政府主管部门任命或者聘任；免职或者解聘程序与任命或者聘任程序相同。事业单位和业务主管部门的总会计师依照干部管理权限任命或者聘任；免职或者解聘程序与任命或者聘任程序相同。总会计师必须具备法定要求的条件。

第四节　会 计 档 案

会计档案是指单位在进行会计核算等过程中接收或形成的，记录和反映单位经济业务事项的，具有保存价值的文字、图表等各种形式的会计资料，包括通过计算机等电子设备形成、传输和存储的电子会计档案。各单位必须加强会计档案管理工作，建立和完善会计档案的收集、整理、保管、利用和鉴定销毁等管理制度，采取可靠的安全防护技术和措施，保证会计档案的真实、完整、可用、安全。各单位必须重视会计档案管理，建立会计档案的立卷、归档、保管、查阅和销毁等管理制度，保证会计档案妥善保管、有序存放、方便查阅，严防毁损、散失和泄密。

一、会计档案的内容

会计档案的具体内容包括：

会计凭证：包括原始凭证、记账凭证。

会计账簿：包括总账、明细账、日记账、固定资产卡片及其他辅助性账簿。

财务会计报告：包括月度、季度、半年度、年度财务会计报告。

其他会计资料：包括银行存款余额调节表、银行对账单、纳税申报表、会计档案移交清册、会计档案保管清册、会计档案销毁清册、会计档案鉴定意见书及其他具有保存价值的会计资料。

二、会计档案的管理

为了加强我国会计档案的科学管理，统一全国会计档案工作制度，《会计法》和《会计基础工作规范》对会计档案的管理都有明确的规定，《会计档案管理办法》则作出了会计档案管理的具体要求。《会计档案管理办法》规定：大中型企业必须建立档案室，小型企业应有会计档案柜并指定专人负责。

1. 会计档案的立卷归档

单位可以利用计算机、网络通信等信息技术手段管理会计档案。

每年年度终了，各单位会计机构应按照归档要求，对当年的凭证、账簿、财务报表等进行整理立卷，装订成册，编制会计档案保管清册。

当年形成的会计档案，在会计年度终了后，可暂由会计机构保管 1 年，期满之后，由会计机构编制移交清册，移交本单位档案机构统一保管；未设立档案机构的，应由会计机构内部指定专人保管。必须注意，出纳人员不得兼管会计档案。

纸质会计档案移交时应当保持原卷的封装。电子会计档案移交时应当将电子会计档案及其元数据一并移交，且文件格式应当符合国家档案管理的有关规定。特殊格式的电子会计档案应当与其读取平台一并移交。

2. 会计档案的保管

会计档案的保管期限分为永久和定期两类。定期保管期限一般分为 10 年和 30 年。会计档案的保管期限从会计年度终了后的第一天算起。采用电子计算机进行会计核算的单位，应当保存打印出的纸质会计档案。

图表 11-1

企业和其他组织会计档案保管期限表

序号	档案名称	保管期限	备注
一	会计凭证		
1	原始凭证	30 年	
2	记账凭证	30 年	
二	会计账簿		

（续表）

序号	档案名称	保管期限	备注
3	总账	30年	
4	明细账	30年	
5	日记账	30年	
6	固定资产卡片		固定资产报废清理后保管5年
7	其他辅助性账簿	30年	
三	财务会计报告		
8	月度、季度、半年度财务会计报告	10年	
9	年度财务会计报告	永久	
四	其他会计资料		
10	银行存款余额调节表	10年	
11	银行对账单	10年	
12	纳税申报表	10年	
13	会计档案移交清册	30年	
14	会计档案保管清册	永久	
15	会计档案销毁清册	永久	
16	会计档案鉴定意见书	永久	

3. 会计档案的查阅

单位保存的会计档案不能外借。如有特殊需要，必须经单位领导批准，办理登记手续后提供查阅和复印。查阅或者复印会计档案的人员，严禁在会计档案上涂画、拆封和抽换。对批准借阅的会计档案，要详细登记借阅的档案名称、借阅日期、借阅人的姓名和工作单位、借阅理由、归还日期等。借阅的档案应当在档案管理部门指定的地点阅读，不得带出单位。

4. 会计档案的移交

单位财务会计部门保管的会计档案在保管期满后应当移交本单位档案部门保管。移交会计档案的单位，应当编制会计档案移交清册，列明应当移交的会计档案名称、卷号、册数、起止年度和档案编号、应保管期限、已保管期限等内容。交接时，交接双方应当按照会计档案移交清册所列的内容逐项交接，并且由交接双方的负责人负责监交。交接完毕后，交接双方的负责人应当在会计档案移交清册上签名或盖章。

5. 会计档案的销毁

经鉴定可以销毁的会计档案,应当按照以下程序销毁:

(1) 单位档案管理机构编制会计档案销毁清册,列明拟销毁会计档案的名称、卷号、册数、起止年度、档案编号、应保管期限、已保管期限和销毁时间等内容。

(2) 单位负责人、档案管理机构负责人、会计管理机构负责人、档案管理机构经办人、会计管理机构经办人在会计档案销毁清册上签署意见。

(3) 单位档案管理机构负责组织会计档案销毁工作,并与会计管理机构共同派员监销。监销人在会计档案销毁前,应当按照会计档案销毁清册所列内容进行清点核对;在会计档案销毁后,应当在会计档案销毁清册上签名或盖章。

电子会计档案的销毁还应当符合国家有关电子档案的规定,并由单位档案管理机构、会计管理机构和信息系统管理机构共同派员监销。

应当注意是:保管期满但未结清的债权债务会计凭证和涉及其他未了事项的会计凭证不得销毁,纸质会计档案应当单独抽出立卷,电子会计档案单独转存,保管到未了事项完结时为止。单独抽出立卷或转存的会计档案,应当在会计档案鉴定意见书、会计档案销毁清册和会计档案保管清册中列明。

6. 单位因合并、分立或终止经营会计档案的处理

(1) 单位分立。单位分立后原单位继续存在的,其会计档案应当由分立后的存续方统一保管,其他方可以查阅、复制与其业务相关的会计档案;单位分立后原单位解散的,其会计档案应当经各方协商后由其中一方代管或按照国家档案管理的有关规定处置,各方可以查阅、复制与其业务相关的会计档案;单位分立中未结清的会计事项所涉及的会计凭证,应当单独抽出由业务相关方保存,并按照规定办理交接手续。

(2) 单位业务移交。单位因业务移交其他单位办理所涉及的会计档案,应当由原单位保管,承接业务单位可以查阅、复制与其业务相关的会计档案。对其中未结清的会计事项所涉及的会计凭证,应当单独抽出由承接业务单位保存,并按照规定办理交接手续。

(3) 单位合并。单位合并后原各单位解散或者一方存续其他方解散的,原各单位的会计档案应当由合并后的单位统一保管。单位合并后原各单位仍存续的,其会计档案仍应当由原各单位保管。

(4) 单位终止经营。单位因撤销、解散、破产或其他原因而终止的,在终止或办理注销登记手续之前形成的会计档案,按照国家档案管理的有关规定处置。

本章小结

1. 会计工作的组织就是根据会计工作特点,制定会计法规制度,设置会计机构、配备会

计工作人员，以保证会计工作的有效、顺利进行。

2. 会计法律法规制度是组织和从事会计工作必须遵循的规范。《中华人民共和国会计法》是制定其他一切会计法规、制度的法律依据，是会计工作的最高准则。

3. 会计机构是处理会计业务工作的专职机构。为保证会计工作顺利开展，会计机构内部应建立岗位责任制，实行定员、定岗和定职的管理。

4. 集中核算组织形式是指企业的会计核算工作，包括总分类核算和明细分类核算、会计报表编制和分析等，全部集中在会计机构总部进行。分散核算（又称非集中核算）组织形式是指企业的会计核算工作分散在会计机构总部及各个职能部门中进行。

5. 会计档案是指单位在进行会计核算等过程中接收或形成的，记录和反映单位经济业务事项的，具有保存价值的文字、图表等各种形式的会计资料，包括通过计算机等电子设备形成、传输和存储的电子会计档案。

关键词汇

会计法(accounting law)　　集中核算(centralized accounting)

分散核算(scattered accounting)　　会计档案(accounting files)

企业会计准则(accounting principle for business enterprises)

复习思考题

1. 会计工作组织包括哪些内容？
2. 《会计法》包含哪些基本内容？
3. 《企业会计准则——基本准则》包括哪些基本内容？
4. 《企业内部会计控制基本规范》包括哪些基本内容？
5. 简述会计人员的职责和权限。
6. 会计人员的任职要求包括哪些内容？